安徽财经大学服务安徽经济社会发展系列研究报告

安徽经济发展研究报告
2022

余华银　杨烨军◎著

安徽师范大学出版社
ANHUI NORMAL UNIVERSITY PRESS
·芜湖·

图书在版编目(CIP)数据

安徽经济发展研究报告. 2022 / 余华银,杨烨军著. —芜湖:安徽师范大学出版社,2022.9

(安徽财经大学服务安徽经济社会发展系列研究报告)

ISBN 978-7-5676-5865-3

Ⅰ.①安… Ⅱ.①余… ②杨… Ⅲ.①区域经济发展-研究报告-安徽-2022 Ⅳ.①F127.54

中国版本图书馆CIP数据核字(2022)第176874号

安徽经济发展研究报告 2022 余华银 杨烨军◇著

责任编辑:李克非 责任校对:盛 夏

装帧设计:张 玲 姚 远 责任印制:桑国磊

出版发行:安徽师范大学出版社

芜湖市北京东路1号安徽师范大学赭山校区 邮政编码:241000

网 址:http://www.ahnupress.com

发 行 部:0553-3883578 5910327 5910310(传真)

印 刷:江苏凤凰数码印务有限公司

版 次:2022年9月第1版

印 次:2022年9月第1次印刷

规 格:700 mm × 1 000 mm 1/16

印 张:14.5

字 数:230千字

书 号:ISBN 978-7-5676-5865-3

定 价:50.00元

总 序

安徽财经大学历来重视科研和社会服务工作，始终坚持立足安徽做学问、服务安徽出成果，特别重视立足地方和行业需求构建多层次智库平台。安徽经济社会发展研究院是安徽财经大学设立的研究安徽经济社会发展的专门研究机构，拥有安徽省人文社科重点研究基地、省级协同创新中心、安徽省教育厅智库和安徽省重点智库四个省级科研平台。以上平台通过优化资源配置、聚合科研力量，鼓励和引导教师围绕安徽省委、省政府的重大发展战略选题，深入研究安徽经济社会发展中的重点、热点和难点问题，着力破解制约安徽地方经济社会发展的重大理论和现实问题，为建设特色鲜明的地方高水平财经大学提供了有益的智力支持，取得了较为丰硕的成果。

安徽财经大学每年出版的服务安徽经济社会发展系列研究报告是由安徽经济社会发展研究院组织相关学院的专、兼职研究人员编写。我校2006年公开出版服务安徽经济社会发展的首部研究报告——《安徽省经济发展研究报告2006》，2007年《安徽省县域经济竞争力评价报告》出版发布，2010年《安徽省贸易发展研究报告》出版发布，这形成了我校服务安徽经济社会发展的三大品牌报告。2022年，安徽财经大学出版系列研究报告七部，包括：《安徽贸易发展研究报告2022》《安徽城市发展研究报告2022》《安徽劳动就业与社会保障发展研究报告2022》《安徽投资发展研究报告2022》《安徽县域经济竞争力报告2022》《安徽财政发展研究报告2022》《安徽经济发展研究报告2022》。

安徽财经大学服务安徽经济社会发展系列研究报告坚持稳定数量、提升质量的指导思想，通过进入退出机制、激励机制、分级分类机制、合作机制、运行机制、评价机制和发布机制的改革创新，政策影响力和媒体影响力日益提升。多部报告形成的咨政报告获省部级领导批示并被智库类杂志刊用发表，安徽经济社会发展研究院成功入围中国智库索引首批来源智库，并获大学智库指数排名中的普通高校第一名。根据《CTTI智库报告（2018）》，2018年安徽经济社会发展研究院入选CTTI高校智库百强榜。

纵观这七部研究报告可以看出，报告的组织者与撰写者都付出了辛勤的劳动和不懈的努力。当然，我们也清醒地认识到，系列研究报告还存在这样或那样的缺点，与政府部门领导和社会各界对我们的期望还有较大的差距，我校应当在智库建设方面做得更多、更好。我们坚信，只要坚持走下去，只要继续得到社会各界的关心和帮助，系列研究报告一定会越做越好！学校的智库建设也将结出更多的硕果！

丁忠明

2022年4月

前 言

《安徽经济发展研究报告》基于翔实的统计数据，立足于认清安徽经济发展现状，预测安徽经济发展前景，分析安徽省经济发展的热点、难点问题，并就如何推动安徽经济持续健康均衡发展提出相应的政策建议。经过十多年的连续跟踪研究，《安徽经济发展研究报告》的内容不断丰富，影响力不断扩大，受到了广泛关注和多方好评。2022年，安徽财经大学统计与应用数学学院在历年《安徽经济发展研究报告》的基础上，又组织课题组编写了《安徽经济发展研究报告2022》。

《安徽经济发展研究报告2022》共分为七章，具体内容如下。

第一章是安徽省2021年经济发展形势的统计分析。本章从生产、需求、收入和通货膨胀等角度分析了2021年安徽省经济发展的现状。

从生产角度分析。2021年，安徽省经济增速逐季放缓，保持总体平稳、高质量发展，产业结构不断优化。全年地区生产总值达到42959.2亿元，按可比价格算，比上年增长8.3%，高于全国平均水平0.2个百分点。安徽省经济发展新动能加速成长，创新驱动力持续增强，规模以上工业中，高新技术产业和战略性新兴产业增加值增速分别比规模以上工业高6.6和13.4个百分点。

从支出角度分析。2021年，安徽省城镇居民人均现金消费支出实际增速相较去年有明显降低。安徽省社会消费品零售总额跨上新台阶，为高质量发展注入强劲动力。安徽省财政支出重点仍为保障民生，增速较快的是科学技术、节能环保、城乡社区事务等。安徽省对外贸易相比去年增速加快。安徽省固定资产投资稳步恢复，民间投资增速总体上升，外资投资增速小幅回升，国有投资增速大幅上升。

从收入角度分析。2021年安徽省规模以上工业利润增速逐季回落。安徽省城乡居民收入稳步增加，城乡居民收入差距不断缩小。2021年安徽省财政收入呈恢复性增长，财政实力稳步提升，税收结构进一步优化。

从通货膨胀角度分析。2021年安徽省消费者物价指数（CPI）保持温和上涨，全年CPI同比上涨0.9%，涨幅比上年低1.8个百分点，与全国水平保持一致。其中，交通与通信价格指数涨幅最大，全年涨幅为2.8%。与前两年工业生产者出厂价格指数（PPI）涨幅持续回落相比，2021年安徽省PPI呈大幅上扬态势。

第二章是2021年安徽省经济发展区域比较分析。本章将2021年安徽省经济发展状况与中部地区其他五省以及长江经济带其他省（市）进行横向比较。在2021年中部六省经济发展比较中，安徽省生产总值居第四位，增速居第四位；社会消费品零售总额居第三位，增速居第三位；城镇居民、农村居民人均可支配收入均居第二位，增速居第二位；固定资产投资总额增速居第三位；进出口总额居第二位，增速居第二位。中部六省经济发展综合评价中，2021年安徽省居第二位，比2020年下降了一位。在2021年长江经济带11个省（市）经济发展比较中，安徽省生产总值排第七位；规模以上工业增加值增速排第九位；全年社会消费品零售总额居第五位，社会消费品零售总额占地区生产总值比重居第二位；居民消费价格指数位于第七位；城镇居民人均可支配收入与农村居民人均可支配收入排名分别为第六位和第五位；固定资产投资增速居第五位，处于中上游；进出口总额创历史新高，排名第六位。长江经济带11个省（市）综合评价中，2021年安徽省位于第六位，比2020年下降一位；除湖北省由于新冠肺炎疫情得到有效控制后，排名从2020年的第十一位上升到2021年的第四位，其他各省（市）排名相对稳定。

第三章是2022年安徽省经济发展前景预测。本章根据安徽省历年经济发展数据对安徽省经济增长水平、进出口指标值、社会消费品零售总额以及居民消费价格指数分别进行预测，预测结果如下：2022年安徽省地区生产总值增长率约为8.3%，地区生产总值约为46524.81亿元；2022年安徽省人均地区生产总值约为76157.64元，比2021年增加5836.64元；2022年安徽省进出口总额约为8854.99亿元，与2021年相比增长27.9%；2022年安徽省进口总额约为3503.4亿元，与2021年相比增长24%；2022年安徽省出口总额约为5323.24亿元，与2021年相比增长30%；2022年安徽省社会消费品零售总额约为25282.338亿元，与2021年相比增长17.75%；2022年安徽省居民消费价格指数约为103.15%。

第四章是2021年安徽省各地市经济发展比较分析。本章对安徽省各地市经济发展进行比较分析，通过科学的综合评价方法对各地市的经济发展状态进行排名，并参照瑞士洛桑国际管理学院的处理方法，分析了安徽各区域与各地市在经济规模、经济结构、经济效益和经济成长性四个方面的优劣与差异。与2020年经济成绩单相比，2021年多数地市经济发展态势和排位基本稳定。省会合肥一马当先，发展势头强劲；芜湖增速迅猛，但安徽各地市间发展不均衡、不协调问题依旧突出。其中，皖江城市带发展形势普遍良好，合肥、芜湖和马鞍山的经济总量与增速领跑全省，而经济基础相对薄弱、产业结构不优、发展约束条件较多的皖北各地市，虽然在经济总量上持续进位，但在经济综合发展水平上基本处于安徽省的后半区，皖北经济迫切需要一个增长极以有效带动和辐射周边经济。

第五章是安徽省战略性新兴产业竞争力评价。近年来，安徽省紧随国家改革步伐，大力推进战略性新兴产业的发展。本部分从产业规模、产业布局、产业政策、产业结构和国际贸易五个维度反映了安徽省战略性新兴产业的发展状况。首先，展示了安徽地区战略性新兴产业总产值及增长速度，并分析了节能环保、新材料产业、新能源产业、新能源汽车、生物产业、高端制造装备六大子行业近十年的产值及增速。虽然安徽省战略性新兴产业在一定时期受外部环境影响，有一定时期的发展颓势，但总体发展逐季改善且核心技术攻关步伐加快。其次，为了综合反映安徽省战略性新兴产业竞争力强弱，选取2018—2020年中部六省的相应指标作为样本，应用具有代表性的两种评价方法——主成分分析法和熵值法对中部六省战略性新兴产业竞争力进行打分和排序。总体来看，安徽省近三年战略性新兴产业竞争力在中部六省中一直稳定在前三名。其中在市场、科技和政府影响因素上，安徽省都有着较好的表现，表明其在市场上有较强的竞争力，且投入较大的科研力度及创造良好的竞争环境。在空间影响因素上，安徽省近三年在中部六省中总体表现力居中，且2020年排名第二，说明安徽省较往年对其发展更加重视。最后，本部分利用DEA模型对2014—2020年安徽省战略性新兴产业竞争力进行效率测度。从各年情况来看，安徽省战略性新兴产业投入环境冗余、研究投入经费不合理利用、投入效率冗余现象较为严重，但战略性新兴产业发展效率在逐年提高。安徽省应合理配置研究资源，调整产业结构，保持良好发展势头，进而提高战略性新兴产业水平。

第六章是安徽省创新策源能力评价及空间差异。主要是研究安徽省创新策源能力动态综合评价以及地区间发展空间差异问题，创新策源能力立足于原创精神、首创精神和可持续精神，不仅强调基础知识和概念规律等方面的创新能力，也强调对基础知识转化为新技术、新产品和新服务的整体能力，是政府部门顺应科技创新和经济高质量发展提出的新概念，可以反映一个地区整体科技创新发展状况和可持续发展状况，对区域科技创新发展的整体把控有独到作用，体现了科学建“源”、合理施“策”的要求。本章从学术新思想、科学新发现、技术新发明和产业新方向四个角度入手，分别设计评价指标体系科学系统地评价安徽省近年来创新策源能力发展状况和空间差异。在构建综合评价指标体系基础上，运用TOPSIS

法（逼近于理想解的排序技术）和时序趋优偏好下的TOWA算子动态综合评价安徽省创新策源能力发展状况，并从长三角城市圈角度对比分析安徽省创新策源能力发展状况，结果发现安徽省创新策源能力发展稳中有进，对比上海市、江苏省和浙江省略显不足，安徽省内地区间发展差异较大，合肥市创新策源能力发展水平领先于其他城市。为研究安徽省创新策源能力发展地区差异问题，本章运用Dagum基尼系数分解、Kernel核密度估计、σ收敛和β收敛模型对比分析安徽省和长三角城市圈创新策源能力发展不平衡问题，研究结果显示创新策源能力发展不平衡的原因主要是地区间发展差异造成的，且少数城市发展水平较高，反映了创新策源能力发展侧重点集中在省会城市的问题。但从收敛角度看，安徽省创新策源能力发展支持σ收敛和β收敛，说明安徽省创新策源能力发展态势良好，能以较快的速度调整自己以追赶创新策源能力发展更优的地区，不同地区间创新策源能力发展差距会随着时间推移逐步趋于一致稳态水平。最后，在实证分析结果上提出相应的政策建议以更好地提升安徽省创新策源能力发展水平，更好地实施创新驱动发展战略。安徽省应当从学术创新、科学创新、技术创新和产业创新角度共同施加推力，创新区域合作与互助机制，并配套一系列区域交流融合政策，以促进各地区的创新资源利用更充分、发展更平衡，进而提升安徽省创新策源能力，优化创新环境，促进安徽省经济高质量发展。

第七章是推动安徽省经济高质量发展的政策建议。本章在分析2021年安徽省经济发展的成效与不足的基础上，提出提升安徽省经济高质量发展的相应政策建议。2021年，安徽省经济发展取得了重大成就，坚持稳中求进，强化政策落实，推动经济持续恢复向好；坚持创新驱动，强化项目引领，加快科创与产业融合发展；坚持城乡统筹，强化产业带动，推进乡村全面振兴；坚持改革开放，强化市场导向，持续增强发展动力活力；坚持生态优先，强化环境保护，推动经济社会发展全面绿色转型。看到安徽省经济发展成绩的同时，也必须清醒认识到安徽省经济发展存在的问题和不足，主要有：城镇化进程滞后，城市能级差距大；以企业为主体的创新体系建设滞后，科技成果有效供给不足；产业结构不平衡，产业转型步伐不快；开发区单位产出较低，引领性产业不多；生态环境治理存在不足。因此，为了实现安徽省经济高质量发展，在未来的经济发展中，应全面落实党中央、国务院各项决策部署及省委工作要求，坚持稳中求进工作总基调，全面强化"两个坚持"、全力实现"两个更大"，加快打造具有重要影响力的"三地一区"，以优异成绩迎接党的二十大胜利召开。

《安徽经济发展研究报告2022》是集体智慧的结晶。主要撰稿人有：余华银教授、李超教授、卢二坡教授、李小胜教授、夏茂森教授、孙欣教授、李邃博士和杨烨军博士等。由于报告的时效性要求，报告撰写时间较为紧张，研究不足之处恳请各位专家不吝指教。您的宝贵意见既是我们研究工作不断前行的动力，又是我们不断提高《安徽经济发展研究报告》质量、提升服务安徽经济发展能力的重要支持。

余华银　杨烨军

2022年4月

目 录

第一章　2021年安徽省经济发展形势分析

2021年以来，面对复杂多变的外部环境和诸多风险挑战，全省人民在省委、省政府坚强领导下，认真贯彻落实党中央、国务院各项决策部署，统筹疫情防控和经济社会发展，全年主要目标任务较好完成，“十四五”实现良好开局，发展取得新的重大成就。

为了更好地把握我省的经济发展形势，应对各种机遇与挑战，本章将从生产、支出、收入和通货膨胀等角度来分析经济发展形势，以期全面把握我省的经济走势。

一、从生产角度分析经济增长形势

（一）经济增速逐季放缓，保持总体平稳、高质量发展，产业结构不断优化

2021年，安徽省地区生产总值（GDP）达42959.2亿元，按可比价格计算，同比增长8.3%。分季度看，一季度，由于安徽省经济去年同期受疫情

冲击影响基数较低，全省地区生产总值同比增速达18.7%，比全国同期高0.4个百分点；上半年经济增速逐渐放缓，地区生产总值同比增长12.9%，较第一季度降低5.6个百分点，增速比全国同期高0.2个百分点；前三季度经济运行平稳，地区生产总值同比增长10.2%，增速比全国同期高0.4个百分点；2021年全省地区生产总值同比增长8.3%，增速比去年同期提升4.4个百分点，比全国同期高0.2个百分点。由此可见，安徽省经济增速较上一年有明显提升，且增速高于全国平均水平，保持总体平稳的势头。具体见图1-1所示，图中2020年第一季度为近年来经济增长的谷底，是因为2020年新冠肺炎疫情对经济的巨大冲击；2021年第一季度为近年来的高峰，是由于上年同期因疫情冲击影响基数较低。

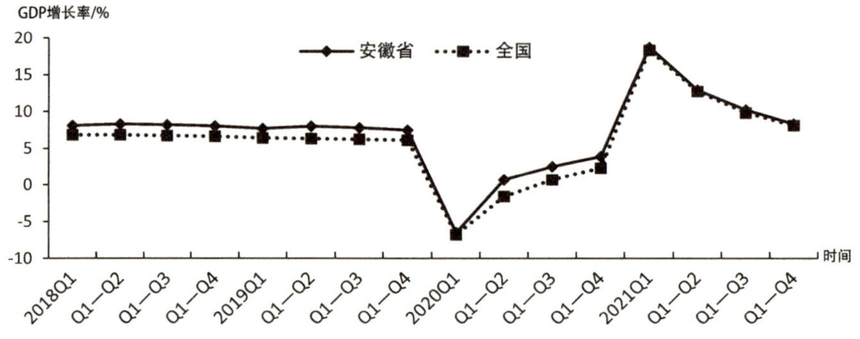

图1-1　2018年以来安徽省与全国GDP季度增长率

分三次产业看，2021年安徽省产业结构逐步升级，第一产业和第二产业继续发挥重要作用，发展速度稳步保持在高水平状态。第三产业增速提升明显，成为安徽省经济发展的保障。由表1-1可见，2021年一季度第一产业增加值同比增长10.9%，比全国同期高2.8个百分点，上半年、前三季度、全年第一产业增加值同比增速分别为9.2%、9.7%和7.4%，上半年第一产业增加值比全国同期高1.4个百分点，前三季度第一产业增加值比全国同期高2.2个百分点，全年第一产业增加值比全国同期高0.3个百分点；第二产业增加值增速较去年有所提升并逐渐放缓，其中，一季度第二产业增加值同比上升22.9%，比去年同期高32.9个百分点，比全国同期低1.5个百分点，上半年、前三季度、全年第二产业增加值同比增速分别为14.2%、10.8%和7.9%，分别比去年同期高13.4、7.7和2.4个百分点；第三产业增加值增速较去年有所提升且高于全国水平，一季度第三产业增加值同比上升16.6%，上半年、前三季度、全年同比增速分别为12.4%、9.8%和8.7%，分别比去年同期提升20.3、12、7.8、5.9个百分点，分别比全国水平同期高出1、0.6、0.3、0.5个百分点。2021年，全省生产总值42959.2亿元，其中，第一产业增加值3360.6亿元，第二产业增加值17613.2亿元，第三产业增加值21985.4亿元。第一、二、三产业增加值占地区生产总值的比重分别为7.8%、41.0%和51.2%，与去年同期相比，第一产业产值比重下降0.4个百分点，第二产业产值比重提高0.5个百分点，第三产业产值比重下降0.1个百分点，反映了我省第二产业仍然是经济的重要支撑。2021年，全国第一、第二、第三产业增加值占国内生产总值（GDP）的比重分别为7.3%、39.4%和53.3%，与全国同期相比，我省第一产业增加值比重比全国高0.5个百分点，第二产业增加值比重比全国高1.6个百分点，第三产业产值比重比全国低2.1个百分点。我省产业结构进一步优化，逐渐由工业主导型经济向服务主导型经济转变。具体见表1-1所示。

表1-1　2021年安徽省与全国三次产业同比增速比较

单位：%

指标	一季度		上半年		前三季度		全年	
	安徽省	全国	安徽省	全国	安徽省	全国	安徽省	全国
国内生产总值	18.7	18.3	12.9	12.7	10.2	9.8	8.3	8.1
第一产业	10.9	8.1	9.2	7.8	9.7	7.5	7.4	7.1
第二产业	22.9	24.4	14.2	14.8	10.8	10.6	7.9	8.2
第三产业	16.6	15.6	12.4	11.8	9.8	9.5	8.7	8.2

（二）工业生产增速逐季放缓，新兴产业快速增长

工业增加值增速主要决定于规模以上工业增加值增速。2021年，全年规模以上工业增加值增长8.9%，比去年高2.9个百分点，但比全国低0.7个百分点。分季度看，一季度增长26.3%，上半年增长17.3%，前三季度增长13.3%，分别比全国同期高1.8、1.4、1.5个百分点。具体见图1-2所示。

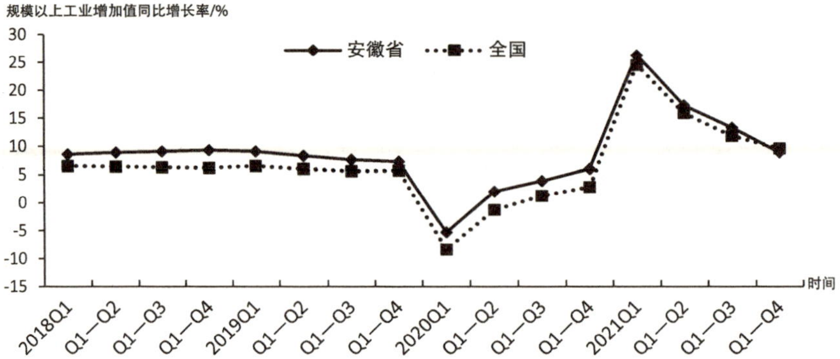

图1-2　2018年以来安徽省与全国规模以上工业增加值季度同比增速

从月度数据来看，由图1-3所示。安徽省规模以上工业增加值增速较去年有所提升，增速与全国平均水平相近。1—2月份规模以上工业增加值同比增加34.2%，比2020年同期上升46.3个百分点，比全国同期低0.9个百分点；3月份的规模以上工业增加值增速比去年同期高8.9个百分点达15.1%；4月至12月规模以上工业增加值同比增速分别为10.7%、9.8%、9.2%、9.7%、4.6%、4.3%、3.0%、1.1%、-1.4%，4月至7月比2020年同期分别增加1.6、2、1.2、4.4个百分点，8月至12月比2020年同期分别低4.0、4.7、5.5、11.4、13.4个百分点，4月至7月及9月规模以上工业增加值比全国同期分别高0.9、1、0.9、3.3、1.2个百分点，8月、10月、11月、12月规模以上工业增加值比全国同期分别低0.7、0.5、2.7、5.7个百分点。

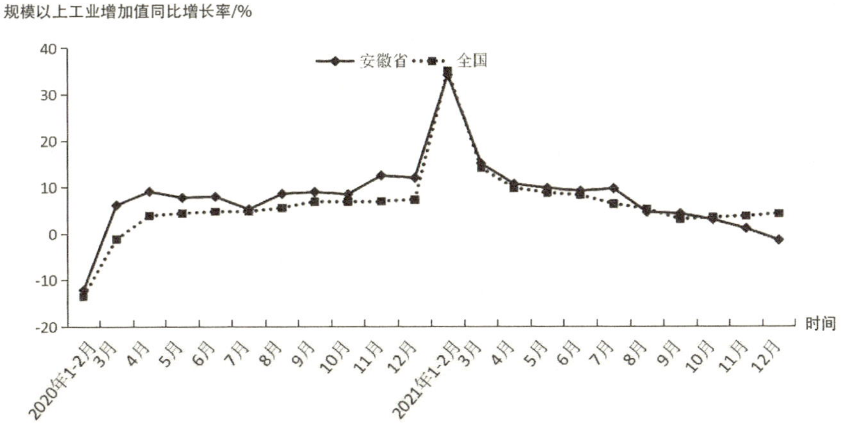

图 1-3　2020 年以来安徽省与全国规模以上工业增加值月度同比增速

从不同经济类型看，2021 年我省规模以上工业增加值中，国有控股企业增加值增长 11.8%，股份制企业增长 8.5%，外商及港澳台商投资企业增长 12.3%；从不同行业看，采矿业增加值增长 3.6%，制造业增长 8.8%，电力、热力、燃气及水生产和供应业增长 15.5%；从高技术产业和战略新兴产业的发展看，2021 年规模以上工业战略性新兴产业产值增长 28.8%，比全部规模以上工业增加值增速高 13.4 个百分点；规模以上高新技术产业增加值增长 15.5%，比全部规模以上工业增加值高 6.6 个百分点。2021 年全省工业产品产量较快增长，新能源汽车产量增长 1.3 倍，光缆增长 61.8%，集成电路增长 37.6%，十种有色金属增长 28.9%，太阳能电池增长 20.7%。

（三）房地产业增速放缓，总体保持平稳运行态势

2021 年，我省积极贯彻落实党中央、国务院决策部署，高度重视房地产工作中的新情况新问题，坚持“房子是用来住的、不是用来炒”的定位，不把房地产作为短期刺激经济的手段，全面落实稳地价、稳房价、稳预期的房地产长效机制，促进房地产市场平稳健康发展。房地产业的发展水平可以通过商品房销售面积和商品房销售额来反映。从商品房销售面积看，一季度我省商品房销售面积同比增长 79.9%，与去年同期相比上升

109.3个百分点，比全国同期水平高16.1个百分点；上半年商品房的销售面积同比增长37.6%，比全国同期水平高8.9个百分点，比第一季度收窄42.3个百分点；前三季度商品房的销售面积同比增长22.5%，比上半年收窄15.1个百分点，比全国同期增速高11.2个百分点；2021年全年，商品房销售面积10460.9万平方米，同比增长9.7%。具体见图1-4所示。

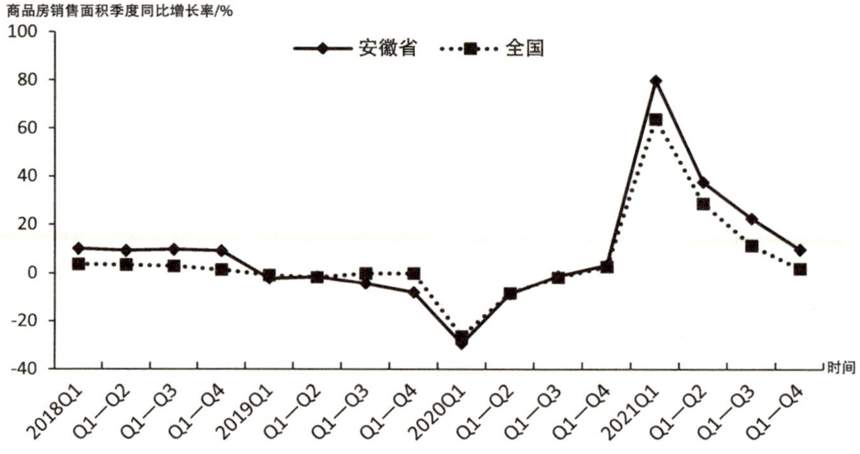

图1-4　2018年以来安徽省与全国的商品房销售面积季度同比增速

从商品房销售额看，2021年全年，我省商品房销售额为8143.2亿元，同比增长10.8%，比全国增速高6.4个百分点。分季度看，第一季度商品房销售额同比增长105.3%；上半年增幅收窄，同比增长39.4%；前三季度商品房销售额同比增速为24.5%。具体见图1-5所示。

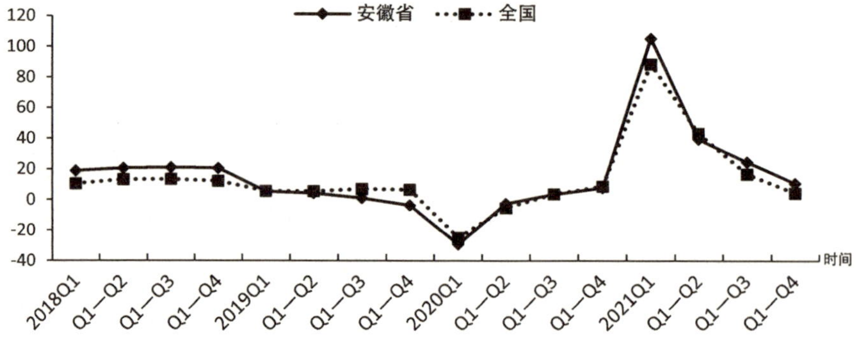

图1-5　2018年以来安徽省与全国商品房销售额季度同比增速

(四)金融机构存贷款余额增速平稳,货币信贷平稳运行

2021年,全省金融业呈现出健康平稳的发展态势。2021年,全省金融机构人民币存款余额66 271.9亿元,同比增长10.6%,增幅比上年增加0.4个百分点。人民币贷款余额58 151亿元,同比增长12.9%,增幅比去年降低3.4个百分点。一季度,全省金融机构人民币存款余额63 727.8亿元,同比增长9.6%,比全国低0.3个百分点;上半年,人民币存款余额65 355.9亿元,同比增长9.8%,同比增幅比全国高0.6个百分点;前三季度,人民币存款余额66 329.3亿元,同比增长10.2%,增幅比全国高1.6个百分点。从贷款余额来看,一季度,全省金融机构人民币贷款余额54 289.6亿元,同比增长14.3%,增幅比全国高1.3个百分点;上半年,人民币贷款余额56 165.9亿元,同比增长13.9%,增幅比全国高1.6个百分点;前三季度,人民币贷款余额57 314.3亿元,同比增长12.5%,增幅比全国高0.6个百分点。具体见图1-6所示。

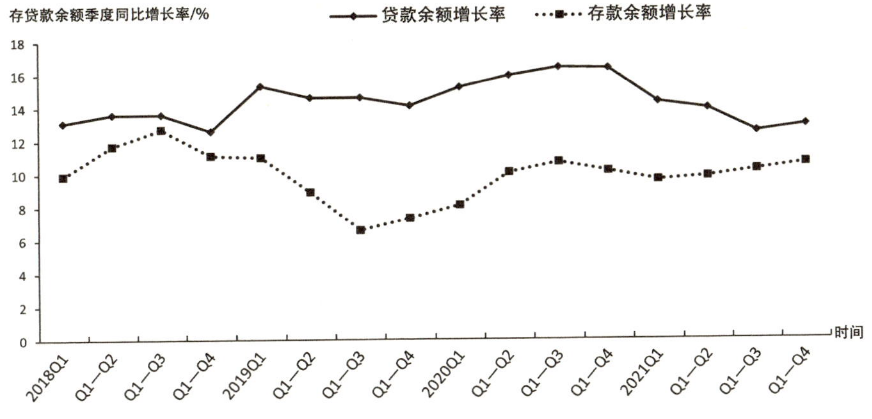

图1-6　2018年以来安徽省存贷款余额季度同比增速

二、从支出角度分析经济增长形势

（一）城乡居民消费支出逐渐降低

居民消费水平是指居民在物质产品和劳务的消费过程中，对满足人们生存、发展和享受需要方面所达到的程度，通过消费的物质产品和劳务的数量和质量反映出来。居民消费包括农村居民消费和城镇居民消费，城镇居民消费水平和农村居民消费水平增速，在很大程度上分别决定了城镇居民消费和农村居民消费的增长趋势。

从城镇居民人均现金消费支出增速来看，2021 年安徽省城镇居民人均现金消费一季度保持较快速度增长，从二季度开始减速，从全年的增速来看，支出实际增长 16.8%，高出全国 5.7 个百分点。2021 年一季度、上半年、前三季度安徽省城镇居民人均消费支出累计实际增速分别为 23.8%、22.6%、19.7%，分别比全国同期高 8.0、6.6、6.3 个百分点。具体见图 1-7 所示。

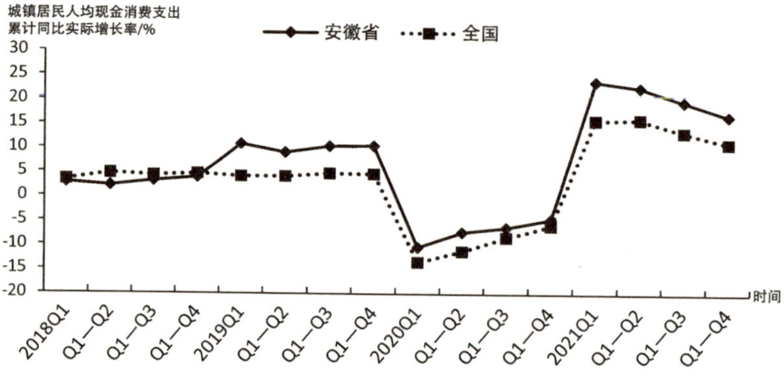

图 1-7　2018 年以来安徽省与全国城镇居民季度人均现金消费支出累计同比实际增速

2021 年，安徽省农村居民的消费也显著增长，农村居民人均现金消费支出整体保持了增长，第一季度较去年增加较多。分季度看，2021 年一季度、上半年、前三季度，安徽省农村居民人均现金消费支出同比实际增速分别为25.2%、19.6%、17.2%，分别比全国同期高4.1、-0.1、-1个百分点。农村居民人均现金消费支出增加，主要得益于农村居民收入的快速增长和疫情对农村的影响比对城镇的影响较小。2021年第一季度全国疫情缓和很多，居民消费力度上升很快，城镇解封后居民消费意愿增强，从而使消费保持较快增长，后面两个季度，疫情有所反弹，城镇居民和农民的消费欲望有所降低。2021年农村居民人均现金消费支出实际增速比城镇居民低2.5个百分点。具体见图1-8所示。

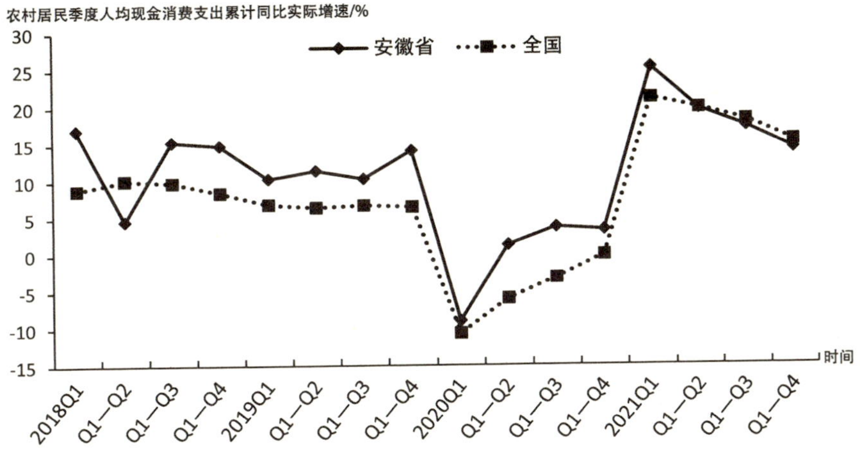

图1-8　2018年以来安徽省与全国农村居民季度人均现金消费支出累计同比实际增速

（二）社会消费品零售总额跨上新台阶，为高质量发展注入强劲动力

2021年，安徽省贯彻落实扩大内需战略，出台促进消费政策措施，消费对经济发展的基础性作用有效发挥，全省社会消费品零售总额突破2万亿，达21471.2亿元，比上年增长17.1%，高于全国平均水平4.6个百分点；两年平均增长9.6%，高于全国5.7个百分点。其中限额以上消费品零售额5982.8亿元，增长15.2%，两年平均增长9.4%。

按经营单位所在地分，2021年，全省城镇消费品零售额17721.8亿元，增长16.9%，两年平均增长9.4%，其中城镇限额以上消费品零售额5813.5亿元，增长14.8%，两年平均增长9.2%；乡村消费品零售额3749.3亿元，增长18.2%，两年平均增长10.8%，其中乡村限额以上消费品零售额169.3亿元，增长29%，两年平均增长19.2%。

按消费类型分，2021年，全省商品零售额18550.3亿元，增长14.5%，两年平均增长9%，其中限额以上商品零售5594亿元，增长14.3%，两年平均增长9.2%；餐饮收入2920.9亿元，同比增长37.3%，两年平均增长13.4%，其中限额以上餐饮收入388.8亿元，增长30.4%，两年平均增长13.3%。

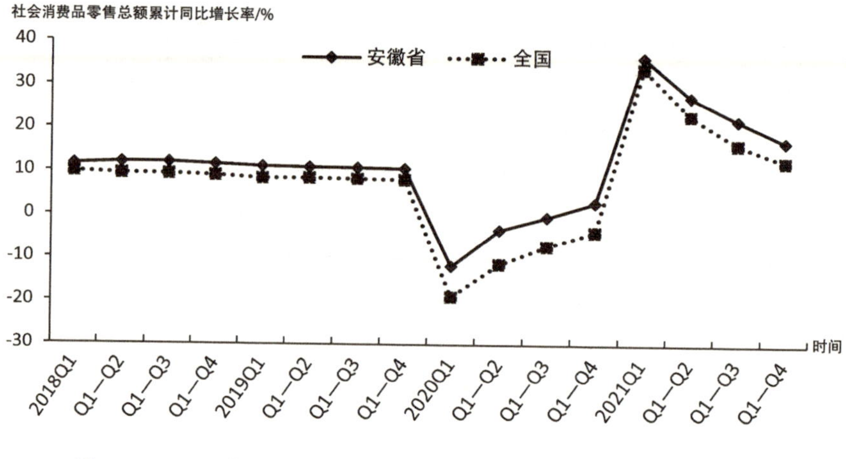

图1-9　2018年以来社会消费品零售总额季度累计同比增速

从各类限额以上商品零售分析，2021年截止到11月安徽省各种商品零售类值均增幅明显：粮油、食品、饮料、烟酒类零售额136.8亿元，增长18%；日用品类零售额169.6亿元，增长19.8%；中西药品类全年累计173亿元，增长17.6%；汽车类全年累计314.1亿元，增长12.1%；家用电器和音像器材类全年累计475.6亿元，增长17.5%，较去年同期也有较高增幅。服装鞋帽、针、纺织品类和石油及制品类分别较去年增长11.5%和12.8%。具体见表1-2。

表1-2　2020年和2021年安徽省限额以上商品零售情况

限额以上商品零售类值	2020年		2021年	
	累计(亿元)	同比增长(%)	累计(亿元)	同比增长(%)
粮油、食品、饮料、烟酒类	1184.6	10.1	1253.1	16.3
服装鞋帽、针、纺织品类	307.7	-4.4	280.4	8.4
日用品类	167.8	6.9	184.7	17.3
家用电器和音像器材类	500.7	3.6	529.6	14.2
中西药品类	269.5	5.2	190.9	15.6
石油及制品类	794.9	-1.7	892.5	13.2
汽车类	1376.1	4.2	1455.2	9.8

（三）财政支出增速逐季降低，扎实推进民生事业建设

2021年，安徽省财政支出一季度有所回升。分季度看，一季度安徽省财政支出同比增速为6.4%，较去年同期增加20.3个百分点，和第一季度全国财政支出增速相比低0.2个百分点；财政支出增速从二季度开始降低，上半年、前三季度财政支出同比增速分别为3.6%、3.9%，比去年同期分别增加了11.1、8.7个百分点。具体如图1-10所示。

一季度，一般公共预算收入945.2亿元，增加19.9%；上半年，全省一般公共预算收入1956.3亿元，增加18.0%，与经济增长情况基本同步；前三季度，全省一般公共预算收入2809.4亿元，增加14.4%，比全国高2.6个百分点；截至11月份一般公共预算收入3278.0亿元，增长12.5%。一般公共预算支出6718.5亿元，增长4.7%。

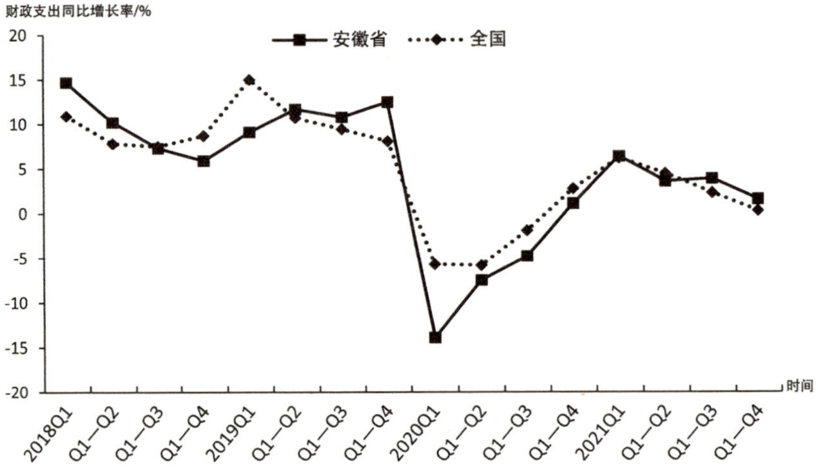

图 1-10　2018 年以来安徽省和全国财政支出同比增速

在支出结构方面，安徽省财政支出的重点仍为保障民生。2021 年（截止到 11 月份）财政支出总额为 6718.5 亿元，同比增长 4.7%。其中节能环保增速增长明显，截止到 11 月份同比增长 23.3%；科学技术和城乡社区事务显著增加，同比增长分别为 20.0% 和 8.0%；从表 1-3 和表 1-4 中可以看出，增速较快的是节能环保、科学技术、城乡社区事务、教育、社会保障与就业。规模较大的主要集中在教育、社会保障与就业、城乡社区事务和农林水事务等方面，分别占财政总支出的 17.3%、16.7%、11.3% 和 11.2%。具体见表 1-3 和表 1-4。

表 1-3　2021 年安徽省年各季度各项财政支出同比增速

单位：%

支出项目	全年	前三季度	上半年	一季度
财政支出	1.6	3.9	3.6	6.4
一般公共服务	1.3	–6.5	–5.6	–6.1
教育	4.2	7.7	14.4	17.5
科学技术	12.4	19.4	6.9	24.8
文化体育与传媒	–11.2	–2.4	–1.7	19.0
社会保障与就业	4.6	1.8	7.1	5.3

续 表

支出项目	全年	前三季度	上半年	一季度
医疗卫生与计划生育	-4.4	-0.9	-1.7	1.0
节能环保	4.1	21.3	32.7	33.2
城乡社区事务	-0.2	7.5	5.6	-0.8
农林水事务	2.4	-1.4	-12.4	-22.2
交通运输	-8.8	-8.3	-13.7	37.3

表1-4 2020年和2021年安徽省各项财政支出增速及其所占比重

单位:%

支出项目	2020年1—11月		2021年1—11月	
	增速	比重	增速	比重
一般公共服务	-2.2	7.9	-2.2	7.4
教育	1.6	16.8	7.7	17.3
科学技术	12.7	4.4	20.0	5.1
文化体育与传媒	6.9	1.2	-6.0	1.1
社会保障与就业	9.0	16.9	3.2	16.7
医疗卫生	12.3	10.7	-1.0	10.1
节能环保	-33.9	2.1	23.3	2.5
城乡社区事务	-22.8	11.0	8.0	11.3
农林水事务	10.6	11.9	-1.1	11.2
交通运输	0.9	4.3	-4.6	4.0

(四)对外贸易发展良好,进出口总额持续上升

2021年,安徽省对外贸易增速相比去年增加较多,外贸进出口总额持续上升。安徽省第一季度对外贸易发展势头增幅明显,但接下来增速有所波动。

分季度看,一季度,全省进出口总额1464.6亿元,同比增长36.7%,增速相较于前年增加40.9%,比全国平均水平低2个百分点;上半年,全省进

出口总额3205.7亿元，同比增长31.5%，比全国平均水平低5.9个百分点；前三季度，全省进出口总额4994.1亿元，同比增长25.8%，增幅比上半年低5.7个百分点，低于全国平均水平7个百分点。详细情况见图1-11。

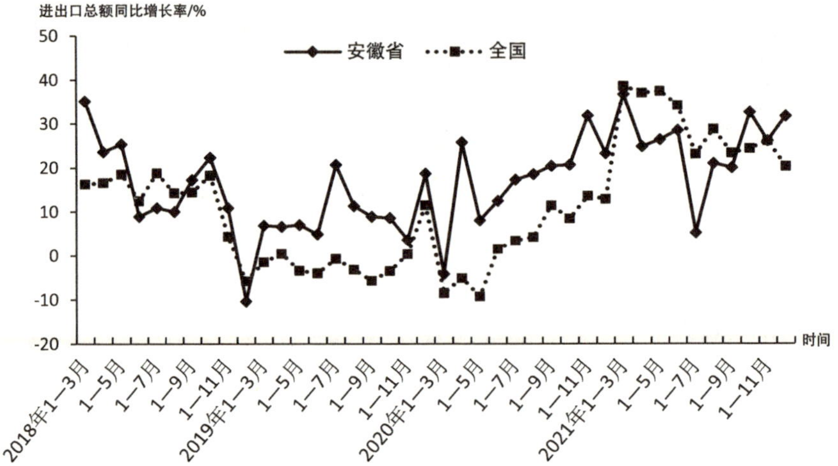

图1-11　2018年以来安徽省和全国进出口总额分月同比增速

从出口角度来看，安徽省全年出口4094.8亿元，增长29.5%，比全国高8.3个百分点，位于全国第10位；从进口的角度分析，进口2825.4亿元，增长23.4%，比全国平均水平高1.9个百分点，位于全国第13位。全年实际利用外商直接投资193.0亿美元以上，增长5.4%以上。具体见图1-12，1-13，1-14。

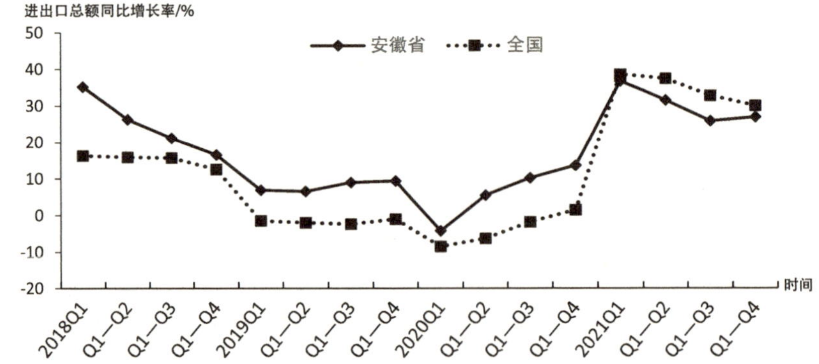

图1-12　2018年以来安徽省和全国进出口总额同比增速

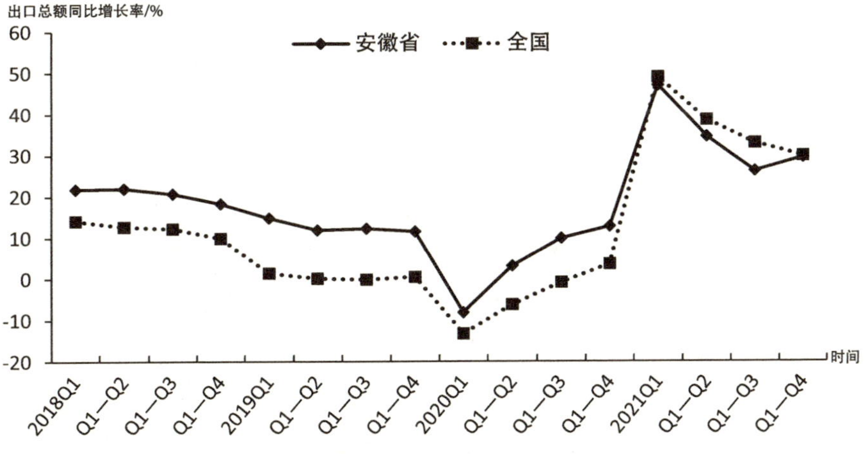

图 1-13　2018 年以来安徽省和全国出口总额同比增速

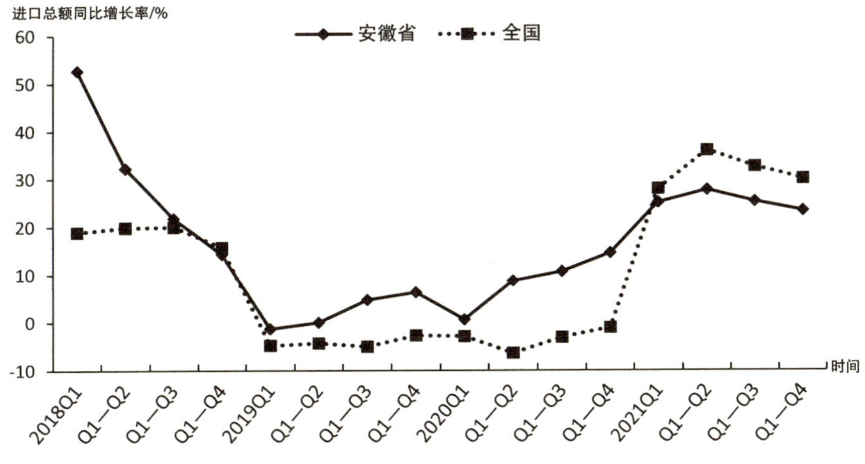

图 1-14　2018 年以来安徽省和全国进口总额同比增速

按贸易方式，截止到 2021 年一般贸易进出口 5043.1 亿元，增长 28.9%，占同期安徽进出口总值（下同）的 72.9%，高于全国平均水平 11.3 个百分点。同期，加工贸易进出口总值 1263.9 亿元，增长 15.7%，占 18.3%；保税物流进出口总值 424.5 亿元，增长 10%。

（五）固定资产投资稳定回复，投资结构持续改善

固定资产投资是社会固定资产再生产的主要手段。固定资产投资额是以货币表现的建造和购置固定资产活动的工作量，它是反映固定资产投资规模、速度、比例关系和使用方向的综合性指标。固定资产投资增速很大程度上决定了支出法GDP中固定资本形成总额增速的趋势。

2021年安徽省固定资产投资比上年增长9.4%，比全国平均水平高4.5个百分点，居全国第九位，长三角第二位。分季度看，第一季度全省固定资产投资增加25.7%，增速比1—2月降低14.1个百分点，比全国平均水平高0.1个百分点；上半年，全省固定资产投资增长11.4%，增速比一季度降低了14.3个百分点，比全国平均水平低1.2个百分点；前三季度，全省固定资产投资增长10.4%，增幅比全国平均水平高3.1个百分点，如图1-15。

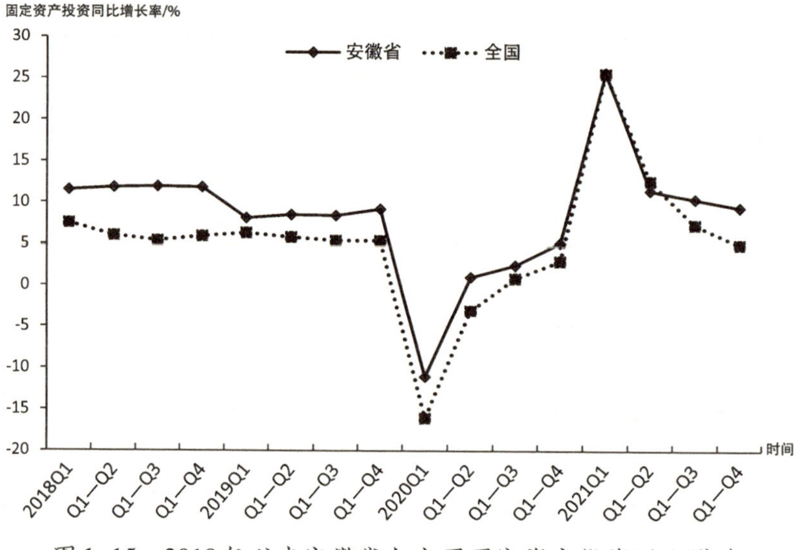

图1-15　2018年以来安徽省和全国固定资产投资同比增速

分产业看，第一季度，第一产业投资同比增加80.1%，第二产业投资同比增加22.1%，第三产业投资同比增加26.4%。上半年三次产业固定资产投资同比增速分别为49.4%，13.7%，9.7%，其中，第一产业增速较一季度降低了

30.7个百分点，第二产业增速较一季度降低8.4个百分点，第三产业增速较一季度降低16.7个百分点；前三季度第一产业投资同比增加41.3%，第二产业投资同比增加12.3%，第三产业投资同比增长8.5%，房地产投资同比增长7.5%；2021年全年第一产业投资同比增长39.1%，第二产业同比增长13.5%，第三产业投资同比增长6.9%，投资结构持续优化。具体见图1-16。

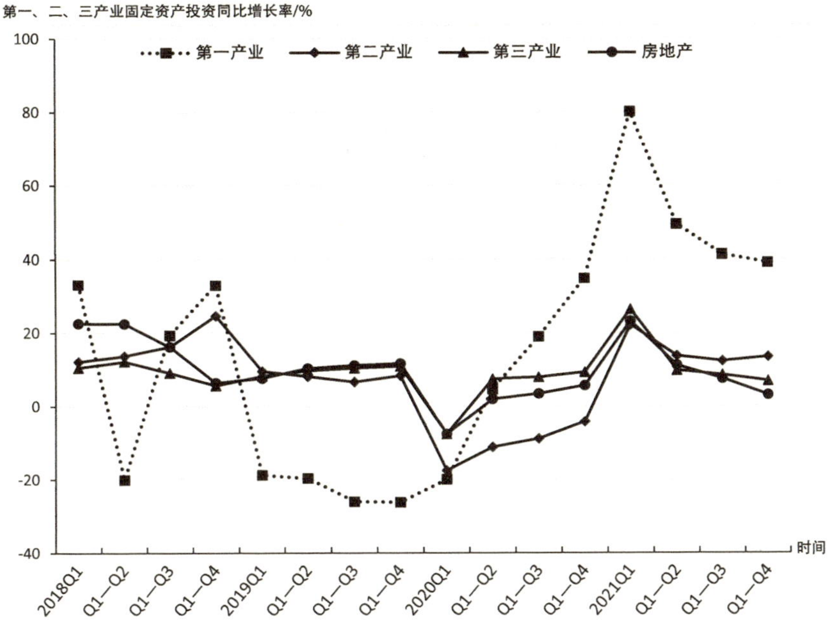

图1-16 2018年以来第一、二、三产业固定资产投资同比增速

从投资行业看，制造业是安徽省投资的重点领域，制造业投资增速较去年有较大提升。2021年，全省制造业投资增长14.7%，增速比上年增长20.3个百分点。除此之外，卫生和社会工作增速上升到了69.1%，较去年提高了34.9个百分点，租赁和商务服务业，农、林、牧、渔业增速分别为7.0%和35.1%，采矿业增速达到了10.8%。电力、热力、燃气及水生产供应业，信息传输、软件和信息技术服务业实现了正增长，其中信息传输、软件和信息技术服务业增速为48.9%。卫生和社会工作以及教育依旧是正增长。科学研究和技术服务业、住宿和餐饮业增速也较明显。具体见表1-6所示。

表1-5　2020年和2021年安徽省三次产业固定资产投资同比增速及比重比较

单位:%

	2020年		2021年	
	增速	比重	增速	比重
第一产业	34.8	1.5	39.1	5.7
第二产业	-4.3	30.2	13.5	44.8
第三产业	9.3	68.3	6.9	49.5

表1-6　2020年和2021年安徽省各行业固定资产投资比较

行　业	2020年度		2021年度	
	累计投资额/亿元	同比增长/%	累计投资额/亿元	同比增长/%
一、农、林、牧、渔业	999.8	31.3	1350.7	35.1
二、采矿业	373.8	-24	414.2	10.8
三、制造业	15841.5	-5.6	18170.2	14.7
四、电力、热力、燃气及水生产和供应业	1109.5	11.9	1194.9	7.7
五、建筑业	13.1	77.4	14	7.0
六、交通运输、仓储和邮政业	2651.1	10.6	2834	6.9
七、信息传输、软件和信息技术服务业	404.4	89.6	602.2	48.9
八、批发和零售业	390.5	-21.6	419.8	7.5
九、住宿和餐饮业	239.3	11.5	252.9	5.7
十、金融业	43.2	-8.8	49.2	14.0
十一、房地产业	8428.7	7.8	8909.1	5.7

续 表

行 业	2020年度		2021年度	
	累计投资额/亿元	同比增长/%	累计投资额/亿元	同比增长/%
十二、租赁和商务服务业	874.0	18.3	935.2	7.0
十三、科学研究和技术服务业	388.2	37.5	504.7	30.0
十四、水利、环境和公共设施管理业	4382.4	7.2	4544.5	3.7
十五、居民服务、修理和其他服务业	65.5	−13.7	86.1	31.5
十六、教育	726.7	27.6	901.1	24.0
十七、卫生和社会工作	373.6	34.2	631.8	69.1
十八、文化、体育和娱乐业	302.4	4.9	288.2	−4.7
十九、公共管理、社会保障和社会组织	143.6	−0.1	131.3	−8.6

从投资主体来看，外资增速小幅回升，民间投资增幅总体上升，国有投资增速大幅上升。2021年一季度，安徽省民间投资增速为21.2%，增速比去年同期增加34.8个百分点；上半年民间投资增速为11.6%，比一季度降低9.6个百分点，较去年同期增加17.6个百分点；前三季度，民间投资保持适度增长，增速为10.2%，而且比去年同期增加13.2个百分点；2021安徽省全年民间投资增速为7.3%，比2020年全年民间投资增加6.5个百分点。2021年安徽省国有投资增速大幅上升，一季度国有投资增速为35.3%，高出上年同期39.3个百分点；上半年增速上升为11.3%，较一季度降低24个百分点，比上年同期降低6.6个百分点；前三季度国有投资增速为12%；全年增速为14.3%，高于去年同期0.8个百分点。2021年外资投资增速上升，一季度外资投资增速1.9%，比去年同期增加33.8%；上半年外资投资增速为1.4%；前三季度外资投资增速为3.4%；全年增速为20%，全

年增幅高于去年同期45.4个百分点。具体见图1–17所示。

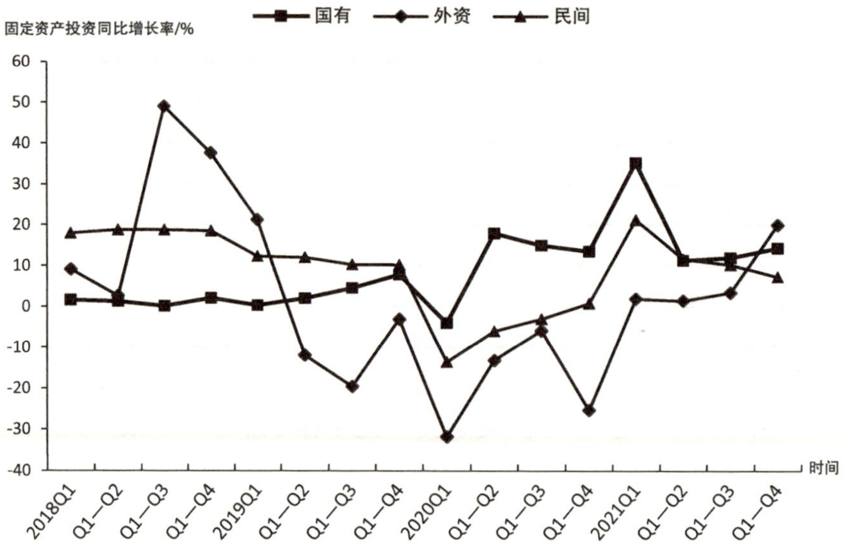

图1–17　2018年以来各投资主体固定资产投资同比增速

房地产投资依然是固定资产投资的一个重要方面，也是衡量经济水平的一个重要指标。2021年度全年房地产开发投资增长3.1%，增速比上年降低了2.5个百分点，比前三季度降低4.4个百分点，商品房销售面积10460.9万平方米，增长9.7%；销售额8143.2亿元，增长10.8%。如下图1–18所示。

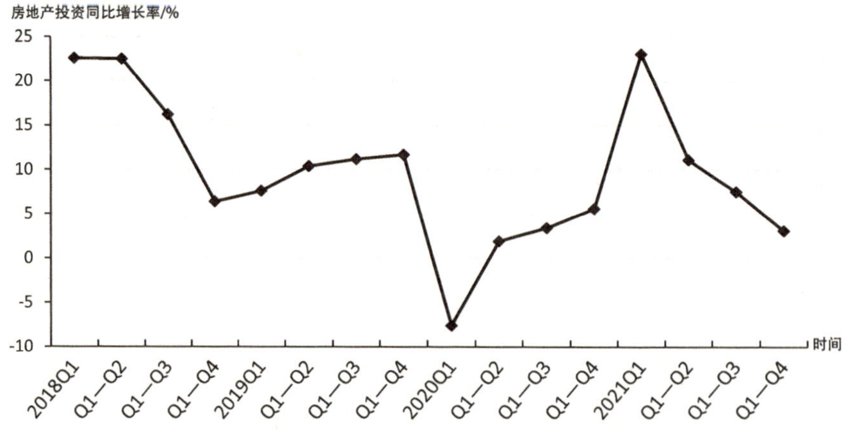

图1–18　2018年以来房地产投资同比增速

三、从收入角度分析经济增长形势

从收入角度分析安徽省的经济增长形势，就是从企业收入、居民收入和政府收入的角度分析经济增长。本报告分别从规模以上工业利润、居民收入和财政收入三个指标来分析2021年安徽省的经济增长形势。

（一）规模以上工业利润恢复性增长，增速逐季回落

2021年疫情防控有所改善，企业生产稳步恢复、市场预期逐渐向好、政策力度不断加大，企业效益好转，全省规模以上工业企业利润大幅提高，一季度全省规模以上工业企业实现利润总额600.7亿元，同比增长99.7%，增速较高，但后期同比增速逐季回落，特别是二季度增速比一季度回落了47.3个百分点。2021年全年，全省规模以上工业企业实现利润总额2669.9亿元，同比增长13.6%，增速低于全国平均水平20.7个百分点，具体如图1-19所示。

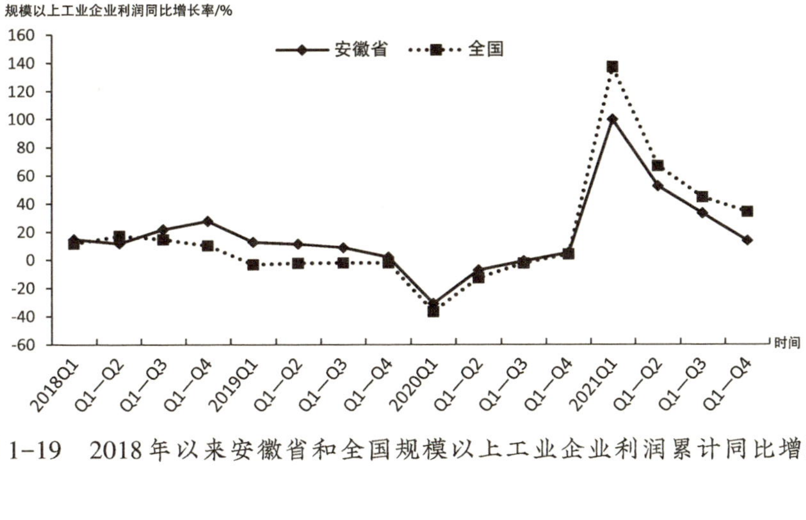

图1-19　2018年以来安徽省和全国规模以上工业企业利润累计同比增速

（二）居民收入稳步增加，城乡居民收入差距不断缩小

2021年，安徽省城镇居民人均可支配收入继续增加，同比增速逐季回落。

一季度，城镇居民人均可支配收入12104元，同比增长15.8%，比去年同期提高14.6个百分点；上半年城镇居民人均可支配收入21837元，同比增长13.1%，增速比一季度回落了2.7个百分点，高出全国平均水平1.7个百分点；前三季度，城镇居民人均可支配收入32603元，同比增长10.9%，高出全国平均水平1.4个百分点，增速比上半年回落2.2个百分点；全年城镇常住居民人均可支配收入43009元，同比增长9.0%，比全国高出0.8个百分点。

从收入构成看，城镇常住居民四项收入全面增长，其中，工资性收入25545元，增长8.1%；经营净收入6640元，增长7.3%；财产净收入3883元，增长10.8%；转移净收入6941元，增长13.5%。2021年前三季度全省居民可支配收入构成：工资性收入占比51.9%，经营净收入占比22.0%，财产净收入占比6.8%，转移净收入19.2%。与往年相比，工资性收入和经营净收入比例略微降低，财产净收入和转移净收入占比提高。

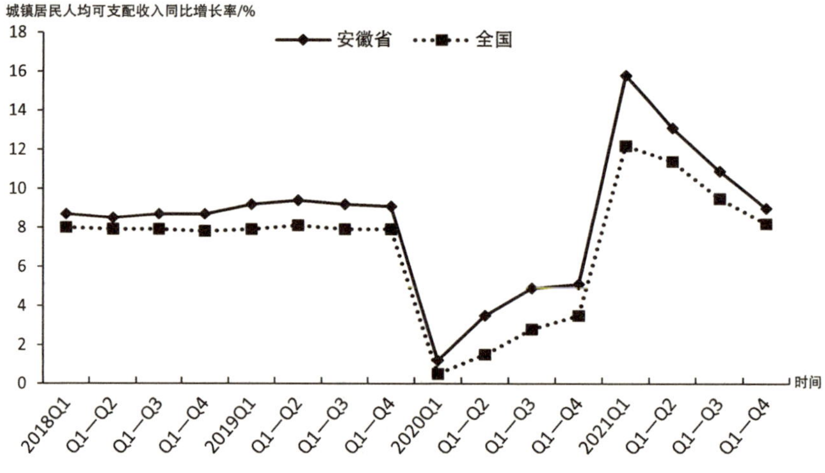

图1-20　2018年以来安徽省与全国的城镇居民人均可支配收入同比增速

表1-7　2021年安徽省城镇居民人均可支配收入及其构成同比增速

单位：%

指标	一季度	上半年	前三季度	全年
人均可支配收入	15.8	13.1	10.9	9.0
工资性收入	15.4	11.1	9.8	8.1

续　表

指标	一季度	上半年	前三季度	全年
经营性收入	19.5	18.6	10.4	7.3
财产性收入	13.0	15.6	14.2	10.8
转移性收入	14.9	13.1	13.6	13.5

2021年，我省农村居民人均可支配收入保持增长的态势，增幅相较于去年有所下降。分季度看，一季度全省农村居民人均可支配收入比去年上升了16.8个百分点；上半年农村居民可支配收入同比增速达15.3%，比一季度略降1.5个百分点，高出全国平均水平0.7个百分点；前三季度农村居民人均可支配收入13988元，同比增长11.7%，高出全国平均水平0.1个百分点，比上半年降低3.6个百分点；全年农村常住居民人均可支配收入18368元，同比增长10.5%，与全国平均水平持平。

农村常住居民四项收入全面增长，其中，工资性收入6369元，增长9.1%；经营净收入6796元，增长9.2%；财产净收入392元，增长17.2%；转移净收入4812元，增长13.9%。财产净收入增加较多，工资性收入相对增长最少。相比2020年财产性收入增速降低1.0个百分点，工资性收入增速提高2.2个百分点，经营净收入增速提高4.7个百分点，转移净收入相较去年增速基本不变。

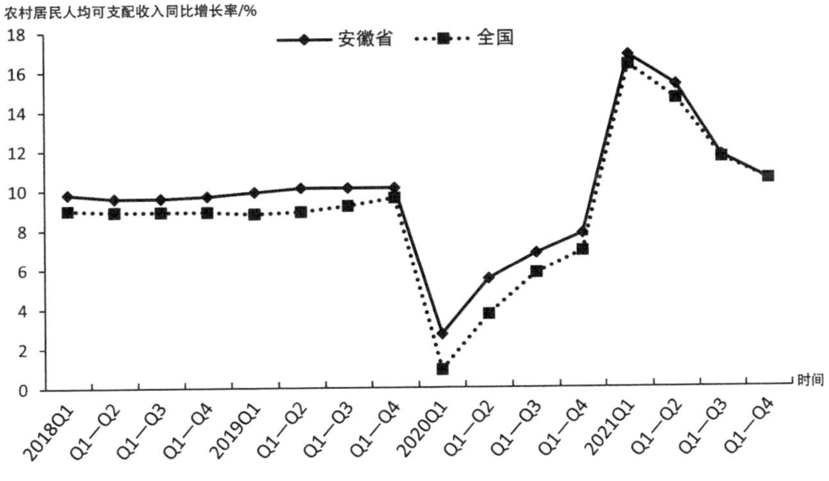

图1-21　2018年以来安徽省与全国农村居民人均可支配收入同比增速

表1-8 2021年安徽省农村居民人均可支配收入及其构成同比增速

单位:%

指标	一季度	上半年	前三季度	全年
人均可支配收入	16.8	15.3	11.7	10.5
工资性收入	13.6	13.8	11.4	9.1
经营性收入	16.5	17.4	9.9	9.2
财产性收入	1.3	25.0	13.5	17.2
转移性收入	22.8	14.3	14.3	13.9

2021年,安徽省农村常住居民可支配收入18368元,增速10.5%,增速与全国平均水平持平。从与全国收入差距来看,2021年安徽省农村常住居民可支配收入比全国低563元,与上年相比差距缩小了52元。从城乡收入差距来看,2021年安徽城乡收入比为2.34∶1,较2020年的2.37∶1再度缩小。

(三)财政收入呈恢复性增长,财政实力稳步提升,税收结构进一步优化

2021年疫情得到控制,安徽省财政收入向好发展,一季度,全省一般公共预算收入为945.2亿元,较上年同期增长19.9%;上半年,全省一般公共预算收入为1956.3亿元,同比增长18.0%,增幅较一季度收窄1.9个百分点;前三季度全省一般公共预算收入为2809.4亿元,较上年同期增长14.4%,增幅较上半年收窄3.6个百分点;2021年全年一般公共预算收入为3498.2亿元,较上年增长8.8%。安徽财政运行稳中有进,稳中向好,稳中提质,财政综合实力迈上新台阶。

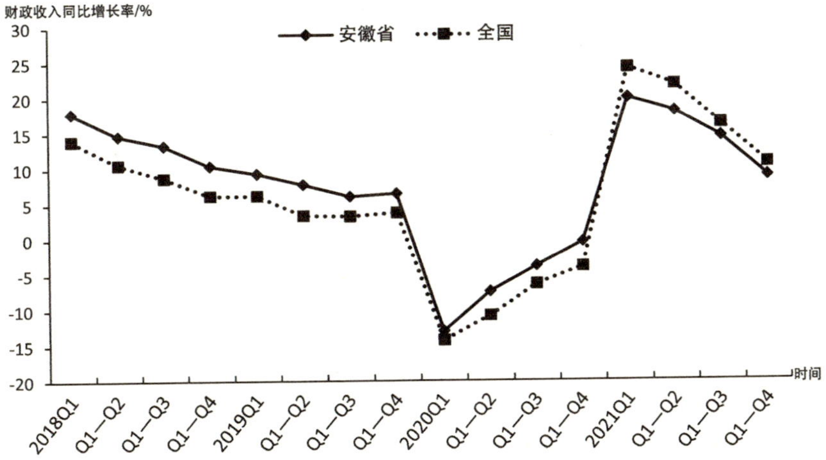

图 1-22　2018 年以来安徽省和全国财政收入同比增速

从一般公共预算收入的构成看，税收收入较去年有所增长。2021 年第一季度，税收收入为 652.3 亿元，比上年同期提高 26.0%，其中增值税、企业所得税分别增长 28.8% 和 21.7%。上半年税收收入增幅收窄，同比增长 20.2%，前三个季度的税收收入增幅进一步收窄为 15.3%。全年税收收入为 2389.9 亿元，比去年增长 8.7 个百分点，较全国同比增速低 3.2 个百分点。

表 1-9　2021 年安徽省各季度一般公共预算收入及同比增速

单位：%

指标	第一季度		上半年		前三季度		全年	
项目	累计/亿元	增速/%	累计/亿元	增速/%	累计/亿元	增速/%	累计/亿元	增速/%
一般公共预算收入	945.2	19.9	1956.3	18.0	2809.4	14.4	3498.2	8.8
税收收入	652.3	26.0	1348.9	20.2	1934.4	15.3	2389.9	8.7
增值税	317.6	28.8	574.1	23.9	814.0	16.0	1007.6	6.8
企业所得税	82.0	21.7	259.0	10.2	337.8	11.4	392.4	8.3
个人所得税	27.5	20.0	45.3	18.8	68.6	21.7	93.5	21.9
城市建设税	48.2	23.7	90.1	25.2	131.2	20.3	163.4	10.3

2021 年，税收收入、增值税和企业所得税三者的增速较去年实现正突破，全年税收收入增长 8.7%，增速较去年同期提高了 11.7 个百分点；增值税增长 6.8%，相比第一季度、上半年和前三季度分别下降了 22.0、17.1、9.2 个百分点；企业所得税增长 8.3%，增速较去年同期提高 10.5 个百分点。由上表还可以看出，各季度个人所得税和城市建设税的增速都较去年同期有所提高。

四、安徽省通货膨胀形势分析

（一）CPI 温和上涨，交通与通信价格指数涨幅较大

CPI 指数是衡量居民消费物价水平的指标，2021 年安徽省 CPI 保持温和上涨。第一季度 CPI 同比上涨 0.1%，涨幅比去年同期低 4.8 个百分点，高于全国平均水平 0.1 个百分点；上半年 CPI 同比上涨 0.6%，涨幅比去年同期低 3.2 个百分点，高于全国平均水平 0.1 个百分点；前三个季度，CPI 上涨 0.6%，涨幅比去年同期低 2.9 个百分点，和同期全国持平；2021 年全年 CPI 同比上涨 0.9%，涨幅比去年低 1.8 个百分点，与全国平均水平保持一致。具体见图 1-23 所示。

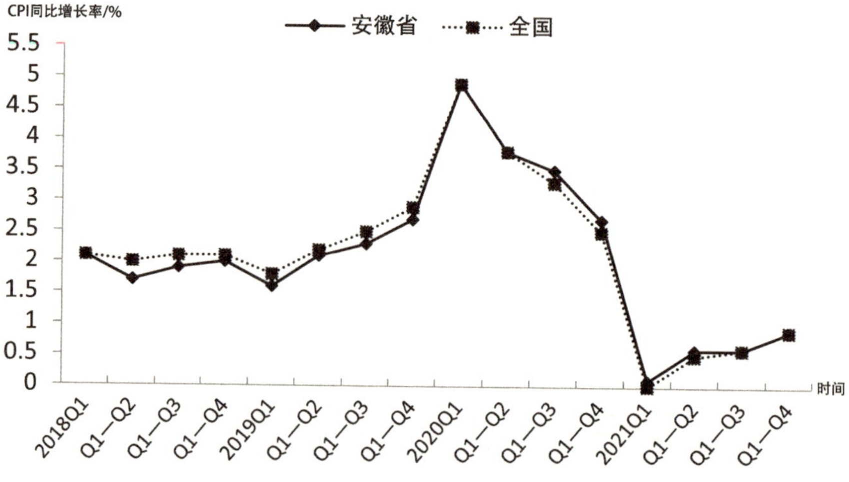

图 1-23　2018 年以来安徽省和全国季度 CPI 同比增速

从CPI指数的构成上看，2021年一季度、上半年、前三季度和全年安徽省CPI同比增长分别为0.1%、0.6%、0.6%和0.9%。衣着类价格指数四个时期同比涨幅分别为0、0.4%、0.8%和1.1%；居住类价格指数四个时期同比涨幅分别为0、0.3%、0.5%和0.7%；生活用品及服务类价格指数四个时期同比涨幅分别为0、0.2%、0.1%和0.1%；教育文化和娱乐价格指数四个时期同比涨幅分别为1.2%、1.7%、2.3%和2.8%；医疗保健价格指数四个时期同比涨幅分别为0.2%、0.2%、0.4%和0.5%。全年各类价格指数涨幅从高到低依次为：交通与通信、教育文化和娱乐、衣着、居住、医疗保健、生活用品及服务、食品烟酒以及其他用品和服务。具体见表1-10所示。

表1-10 2021年度安徽省与全国各项价格指数增速比较

单位：%

指标	一季度		上半年		前三季度		全年	
	安徽省	全国	安徽省	全国	安徽省	全国	安徽省	全国
居民消费价格总指数	0.1	0	0.6	0.5	0.6	0.6	0.9	0.9
一、食品烟酒	0.7	0.6	0.5	0.4	–0.6	–0.5	–0.5	–0.3
二、衣着	0	–0.2	0.4	0	0.8	0.2	1.1	0.3
三、居住	0	–0.2	0.3	0.2	0.5	0.6	0.7	0.8
四、生活用品及服务	0	–0.1	0.2	0.1	0.1	0.2	0.1	0.4
五、交通和通信	–1.3	–1.4	1.8	1.9	3.7	3.3	4.8	4.1
六、教育文化和娱乐	1.2	0.3	1.7	0.9	2.3	1.6	2.8	1.9
七、医疗保健	0.2	0.3	0.2	0.3	0.4	0.3	0.5	0.4
八、其他用品和服务	–4.1	–1.1	–4.5	–1.1	–4.9	–1.6	–3.9	–1.3

（二）PPI季度同比增速上涨，全年涨幅进一步扩大

与前两年的工业生产者出厂价格指数（PPI）涨幅持续回落相比，2021年安徽省PPI呈大幅上扬态势。从分季度数据来看，2021年一季度、上半年、

前三季度以及全年的安徽省PPI分别同比上涨2.8%、5.4%、6.6%和7.7%，分别比去年同期提高2.6、6.5、7.8和8.6个百分点。与此同时，工业生产者购进价格指数也有明显的上升，分季度数据看，2021年一季度、上半年、前三季度和全年安徽省工业生产者购进价格指数涨幅分别为4.5%、8.3%、10.1%和11.5%，分别比去年同期提高5.4、10.5、12.2和13个百分点。安徽省PPI和工业生产者购进价格指数均出现上升的趋势。具体见图1-24所示。

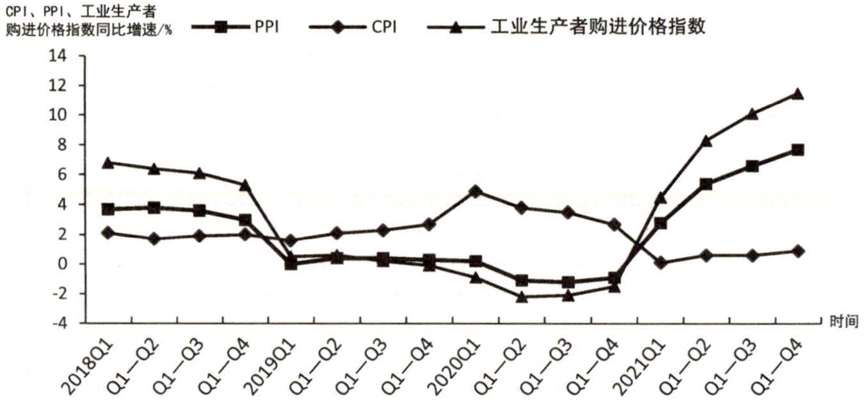

图1-24　2018年以来季度CPI、PPI、工业生产者购进价格指数同比增速

第二章　2021年安徽省经济发展区域比较

2021年是“十四五”开局之年，也是我国全面建成小康社会，实现巩固拓展脱贫攻坚成果同乡村振兴有效衔接的关键之年。由于近两年新冠肺炎疫情的爆发，严重威胁公众健康，同时也严重影响国民经济的正常运行，给宏观经济发展带来了巨大冲击。面对严峻复杂的国际形势、艰巨繁重的国内改革发展稳定任务，特别是新冠肺炎疫情的严重冲击，在以习近平同志为核心的党中央坚强领导下，我国经济运行稳定恢复，就业民生保障有力，经济社会发展主要目标任务完成情况好于预期。在全国经济稳定发展的大环境下，安徽省经济发展保持较为稳定的步伐，在稳定中实现增长。本章主要分析比较2021年安徽省与周边省（市）的国民经济运行情况，并分别将安徽省与中部其他五省、长江经济带其他十省（市）进行对比，主要从地区生产总值及国民经济的“三驾马车”（消费、投资、出口）等不同视角进行比较分析。比较研究期为2020年和2021年，2020年数据主要来源于2021年《中国统计年鉴》和各省（市）统计年鉴；2021年数据主要来源于各省（市）统计局发布的2021年经济运行情况公报，部分省（市）进出口数据来源于地方海关统计数据。

一、安徽省与中部其他五省经济发展比较

（一）地区生产总值比较

1. 2021年安徽省地区生产总值居第四位，增速居第四位

2021年安徽省地区生产总值为42959.2亿元，按照可比价格计算，比上年增长8.3%，高于2020年增速（3.9%）。在中部六省中，安徽省地区生产总值增速居第四位，分别比湖北省（12.9%）、山西省（9.1%）和江西省（8.8%）低4.6、0.8、0.5个百分点，比湖南省（7.7%）和河南省（6.3%）高0.6、2.0个百分点。生产总值绝对量上，安徽省排名与2020年相同，处于第四位，低于河南省（58887.41亿元）、湖北省（50012.94亿元）和湖南省（46 063.09亿元）。

中部六省地区生产总值及增速如图2-1所示，左侧纵坐标为地区生产总值，右侧纵坐标为地区生产总值增速。

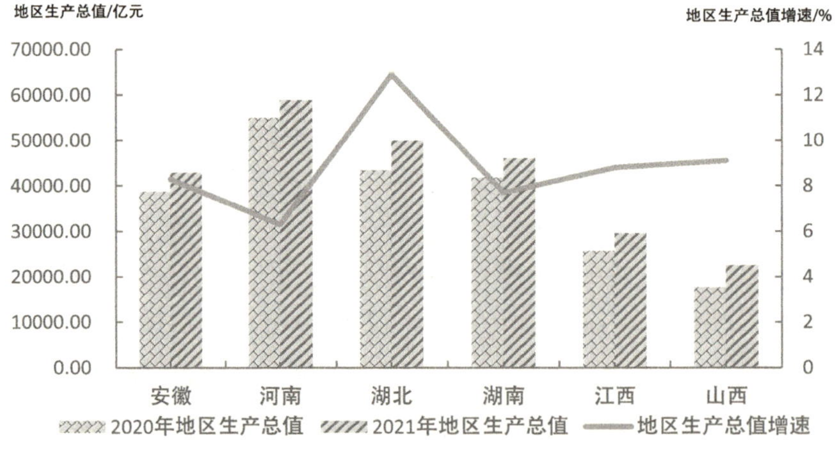

图2-1　中部六省地区生产总值及增速

2. 2021年安徽省第二产业增加值增速居第四位，第三产业增加值增速居第三位

2021年安徽省第二产业增加值增速为7.9%，在中部六省中位居第四位，比湖北省（13.6%）、山西省（10.2%）和江西省（8.2%）低5.7、2.3、0.3个百分点，比湖南省（6.9%）和河南省（4.1%）高1.0、3.8个百分点。2021年安徽省第三产业增加值增速为8.7%，比湖北省（12.6%）和江西省（9.5%）分别低3.9、0.8个百分点，比山西省（8.3%）、河南省（8.1%）和湖南省（7.9%）分别高0.4、0.6、0.8个百分点。

中部六省各省第二、三产业增加值增速如图2-2所示。

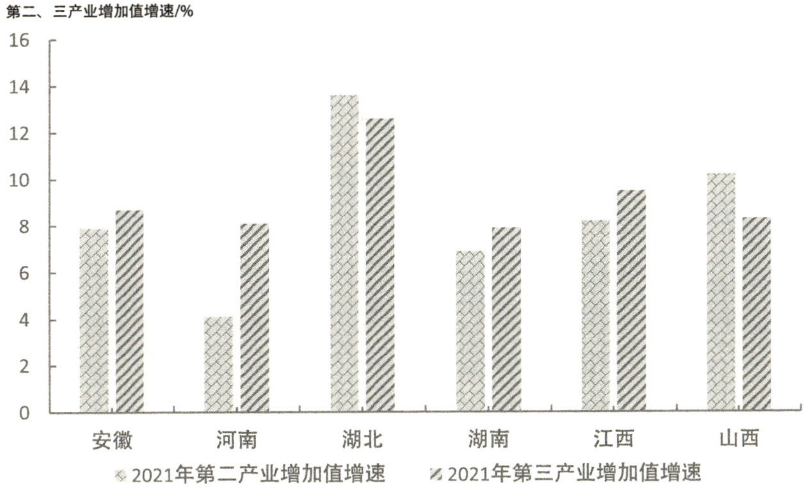

图2-2　中部六省第二、三产业增加值增速

3. 2021年安徽省第二产业增加值比重居第四位，第三产业增加值比重居第三位

2021年安徽省第二产业增加值比重为41.00%，在中部六省中位居第四位，比河南省（41.32%）、江西省（44.51%）和山西省（49.64%）低0.32、3.51、8.64个百分点，比湖南省（39.35%）、湖北省（37.90%）高1.65、3.10个百分点。2021年安徽省第三产业增加值比重51.18%，比湖南省（51.26%）和湖北省（52.78%）低0.08、1.70个百分点，高于河南省（49.14%）、江西省

(47.61%)和山西省(44.67%)2.04、3.57和6.51个百分点。

中部六省第二、三产业增加值比重如图2-3所示。

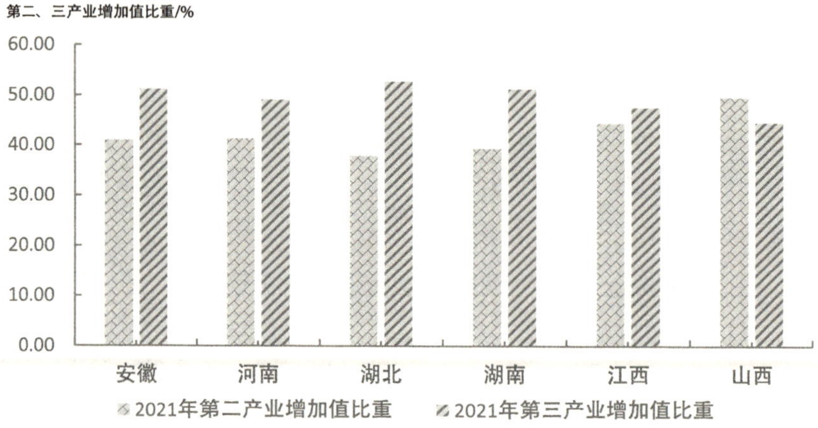

图2-3 中部六省第二、三产业增加值比重

4. 2021年安徽规模以上工业增加值增速位于中部六省第四位

2021年安徽省规模以上工业增加值增速8.9%,位于中部六省第四位,比江西省(11.4%)、山西省(12.7%)和湖北省(14.8%)低2.5、3.8、5.9个百分点,比湖南省(8.4%)和河南省(6.3%)高0.5、2.6个百分点。与2020年对比来看,2020年受到新冠肺炎疫情冲击,各省规模以上工业增加值增速较低,由于2021年新冠肺炎疫情得到有效控制,2021年各省规模以上工业增加值增速均较高,尤其湖北省从2020年的-6.1%上升到了14.8%。

中部六省规模以上工业增加值增速如图2-4所示。

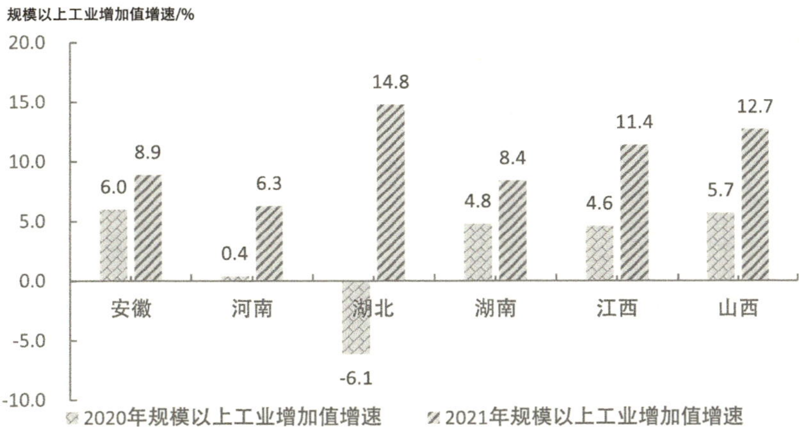

图 2-4　中部六省规模以上工业增加值增速

（二）消费比较

1. 2021年安徽省全社会消费品零售总额居第三位，增速居第三位

2021年，安徽省全社会消费品零售总额为21471.20亿元，在中部六省排名第三位，比湖北省（21561.37亿元）和河南省（24381.7亿元）低90.17亿元、2910.50亿元。从增长速度来看，安徽省全社会消费品零售总额同比增长17.1%，居中部六省第三位，比江西省（17.7%）和湖北省（19.9%）低0.6、2.8个百分点。其余三省河南（8.3%）、湖南（14.4%）和山西（14.8%）全社会消费品零售总额增长速度都显著上升，可见由于2021年新冠肺炎疫情得到有效控制，各省的社会消费品零售总额增速均大幅度上升。

中部六省社会消费品零售总额及增速如图2-5所示，左侧纵坐标为社会消费品零售总额，右侧纵坐标为社会消费品零售总额增速。

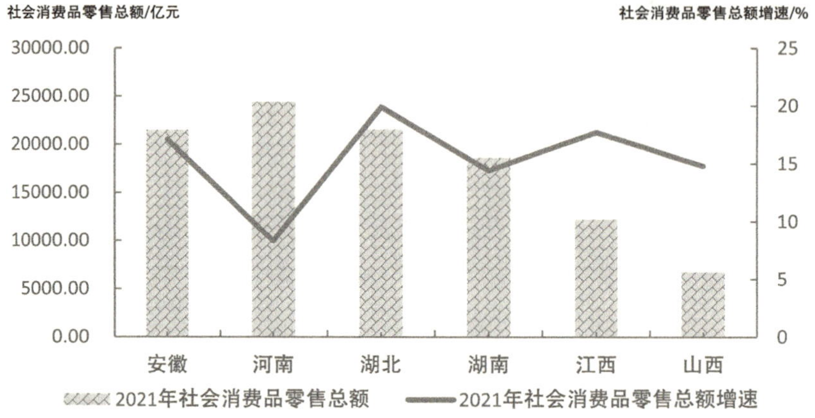

图2-5 中部六省社会消费品零售总额及增速

2. 2021年安徽全社会消费品零售总额占地区生产总值比重居第一位，增速居第一位

2021年安徽省全社会消费品零售总额占地区生产总值的比重由2020年的47.40%上升至49.98%，上升了2.58个百分点。安徽省全社会消费品零售总额占地区生产总值的比重在中部六省中位居第一，比山西省（34.30%）、湖南省（40.37%）、江西省（41.21%）、河南省（41.40%）、湖北省（43.11%）分别高15.68、9.61、8.77、8.58、6.87个百分点。2021年安徽省全社会消费品零售总额占地区生产总值比重增幅以2.58%在六省中排名第一位。

2021年中部六省全社会消费品零售总额占地区生产总值比重及与2020年比增速如图2-6所示，左侧纵坐标为全社会消费品零售总额占地区生产总值比重，右侧纵坐标为全社会消费品零售总额占地区生产总值比重与2020年比增速。

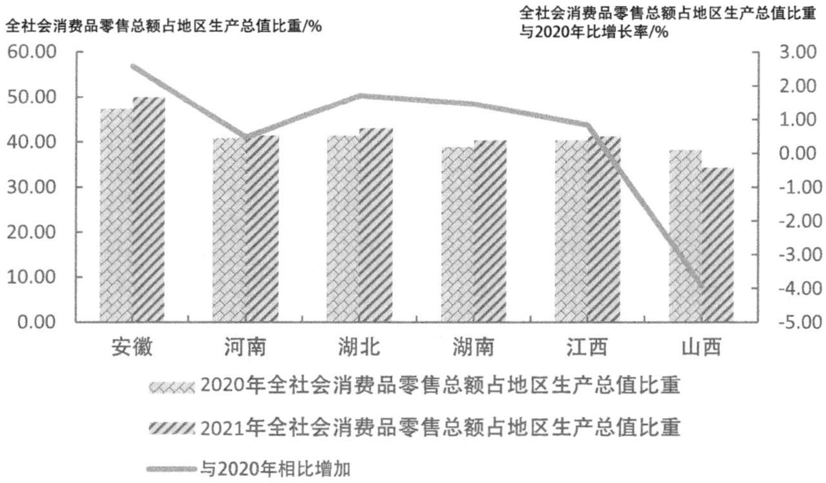

图 2-6　中部六省全社会消费品零售总额占地区生产总值比重及与 2020 年比增长率

3. 2021 年安徽省居民消费价格指数 100.9%，居第三位

2021 年安徽省居民消费价格指数 100.9%，物价保持在较为稳定的水平，比湖北省（100.3%）、湖南省（100.6%）分别高 0.6、0.3 个百分点，和河南省、江西省的居民消费价格指数相同。将各省居民消费价格指数倒序排列，安徽省居民消费价格指数居第三位。

与 2020 年相比，中部六省的物价指数均呈下降趋势，其中下降幅度最大的是湖北省，下降了 2.4 个百分点，河南省和山西省下降了 1.9 个百分点，安徽省和湖南省下降了 1.8 个百分点，江西省下降 1.7 个百分点。

中部六省居民消费价格指数及与 2020 年比增速如图 2-7 所示，左侧纵坐标为居民消费价格指数，右侧纵坐标为居民消费价格指数与 2020 年比增速。

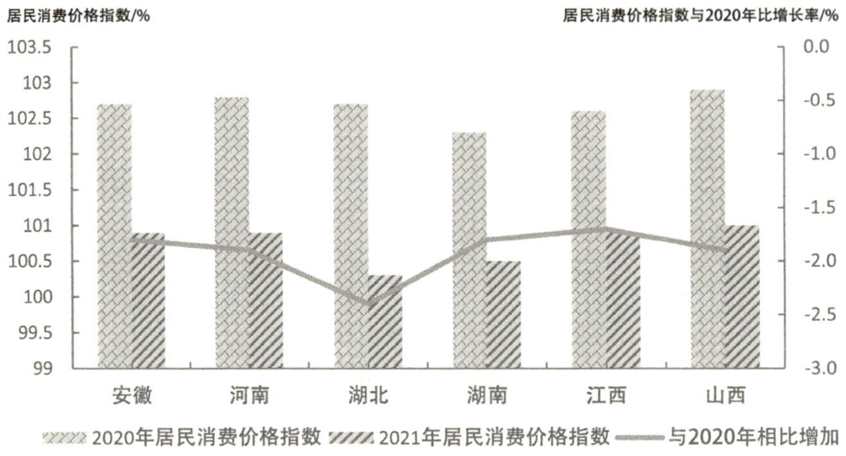

图 2-7　中部六省居民消费价格指数及与 2020 年比增长率

4. 2021 年安徽省城镇居民人均可支配收入居第二位，增速居第二位

2021 年安徽省城镇居民人均可支配收入继续稳步上升，由 2020 年的 39442.1 元上升到 43009 元，增加 3566.9 元，增速为 9.0%。

从绝对值看，安徽省以 43009 元位列中部六省城镇居民人均收入第二位，比第一名湖南省（44866 元）低 1857 元，比第三名江西省（41684 元）、第四名湖北省（40278 元）、第五名山西省（37433 元）和第六名河南省（37095 元）分别高 1325 元、2731 元、5576 元和 5914 元。从增速上看，安徽省以 9.0% 的增速位列第二，高于江西省（8.1%）、湖南省（7.6%）、山西省（7.6%）、河南省（6.7%）0.9、1.4、1.4、2.3 个百分点。

中部六省城镇居民人均可支配收入及增速如图 2-8 所示，左侧纵坐标为城镇居民人均可支配收入，右侧纵坐标为城镇居民人均可支配收入增速。

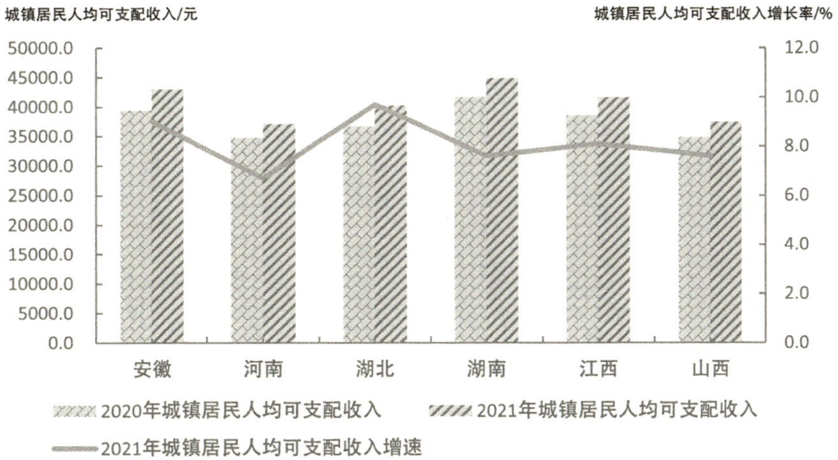

图2-8　中部六省城镇居民人均可支配收入及增速

5. 2021年安徽省农村居民人均可支配收入居第二位，增速居第二位

2021年安徽省农村居民人均可支配收入18368元，比2020年增加了1747.7元，增速为10.5%。中部六省中，安徽省农村居民人均可支配收入绝对值排名与2020年一致，位于第二位，比第一名江西省（18684元）少316元，较湖南省（18295元）、湖北省（18259元）、河南省（17533元）、山西省（15308）分别高73元、109元、835元、3060元。在增速方面，中部六省中安徽省（10.5%）位于第二位，之后依次为湖南省（10.3%）、山西省（10.3%）、江西省（10.0%）、河南省（8.8%）。

中部六省农村居民人均可支配收入及增速如图2-9所示，左侧纵坐标为农村居民人均可支配收入，右侧纵坐标为农村居民人均可支配收入增速。

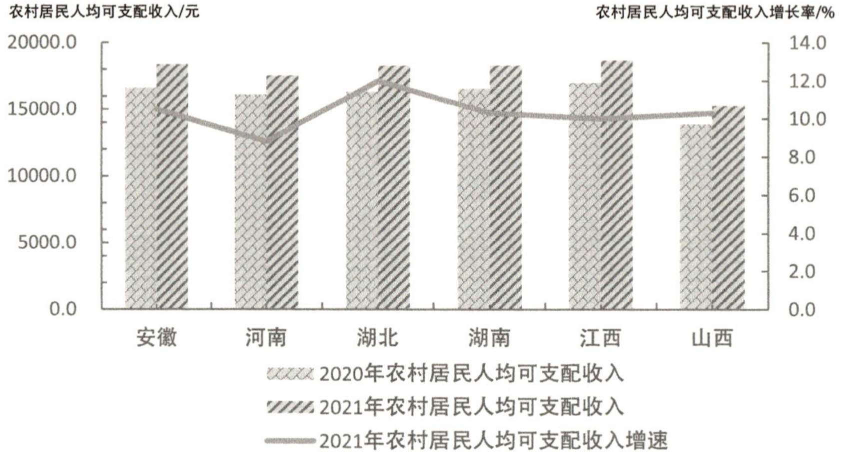

图 2-9　中部六省农村居民人均可支配收入及增速

（三）固定资产投资比较

关于固定资产投资增速，2021 年安徽省以 9.4% 在中部六省居第三位，比 2020 年前进一位，比江西省（10.8%）和湖北省（20.4%）低 1.4、11.0 个百分点，比山西省（8.7%）、湖南省（8.0%）和河南省（4.5%）分别高 0.7、1.4、4.9 个百分点。

中部六省固定资产投资增速如图 2-10 所示，实线为 2020 年中部六省固定资产投资增速，虚线为 2021 年中部六省固定资产投资增速。

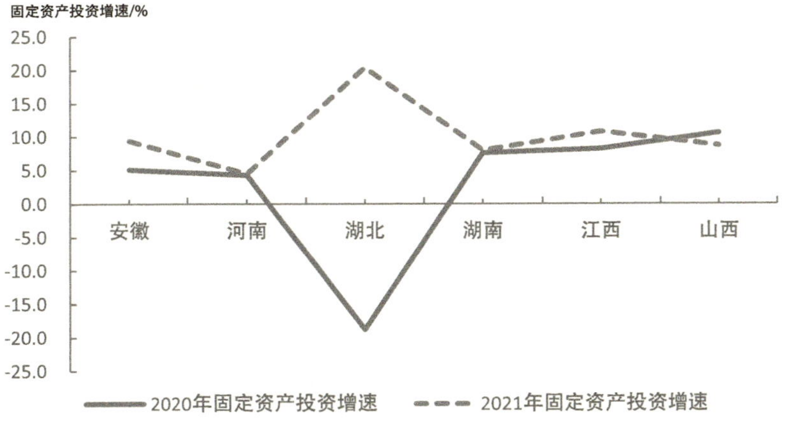

图2-10　中部六省固定资产投资增速

(四)进出口比较

1. 2021年安徽省进出口总额居中部六省第二位,增速居第二位

从总额看,2021年安徽省进出口总额6920.2亿元,居中部六省第二位,与2020年排名相同,比第一位河南省(8208.1亿元)少1287.9亿元,比第三的湖南省(5988.5亿元)、第四的湖北省(5374.4亿元)、第五的江西省(4980.4亿元)和第六的山西省(2230.3亿元)分别高出931.7亿元、1545.8亿元、1939.8亿元和4689.9亿元。从增速上看,安徽省进出口总额增速居中部六省第二位,增速最高的山西省达到48.3%,外贸形势明显向好,进出口总额增长幅度较大。

中部六省进出口总额及增速如图2-11所示,左侧纵坐标为进出口总额,右侧纵坐标为进出口总额增速。

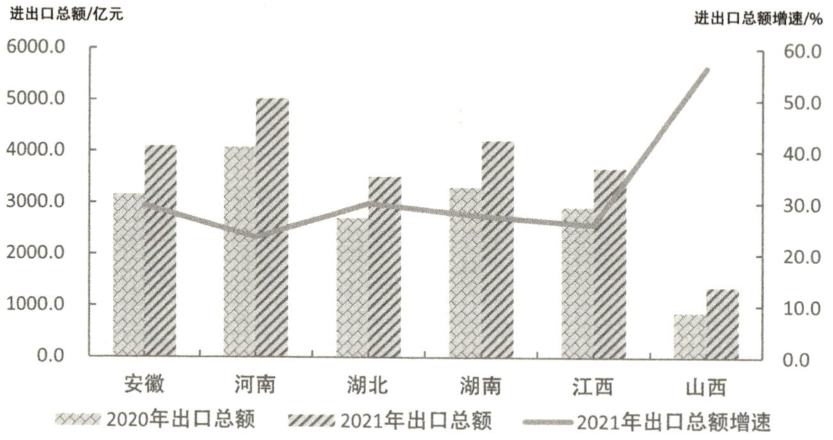

图 2-11　中部六省进出口总额及增速

2. 2021年安徽省出口总额居中部六省第三，增速居第三

2021年安徽省出口总额从2020年的3160.9亿元上升至4094.8亿元，位居中部六省第三，与2020年一致；增速29.5%，位居中部六省第三。从绝对量上看，安徽省居中部六省第三位，比第一的河南省（5024.1亿元）和第二的湖南省（4212.7亿元）分别低929.3亿元、117.9亿元，比江西省（3 671.8亿元）、湖北省（3509.3亿元）、山西省（1365.9亿元）分别高423.0亿元、585.5亿元、2728.9亿元。从增速上看，安徽省出口总额增速居中部六省第三位，比湖北省（29.9%）和山西省（56.3%）低0.4、26.8个百分点。

中部六省出口总额及增速如图2-12所示，左侧纵坐标为出口总额，右侧纵坐标为出口总额增速。

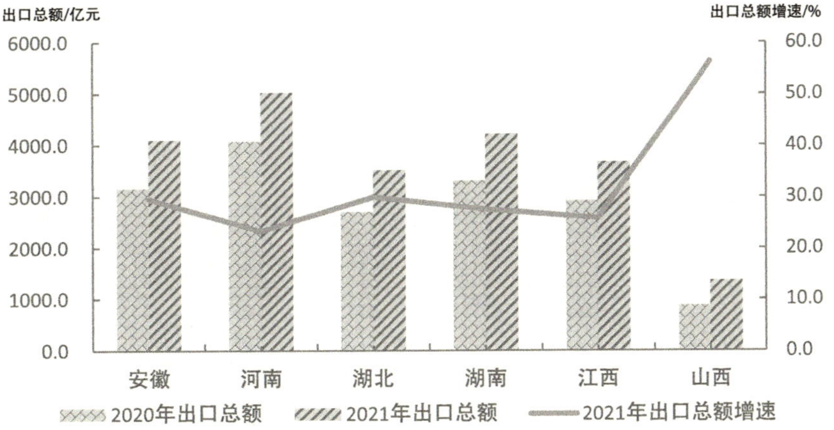

图2-12　中部六省出口总额及增速

3. 2021年安徽省进口总额排名居中部六省第二位，增速居第二位

2021年安徽省进口总额为2825.4亿元，较2020年增加534.8亿元，增速为23.4%。从总额上看，安徽省进口总额在中部六省中排名与2020年相同，比第一名河南省（3184.0亿元）少358.6亿元，比第三名湖北省（1865.1亿元）多960.3亿元。湖南省（1775.8亿元）、江西省（1308.6亿元）、山西省（864.3亿元）分别比安徽省少1049.6亿元、1516.8亿元、1961.1亿元。从增速看，安徽省居中部六省第二位，比第一名山西省（37.1%）低13.7个百分点。

中部六省进口总额及增速如图2-13所示，左侧纵坐标为进口总额，右侧纵坐标为进口总额增速。

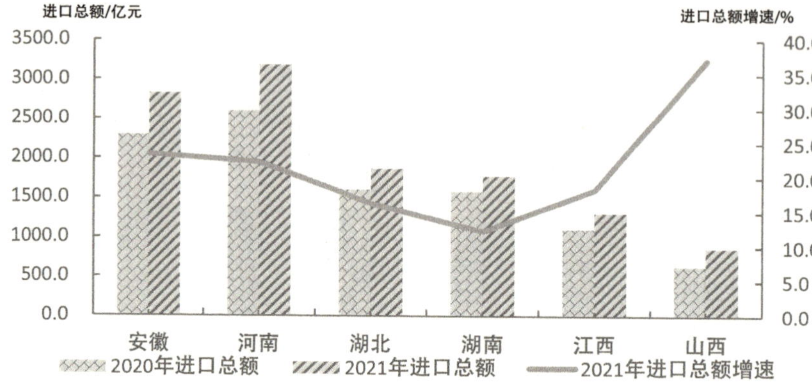

图 2-13　中部六省进口总额及增速

二、安徽省与长江经济带其他省(市)经济发展比较

本部分以安徽省与长江经济带其他十个省(市)的经济发展对比作为研究内容。长江经济带战略是中国新一轮改革开放转型实施新区域开放开发战略,覆盖上海、江苏、浙江、安徽、江西、湖北、湖南、重庆、四川、云南和贵州十一个省(市)。

(一)地区生产总值比较

1. 2021年安徽省地区生产总值排名第七位,中游稍偏后

2021年安徽省地区生产总值为42959.2亿元,在长江经济带十一个省(市)中排名第七位,位于江苏省、浙江省、四川省、湖北省、湖南省和上海市之后,高于江西省、重庆市、云南省和贵州省。与2020年相比,绝对量上各省(市)都有不同程度的提高;在相对排名上,安徽省稳定在中游稍偏后第七名的位置,其余各省(市)排名与2020年对比无差异。

长江经济带各省(市)地区生产总值及排名见表2-1所列。

表2-1　长江经济带各省(市)地区生产总值

单位:亿元

地区	2020年		2021年		地区	2020年		2021年	
	地区生产总值	排名	地区生产总值	排名		地区生产总值	排名	地区生产总值	排名
安徽	38680.63	7	42959.2	7	浙江	64613.34	2	73516	2
湖北	43443.46	4	50012.94	4	重庆	25002.79	9	27894.02	9
湖南	41781.49	5	46063.09	5	四川	48598.76	3	53850.79	3
江西	25691.50	8	29619.7	8	云南	24521.90	10	27146.76	10
上海	38700.58	6	43214.85	6	贵州	17826.56	11	19586.42	11
江苏	102718.98	1	116364.20	1	—	—	—	—	—

2. 2021年安徽省地区生产总值增速居第五位

2021年安徽省地区生产总值增速为8.3%,在长江经济带中位于第五位,相比于2020年下降了两位。安徽省地区生产总值增速小于湖北省(12.9%)、江西省(8.8%)、江苏省(8.6%)、浙江省(8.5%),高于长江经济带的其他省(市)。

长江经济带各省(市)地区生产总值增速及排名见表2-2所列。

表2-2　长江经济带各省(市)地区生产总值增速及排名

单位:%

地区	安徽	湖北	湖南	江西	上海	江苏	浙江	重庆	四川	云南	贵州
2020年	3.9	-5.0	3.8	3.8	1.7	3.7	3.6	3.9	3.8	4.0	4.5
排名	3	11	5	5	10	8	9	3	5	2	1
2021年	8.3	12.9	7.7	8.8	8.1	8.6	8.5	8.3	8.2	7.3	8.1
排名	5	1	10	2	8	3	4	5	7	11	8

3. 2021年安徽省第二产业增加值增速居第六位,第三产业增加值增速居第五位

2021年安徽省第二产业增加值增速为7.9%,在长江经济带各省(市)中位于第六名,比第一名的湖北省低5.7个百分点,比最后一名的云南省高1.6个百分点。2021年安徽省第三产业增加值增速为8.7%，位于长江经济带的第五名，比最后一名的贵州省高3.0个百分点。

长江经济带各省(市)第二、三产业增加值增速见表2-3所列。

表2-3 长江经济带各省(市)第二、三产业增加值增速

单位：%

地区	安徽	湖北	湖南	江西	上海	江苏	浙江	重庆	四川	云南	贵州
2020年第二产业增速	5.2	-7.4	4.7	4	1.3	3.7	3.1	4.9	3.8	3.6	4.3
2020年排名	1	11	3	5	10	7	9	2	6	8	4
2021年第二产业增速	7.9	13.6	6.9	8.2	9.4	10.1	10.2	7.3	7.4	6.1	6.8
2021年排名	6	1	9	5	4	3	2	8	7	11	10
2020年第三产业增速	2.8	-3.8	2.9	4	1.8	3.8	4.1	2.9	3.4	3.8	4.1
2020年排名	9	11	7	3	10	4	1	7	6	4	1
2021年第三产业增速	8.7	12.6	7.9	9.5	7.6	7.7	7.6	9.0	8.9	7.7	5.7
2021年排名	5	1	6	2	9	7	9	3	4	7	11

4. 2021年安徽省规模以上工业增加值增速居第九位

2021年安徽省规模以上工业增加值增速为8.9%，与2020年(6.0%)相比，上升了2.9个百分点。长江经济带十一个省(市)规模以上工业增加值增速与2020年相比均有所升高。安徽省在长江经济带十一个省(市)中相对排名为第九位，与2020年相比下降了七位，低于湖北省、浙江省、贵州省、江苏省、江西省、上海市、重庆市和四川省。

长江经济带各省(市)规模以上工业增加值增速见表2-4所列。

表2-4　长江经济带各省(市)规模以上工业增加值增速

单位:%

地区	安徽	湖北	湖南	江西	上海	江苏	浙江	重庆	四川	云南	贵州
2020年	6.0	-6.1	4.8	4.6	1.7	6.1	5.4	5.8	4.5	2.4	5.0
排名	2	11	6	7	10	1	4	3	8	9	5
2021年	8.9	14.8	8.4	11.4	11.0	12.8	12.9	10.7	9.8	8.8	12.9
排名	9	1	11	5	6	4	2	7	8	10	2

(二)消费比较

1. 2021年安徽省社会消费品零售总额居第五位

全社会消费品零售总额是表现消费需求的最直接指标,安徽省2021年全社会消费品零售总额为21471.2亿元,较2020年有所提高。长江经济带十一个省(市)中,安徽省社会消费品零售总额排名第五位,位于第一名江苏省、第二名浙江省、第三名四川省、第四名湖北省之后,高于湖南省、上海市、重庆市、江西省、云南省和贵州省。2021年安徽全社会消费品零售总额增速为17.1%,在长江经济带十一个省(市)中排名第四,位于增速19.9%的湖北省、增速18.5%的重庆市、17.7%江西省之后。

长江经济带各省(市)全社会消费品零售总额见表2-5所列。

表2-5　长江经济带各省(市)全社会消费品零售总额

单位:亿元

地区	安徽	湖北	湖南	江西	上海	江苏	浙江	重庆	四川	云南	贵州
2020年	18334.0	17984.9	16258.1	10371.8	15932.5	37086.1	26629.8	11787.2	20824.9	9792.9	7833.4
排名	4	5	6	9	7	1	2	8	3	10	11

续 表

地区	安徽	湖北	湖南	江西	上海	江苏	浙江	重庆	四川	云南	贵州
2021年	21471.2	21561.37	18595.85	12206.7	18079.52	42702.6	29211	13967.67	24133.21	10731.8	8904.27
排名	5	4	6	9	7	1	2	8	3	10	11

2. 2021年安徽省全社会消费品零售总额占地区生产总值比重居第二位

全社会消费品零售总额占地区生产总值比重可以衡量消费对经济的贡献程度，2021年安徽省全社会消费品零售总额占地区生产总值比重为49.98%，居长江经济带十一个省（市）中的第二位，相较2020年第一名的位次下降了一位，但增长了2.58%，2021年安徽省消费对经济贡献程度显著。

长江经济带各省（市）社会消费品零售总额占地区生产总值比重见表2-6所列。

表2-6　长江经济带各省（市）社会消费品零售总额占地区生产总值比重

单位：%

地区	安徽	湖北	湖南	江西	上海	江苏	浙江	重庆	四川	云南	贵州
2020年	47.40	41.40	38.91	40.37	41.17	36.10	41.21	47.14	42.85	39.94	43.94
排名	1	5	10	8	7	11	6	2	4	9	3
2021年	49.98	43.11	40.37	41.21	41.84	36.70	39.73	50.07	44.81	39.53	45.46
排名	2	5	8	7	6	11	9	1	4	10	3

3. 2021年安徽省居民消费价格指数位于第七位

2021年安徽省居民消费价格指数为100.9%，将各省(市)居民消费价格指数倒序排列，安徽省位于长江经济带第七名，与2020年相比上升了一位，比湖南省(100.5%)、湖北省(100.3%)、重庆市(100.3%)、四川省(100.3%)、云南省(100.2%)、贵州省(100.1%)高0.4、0.6、0.6、0.6、0.7、0.8个百分点。在长江经济带十一个省(市)中，安徽省通胀控制水平有待进一步提升，仅低于上海市、浙江省和江苏省。

长江经济带各省(市)居民消费价格指数见表2-7所列。

表2-7　长江经济带各省(市)居民消费价格指数

单位:%

地区	安徽	湖北	湖南	江西	上海	江苏	浙江	重庆	四川	云南	贵州
2020年	102.7	102.7	102.3	102.6	101.7	102.5	102.3	102.3	103.2	103.6	102.6
排名	8	8	2	6	1	5	2	2	10	11	6
2021年	100.9	100.3	100.5	100.9	101.2	101.6	101.5	100.3	100.3	100.2	100.1
排名	7	3	6	7	9	11	10	3	3	2	1

4. 2021年安徽省城镇居民人均可支配收入排名第六位

城镇居民人均可支配收入指居民全部现金收入能用于安排家庭日常生活的那部分收入，2021年安徽省城镇居民人均可支配收入为43009元，较2020年39442.1元增长9.0%。在长江经济带十一个省(市)中，安徽省城镇居民人均可支配收入排名第六，居于中游，仍然具有较大的增长空间，排名与2020年持平，低于上海市、浙江省、江苏省、湖南省、重庆市。

长江经济带各省(市)城镇居民人均可支配收入见表2-8所列。

表 2-8　长江经济带各省(市)城镇居民人均可支配收入

单位:元

地区	安徽	湖北	湖南	江西	上海	江苏	浙江	重庆	四川	云南	贵州
2020年	39442.1	36705.7	41697.5	38555.8	76437.3	53101.7	62699.3	40006.2	38253.1	37499.5	36096.2
排名	6	10	4	7	1	3	2	5	8	9	11
2021年	43009	40278	44866	41684	82429	57743	68487	43502	41444	40905	39211
排名	6	10	4	7	1	3	2	5	8	9	11

5. 2021年安徽省农村居民人均可支配收入排名第五位

农村居民人均可支配收入是一项重要的反映地区农村居民收入平均水平的指标,2021年安徽省农村居民人均可支配收入为18368元,较2020年16620.5元增加了1747.5元。长江经济带十一个省(市)中,安徽省2021年排名第五,低于上海市、浙江省、江苏省、江西省,高于重庆市、湖北省、四川省、湖南省、云南省和贵州省,较2020年排名不变。农村居民人均可支配收入绝对量,十一个省(市)均有不同程度的增加。

长江经济带各省(市)农村居民人均可支配收入见表2-9所列。

表 2-9　长江经济带各省(市)农村居民人均可支配收入

单位:元

地区	安徽	湖北	湖南	江西	上海	江苏	浙江	重庆	四川	云南	贵州
2020年	16620.3	16305.9	16584.6	16980.8	34911.3	24198.5	31930.5	16361.4	15929.1	12841.9	11642.3
排名	5	8	6	4	1	3	2	7	9	10	11

续 表

地区	安徽	湖北	湖南	江西	上海	江苏	浙江	重庆	四川	云南	贵州
2021年	18368	18259	18295	18684	38521	26791	35247	18100	17575	14197	12856
排名	5	7	6	4	1	3	2	8	9	10	11

(三)固定资产投资比较

2021年安徽省固定资产投资增速居第五位,上升了两位。

固定资产投资额是以货币形式表现的一定时期内建造和购置固定资产活动的工作量以及与此有关的费用的总称,它能够反映地区的投资情况。2021年安徽省固定资产投资增速为9.4%,比2020年高4.3个百分点,排名比2020年上升了两位。固定资产投资增速低于湖北省、江西省、浙江省和四川省,排名第五,高于上海市、湖南省、重庆市、江苏省、云南省和贵州省六个省(市),处于中上游位置。

长江经济带各省(市)固定资产投资增速见表2-10所列。

表2-10 长江经济带各省(市)固定资产投资增速

单位:%

地区	安徽	湖北	湖南	江西	上海	江苏	浙江	重庆	四川	云南	贵州
2020年	5.1	-18.8	7.6	8.2	10.3	0.3	5.4	3.9	9.9	7.7	3.2
排名	7	11	5	3	1	10	6	8	2	4	9
2021年	9.4	20.4	8.0	10.8	8.1	5.8	10.8	6.1	10.1	4.0	-3.1
排名	5	1	7	2	6	9	2	8	4	10	11

（四）进出口比较

1. 2021年安徽省进出口总额列第六位

2021年面对严峻复杂的国际形势，在党中央坚强领导下，我国进出口贸易呈现正增长态势。2021年与2020年相比，长江经济带十一个省（市）进出口总额均有不同幅度的上升。2021年安徽省进出口总额创历史新高，外贸发展质量持续提升，在长江经济带十一个省（市）中排名第六，与2020年相同，依次低于江苏省、上海市、浙江省、四川省和重庆市。安徽省进出口总额保持中等水平。

长江经济带各省（市）进出口总额见表2-11所列。

表2-11　长江经济带各省（市）进出口总额

单位：亿元

地区	安徽	湖北	湖南	江西	上海	江苏	浙江	重庆	四川	云南	贵州
2020年	5451.5	4305.2	4884.9	4024.6	34872.7	44503.6	33848.5	6513.6	8088.6	2692.8	546.7
排名	6	8	.7	9	2	1	3	5	4	10	11
2021年	6920.2	5374.4	5988.5	4980.4	40610.35	52130.6	41429	8000.6	9513.6	3143.8	654.16
排名	6	8	7	9	2	1	3	5	4	10	11

2. 2021年安徽省出口总额居第七位

2021年与2020年相比，长江经济带十一个省（市）出口总额均有不同幅度的上升。2021年安徽省出口总额较2020年大幅增长，由2020年3160.9亿元上升至4094.8亿元，排名11的贵州省出口总额从2020年的431.2亿元上升至2020年的487.11亿元。

长江经济带各省（市）出口总额见表2-12所列。

表2-12　长江经济带各省(市)出口总额

单位:亿元

地区	安徽	湖北	湖南	江西	上海	江苏	浙江	重庆	四川	云南	贵州
2020年	3160.9	2702.1	3304.0	2918.2	13720.9	27433.3	25169.3	4187.3	4653.6	1518.6	431.2
排名	7	9	6	8	3	1	2	5	4	10	11
2021年	4094.8	3509.3	4212.7	3671.8	15718.67	32532.3	30121	5168.3	5708.7	1766.7	487.11
排名	7	9	6	8	3	1	2	5	4	10	11

安徽省2021年出口总额在十一个省(市)中排名第7位,相较2020年持平,低于江苏省、浙江省、上海市、四川省、重庆市和湖南省,高于江西省、湖北省、云南省和贵州省,安徽省出口水平在长江经济带中仍存在较大增长空间。

3. 2021年安徽省进口总额排名第六位

安徽省2021年进口总额为2825.4亿元,较2020年2290.6亿元上升了534.8亿元,其余十个省(市)进口额有上升也有下降。2021安徽省进口总额相对排名与2020年相同,为第六位,处于中间位置,低于上海市、江苏省、浙江省、四川省和重庆市,高于湖北省、云南省、湖南省、江西省和贵州省。

长江经济带各省(市)进口总额见表2-13所列。

表2-13　长江经济带各省(市)进口总额

单位:亿元

地区	安徽	湖北	湖南	江西	上海	江苏	浙江	重庆	四川	云南	贵州
2020年	2290.3	1603.2	1580.9	1106.4	21151.6	17070.3	8679.1	2326.3	3435.0	1174.2	115.5
排名	6	7	8	10	1	2	3	5	4	9	11

续 表

地区	安徽	湖北	湖南	江西	上海	江苏	浙江	重庆	四川	云南	贵州
2021年	2825.4	1865.1	1775.8	1308.6	24891.68	19598.3	11308	2832.3	3804.9	1377.1	167.05
排名	6	7	8	10	1	2	3	5	4	9	11

三、综合比较

上文根据2021年各单项经济发展指标，笔者将安徽省与中部其他各省以及长江经济带其他各省（市）进行横向对比。接着，笔者采用TOPSIS法（逼近于理想解的排序技术）对中部六省和长江经济带省（市）的经济运行情况进行综合评价，考察2020—2021年中部六省、长江经济带省（市）的经济运行综合情况。TOPSIS法的基本原理是通过测度评价对象与最优解、最劣解的距离来进行排序，若评价对象最靠近最优解的同时又最远离最劣解，则为最好，否则不为最优。其中最优解的各指标值为各评价指标的最优值，最劣解的各指标值为各评价指标的最差值。TOPSIS法分析综合得分越高，则表示该评价对象与最优解的距离越小；反之，综合得分越低，就表示该评价对象与最劣解的距离越小。另外，笔者采用聚类分析对长江经济带十一个省（市）进行考察，剖析区域经济发展的共同特征。

（一）中部六省经济运行情况综合评价

本部分采用前文讨论的地区生产总值、规模以上工业增加值增速、社会消费品零售总额、社会消费品零售总额占地区生产总值比重、城镇居民人均可支配收入、农村居民人均可支配收入、固定资产投资增速、出口总额和进口总额共9个指标进行综合评价。居民消费价格指数为适度指标，综合评价时未包括。2020—2021年中部六省综合评价指标见附表2-1所列。

从表2-14可以看出，2021年安徽省在中部六省综合评价中的排名居第二位，相比2020年下降了一位，高于河南省、湖南省、江西省和山西省。安徽省位列中部六省第二，是因为安徽省拥有社会消费品零售总额占地区生产总值比重第二、社会消费品零售总额第三、城镇居民人均可支配收入第二、农村居民人均可支配收入第二和进口总额第二的良好表现。湖北省上升幅度较大，由2020年的第六位上升到2021年的第一位，其他省份相较2020年排名变化较小。

表2-14　中部六省经济运行情况综合评价得分及排名

年份	2020年		2021年	
地区	综合得分	位次	综合得分	位次
安徽	0.8201	1	0.5681	2
河南	0.7184	3	0.5401	3
湖北	0.2490	6	0.7165	1
湖南	0.7968	2	0.4565	4
江西	0.7034	4	0.3918	5
山西	0.6394	5	0.2396	6

（二）长江经济带各省（市）经济运行情况综合评价

长江经济带各省（市）经济运行情况综合评价采用地区生产总值、规模以上工业增加值增速、社会消费品零售总额、社会消费品零售总额占地区生产总值比重、城镇居民人均可支配收入、农村居民人均可支配收入、固定资产投资增速、出口总额和进口总额共9个指标进行综合评价。2020—2021年长江经济带各省（市）综合评价指标见附表2-2所列。

1. TOPSIS法分析

长江经济带各省（市）经济运行情况TOPSIS法综合评价结果如表2-

15所列。综合得分越高,则表示该评价对象与最优解的距离越小;综合得分越低,就表示该评价对象与最劣解的距离越小。

表2-15 长江经济带各省(市)经济运行情况综合评价得分及排名

地区	2020年综合得分	2020年排名	2021年综合得分	2021年排名
安徽	0.5195	5	0.2931	6
湖北	0.1279	11	0.4216	4
湖南	0.5236	4	0.2612	8
江西	0.5042	7	0.2730	7
上海	0.6888	3	0.5683	3
江苏	0.7706	1	0.6902	1
浙江	0.7171	2	0.6226	2
重庆	0.4940	8	0.2228	9
四川	0.5081	6	0.3306	5
云南	0.4734	9	0.1475	10
贵州	0.4474	10	0.0840	11

从长江经济带十一个省(市)经济运行情况的TOPSIS法分析综合评价结果来看,横向比较中,2021年安徽省位于第六位,处于中游的位置,低于江苏省、浙江省、上海市、湖北省和四川省,高于江西省、湖南省、重庆市、贵州省和云南省。纵向比较中,安徽省2021的综合排名相比2020年下降了一位;因2020年新冠肺炎疫情影响和2021年疫情得到较好防控,湖北省从2020年综合排名第十一位上升到2021年的第四位,相比去年上升了七位。江苏省保持第一位、浙江省保持第二、上海市保持第三、江西省保持第七位,其余七个省(市)有小幅波动。

2. 聚类分析

聚类分析是一种依据研究对象的数值特征对其进行分类，将一组研究对象分为相对同质群组的统计分析技术。本部分采用系统聚类方法对长江经济带十一个省（市）进行聚类分析，考察长江经济带省（市）经济发展水平的相似性。根据2021年各省（市）上述9个经济指标，将长江经济带十一个省（市）聚成四大类，得到长江经济带十一个省（市）聚类分析树状图（图2–14）。

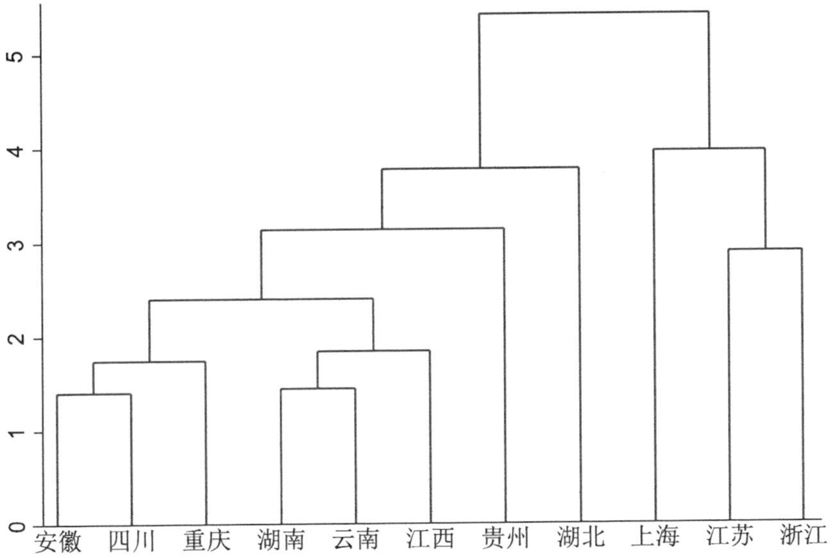

图2–14　长江经济带十一个省（市）聚类分析树状图

从图2–14可以看出，笔者将长江经济带划分为四大类，第一类为浙江省和江苏省，第二类为上海市，第三类为湖北省，第四类是安徽省、四川省、重庆市、湖南省、云南省、江西省和贵州省，第四类中安徽省与四川省、重庆市更为接近。其中浙江省、江苏省和上海市是经济发展的优势省（市），湖北省因为新冠肺炎疫情得到有效控制后宏观经济实现大幅度增长。安徽省作为长江经济带承东启西的枢纽，应积极深度融入长三角区域一体化高质量发展，推动安徽经济高质量发展迈上新台阶，成为长江经济带的重要战略支撑。

附表2-1 2020—2021年中部六省综合评价指标

年度	地区	地区编号	地区生产总值/亿元	规模以上工业增加值增速/%	社会消费品零售总额/亿元	社会消费品零售总额占地区生产总值比重/%	城镇居民人均可支配收入/元	农村居民人均可支配收入/元	固定资产投资增速/%	出口总额/亿元	进口总额/亿元
2020	安徽	1	38680.63	6.0	18334.0	47.40	39442.1	16620.3	5.1	3160.9	2290.6
	河南	2	54997.07	0.4	22502.8	40.92	34750.3	16107.9	4.3	4074.7	2604.1
	湖北	3	43443.46	−6.1	17984.9	41.40	36705.7	16305.9	−18.8	2702.1	1603.2
	湖南	4	41781.49	4.8	16258.1	38.91	41697.5	16584.6	7.6	3304.0	1580.9
	江西	5	25691.50	4.6	10371.8	40.37	38555.8	16980.8	8.2	2918.2	1106.4
	山西	6	17651.93	5.7	6746.3	38.22	34792.7	13878.0	10.6	873.9	630.4
2021	安徽	1	42959.2	8.9	21471.20	49.98	43009	18368	9.4	4094.8	2825.4
	河南	2	58887.41	6.3	24381.70	41.40	37095	17533	4.5	5024.1	3184.0
	湖北	3	50012.94	14.8	21561.37	43.11	40278	18259	20.4	3509.3	1865.1
	湖南	4	46063.09	8.4	18596.85	40.37	44866	18295	8.0	4212.7	1775.8
	江西	5	29619.7	11.4	12206.70	41.21	41684	18684	10.8	3671.8	1308.6
	山西	6	22590.16	12.7	7747.3	34.30	37433	15308	8.7	1365.9	864.3

附表2-2 2020—2021年长江经济带各省(市)综合评价指标

年份	地区	地区编号	地区生产总值/亿元	规模以上工业增加值增速/%	社会消费品零售总额/亿元	社会消费品零售总额占地区生产总值比重/%	城镇居民人均可支配收入/元	农村居民人均可支配收入/元	固定资产投资增速/%	出口总额/亿元	进口总额/亿元
2020	安徽	1	38680.63	6.0	18334.0	47.40	39442.1	16620.3	5.1	3160.9	2290.6
	湖北	2	43443.46	-6.1	17984.9	41.40	36705.7	16305.9	-18.8	2702.1	1603.2
	湖南	3	41781.49	4.8	16258.1	38.91	41697.5	16584.6	7.6	3304.0	1580.9
	江西	4	25691.50	4.6	10371.8	40.37	38555.8	16980.8	8.2	2918.2	1106.4
	上海	5	38700.58	1.7	15932.5	41.17	76437.3	34911.3	10.3	13720.9	21151.8
	江苏	6	102718.98	6.1	37086.1	36.10	53101.7	24198.5	0.3	27433.3	17070.3
	浙江	7	64613.34	5.4	26629.8	41.21	62699.3	31930.5	5.4	25169.3	8679.1
	重庆	8	25002.76	5.8	11787.2	47.14	40006.2	16361.4	3.9	4187.3	2326.3

续 表

年份	地区	地区编号	地区生产总值/亿元	规模以上工业增加值增速/%	社会消费品零售总额/亿元	社会消费品零售总额占地区生产总值比重/%	城镇居民人均可支配收入/元	农村居民人均可支配收入/元	固定资产投资增速/%	出口总额/亿元	进口总额/亿元
2020	四川	9	48598.76	4.5	20824.9	42.85	38253.1	15929.1	2.8	4653.6	3435.0
	云南	10	24521.90	2.4	9792.9	39.94	37499.5	12841.9	7.7	1518.6	1174.2
	贵州	11	17826.56	5.0	7833.4	43.94	36096.2	11642.3	3.2	431.2	115.5
2021	安徽	1	42959.2	8.9	21471.20	49.98	43009	18368	9.4	4094.8	2825.4
	湖北	2	50012.94	14.8	21561.37	43.11	40278	18259	20.4	3509.3	1865.1
	湖南	3	46063.09	8.4	18596.85	40.37	44866	18295	8.0	4212.7	1775.8
	江西	4	29619.7	11.4	12206.70	41.21	41684	18684	10.8	3671.8	1308.6
	上海	5	43214.85	11.0	18079.52	41.84	82429	38521	8.1	15718.7	24891.68

续 表

年份	地区	地区编号	地区生产总值/亿元	规模以上工业增加值增速/%	社会消费品零售总额/亿元	社会消费品零售总额占地区生产总值比重/%	城镇居民人均可支配收入/元	农村居民人均可支配收入/元	固定资产投资增速/%	出口总额/亿元	进口总额/亿元
2021	江苏	6	116364.20	12.8	42702.6	36.70	57743	26791	5.8	32532.3	19598.3
	浙江	7	73516	12.9	29211	39.73	68487	35247	10.8	30121.0	11308.0
	重庆	8	27894.02	10.7	13967.67	50.07	43502	18100	6.1	5168.3	2832.3
	四川	9	53850.79	9.8	24133.21	44.81	41444	17575	10.1	5708.7	3804.9
	云南	10	27146.76	8.8	10731.80	39.53	40905	14197	4.0	1766.7	1377.1
	贵州	11	19586.42	12.9	8904.2	45.46	39211	12856	–3.1	487.1	167.1

第三章　2022年安徽省经济发展前景预测

一、安徽省经济发展环境的定性分析

2021年是党和国家历史上具有里程碑意义的一年。全省上下坚持以习近平新时代中国特色社会主义思想为指导，认真学习贯彻党的十九大和十九届历次全会精神，深入贯彻习近平总书记系列重要讲话指示批示，全面落实党中央、国务院及省委、省政府决策部署，坚持稳中求进工作总基调，完整、准确、全面贯彻新发展理念，精准实施宏观政策，加快打造具有重要影响力的“三地一区”，经济社会保持平稳健康发展，疫情防控成果持续巩固，实现了“十四五”良好开局。初步核算，2021年全省地区生产总值42 959.2亿元，比上年增长8.3%，两年平均增长6%。三次产业协同发展，第一产业增加值3 360.6亿元，增长7.4%；第二产业增加值17 613.2亿元，增长7.9%，其中工业增加值13 081.7亿元、增长8.9%，制造业增加值11 354.1亿元，占全省地区生产总值比重为26.4%、比上年提升0.6个百分点；第三产业增加值21 985.4亿元，增长8.7%。三次产业结构由上年的

8.4∶40.0∶51.6调整为7.8∶41.0∶51.2。从各经济类型来看，2021年的前三季度，全省农业生产形势较好，工业生产稳定增长，全省固定资产投资实现了较快增长，在外贸进出口方面较快增长，金融机构新增存贷款同比增多，质量效益有所提高，实现了产业结构的持续优化，同时居民收入保持增长，就业和物价保持稳定。

从国际环境来看，2021年，新冠肺炎疫情对全球经济结构、贸易投资、宏观调控框架产生了深远影响。全球经济经历了“二战”以来最严重的衰退，主要经济体上半年经济萎缩，下半年有限反弹，全球经济复苏仍面临较大不确定性。全球经济复苏的态势将在很大程度上取决于疫情的发展。尽管新冠肺炎疫苗已进入接种阶段，但病毒变异情况、疫苗的有效性以及民众接种意愿存在不确定性，可能持续扰动经济复苏进程。若疫情长期延续还可能导致产业链、供应链以及国际贸易投资格局发生调整，进而对全球劳动生产率、通货膨胀等产生深远影响。从国内环境来看，面对复杂严峻的国际环境和国内疫情散发等多重考验，在以习近平同志为核心的党中央坚强领导下，各地区各部门认真贯彻落实党中央、国务院决策部署，科学统筹疫情防控和经济社会发展，坚持稳字当头、稳中求进，国民经济持续稳定恢复，生产需求较快增长，就业物价总体稳定，新动能继续成长，高质量发展取得新进展。2021年中国的国内生产总值增长8.1%。不仅是国内生产总值，中国的粮食产量也再次创造新高，畜牧业的生产都在稳定地增加。除此之外，中国的工业生产正在持续地发展，需要高技术维系的制造业和装备的生产制造也在迅速地发展。可以说中国的进步，在各个领域都有所体现。

对于安徽省来说，在国际经济境况逐步回升、国内经济发展平稳增长的大环境下，主动适应经济发展新常态，不断加大招商引资力度，着力推进产业结构调整，区内经济运行态势良好，区域协调发展扎实推进。据统计，合肥都市圈生产总值27305.5亿元，比上年增长8.6%；皖北地区生产总值13239.1亿元，增长6.2%；合芜蚌国家自主创新示范区生产总值17704.4亿元，增长8.3%；皖江城市带承接产业转移示范区生产总值29000.4亿元，增长9.4%；皖西大别山革命老区生产总值5012.4亿元，增长8.3%；皖南国际文化旅游示范区生产总值14359.9亿元，增长9.4%。总体上看，2021年以来全省经济平稳运行的基本局面没有改变，主要指标增长平稳，结构调整步伐加快，运行质量稳中有升，民生问题持续改善，特别是第三季度以来“稳中求进”的因素继续累积，经济发展动力增强。但也要看到，当前国内外环境依然严峻，经济下行压力仍然存在。

为了比较安徽与全国其他各省市的经济运行情况，本节利用国家统计局网站的数据，绘制出2021年全国16省市的地区生产总值对比图，如图3-1。

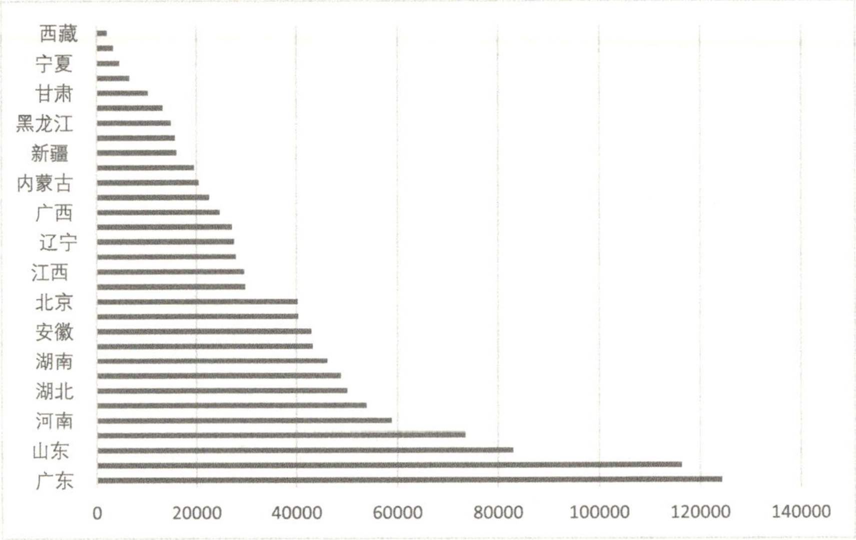

图3-1　2015年前三季度16省地区生产总值(亿元)

观察此图，我们发现安徽省2021年创造的增加值在全国各个省市中排在中上等水平，仍有较大的发展和上升空间。安徽省在近年来的经济发展状况中一直保持中上游水平，但是在经济建设中还有许多需要改进的地方，因此我们要坚持“稳中求进”，在未来几十年中力争全国上游水平。下一阶段各地各部门应继续加快政策措施落实，不断加大改革创新和“调转促”力度，不断增强经济发展动力，着力于促进经济行稳致远。

二、2022年安徽省经济增长水平预测

2021年是国际国内经济形势较为复杂的一年，期间发生了许多与经济有关的重大事件。我国跨境服务贸易领域的首张负面清单《海南自由贸易港跨境服务贸易特别管理措施（负面清单）（2021年版）》正式落地，这是继外商投资准入负面清单之后，我国开放领域的又一重大制度型开放举措。中国加强了在国际上的政治经济话语权，雄厚的外汇储备有了用武之地，对外贸易的形势也出现了重大改观。2021年前三季度，在复杂严峻的国内外环境下，中国政府采取多项措施，科学统筹新冠肺炎疫情防控和经济社会发展，经济恢复持续增长，累计增速达到了9.8%。2021年中国经济整体呈现疫后复苏态势，前三季度国内生产总值两年平均增速达到5.2%，基本实现了“十四五”良好开局。同时，2021年第三季度以来，中国经济增速面临较大的下行压力，基础设施投资疲软和房地产投资增速迅速下滑，成为拖累实体经济复苏的主要因素，消费也有所放缓，消费对经济增长的拉动作用边际减弱。展望2022年，国内生产总值增速将处于4.9%~5.8%的增长区间。实现较为乐观的5.8%的增速预期，有赖于有效防控疫情反弹，化解房地产市场风险，释放市场主体尤其是民营企业活力以及正确认识和把握碳达峰、碳中和的短期任务和长期目标。

安徽省经济继续保持增长态势。从经济总量上看2021年全省地区生产总值42959.2亿元，比上年增长8.3%，两年平均增长6%。三次产业协同发展，第一产业增加值3360.6亿元，增长7.4%；第二产业增加值17 613.2亿元，增长7.9%，其中工业增加值13081.7亿元、增长8.9%，制造业增加值11354.1亿元，占全省地区生产总值比重为26.4%、比上年提升0.6个百分点；第三产业增加值21985.4亿元，增长8.7%。三次产业结构由上年的8.4∶40.0∶51.6调整为7.8∶41.0∶51.2。预计全年全员劳动生产率132 467元/人，比上年增加15463元/人。按常住人口计算，人均地区生产总值70321元（折合10900美元），比上年增加7910元。根据《中国统计年鉴》的数据，我们把安徽省和全国GDP增长率走势进行对比，绘制成折线图3-2。

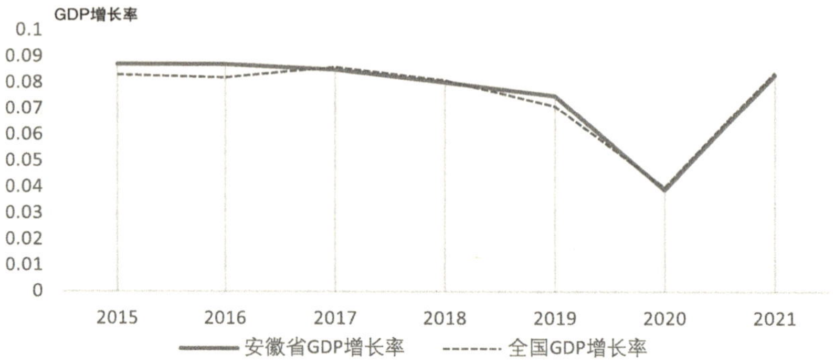

图 3-2　2015—2021 年全国及安徽省 GDP 增长率折线图

根据国家统计局和《安徽统计年鉴》的历年数据，我们绘制了安徽省地区生产总值的季度累计同比增长率和年度累计同比增长率的走势图，如图 3-3 和图 3-4。

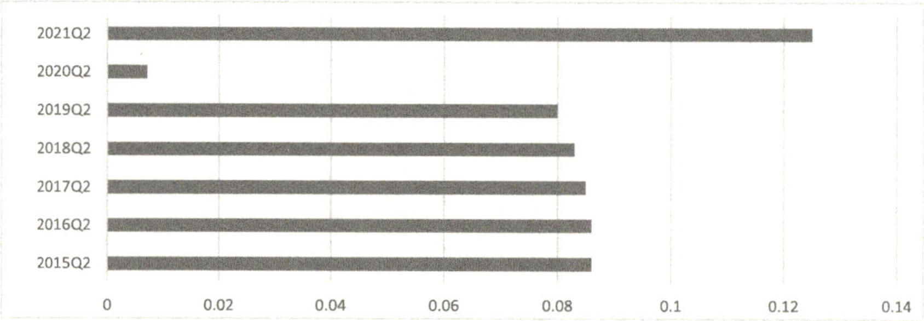

图 3-3　2015—2021 年安徽省季度 GDP 同比增长率

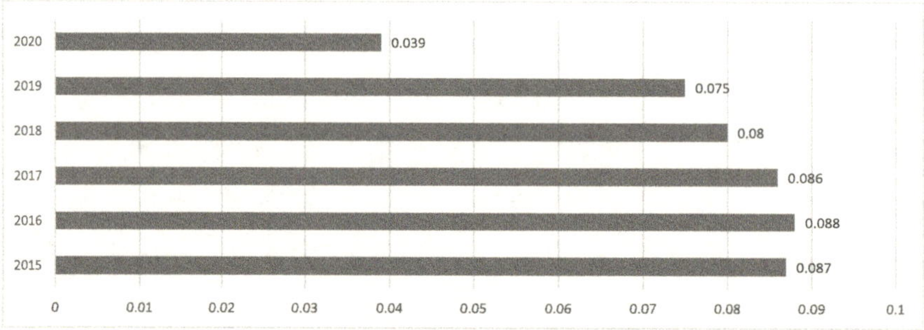

图 3-4　2015—2020 年安徽省年度 GDP 同比增长率

由于数据不完整，我们将采用时间序列预测法将2021年第二季度的地区生产总值预测出来，并用以此预测2022年的经济增长率。下面采用多种模型来预测2022年经济增长率，最后根据各种预测的相对误差确定权重得到组合预测结果。

（一）基于ARMA模型的经济增长水平预测

如果一个时间序列不仅与自身的过去值有关，而且与之前的系统外部干扰存在一定依存关系，则用ARMA(p，q)模型来刻画这种动态特征。ARMA模型是研究平稳时间序列的重要方法，基于ARMA模型的预测就是根据已知的当前和历史样本得到最小方差预测值。这种预测方法要求时间序列必须是平稳的，因此在建立模型之前首先要对数据进行平稳性检验，对于不平稳序列可以采用差分的方法使之变平稳。为了预测精度，使用该模型进行预测时只能做短期预测。

首先观察安徽省2015—2021年的GDP增长率（如图3-2），可以看出此序列不是平稳时间序列。于是我们对原始序列进行二阶差分，并进行ADF单位根检验，检验结果如表3-1。

表3-1　二阶差分后序列的ADF检验结果

检验类型	显著性水平	ADF检验值	临界值	结论
回归方程包含常数项	1%	-6.0031	-3.6463	平稳
	5%	-6.0031	-2.9540	平稳
	10%	-6.0031	-2.6158	平稳

上述结果说明变换后的序列是平稳的时间序列。通过观察序列的自相关系数和偏自相关系数，我们初步确定参数为：$p = 0 \sim 3$，$q = 1$，再根据各模型的拟合结果进行比较分析，最后确定模型为MA(1)。使用最小二乘法估计模型的参数，模型形式如下：

$$\begin{cases}(1-B)^2X_t=\varepsilon_t-0.995267\varepsilon_{t-1}\\ \varepsilon_t\sim WN(0,\ \sigma_\varepsilon{}^2)\end{cases}$$

其中,B为延迟算子,$\{\varepsilon_t\}$是白噪声过程。然后我们对参数的显著性和模型的优劣程度进行检验,检验结果如表3-2。

表3-2 模型的拟合效果和参数的检验结果

模型	模型参数	t统计量	P值	可决系数	AIC值	DW值
MA(1)	-0.995267	-46.95	0.0000	0.62	6.24	2.39

根据上表的结果,我们可以看到t统计量的P值显著地小于0.05,即参数显著不为零,参数估计是有效的。可决系数为0.62,表明此模型的整体拟合效果较好,基本能够描述实际序列的变动趋势。此模型的AIC值是6.24,明显小于其他模型的,也就是说符合AIC值越小越好的准则。另外,模型的DW检验值为2.39,接近于2,代表残差序列不存在自相关关系,模型拟合良好。据此,我们可以认为此MA(1)模型通过了检验,且拟合效果良好。图3-5是2014—2021年拟合结果的对比图。

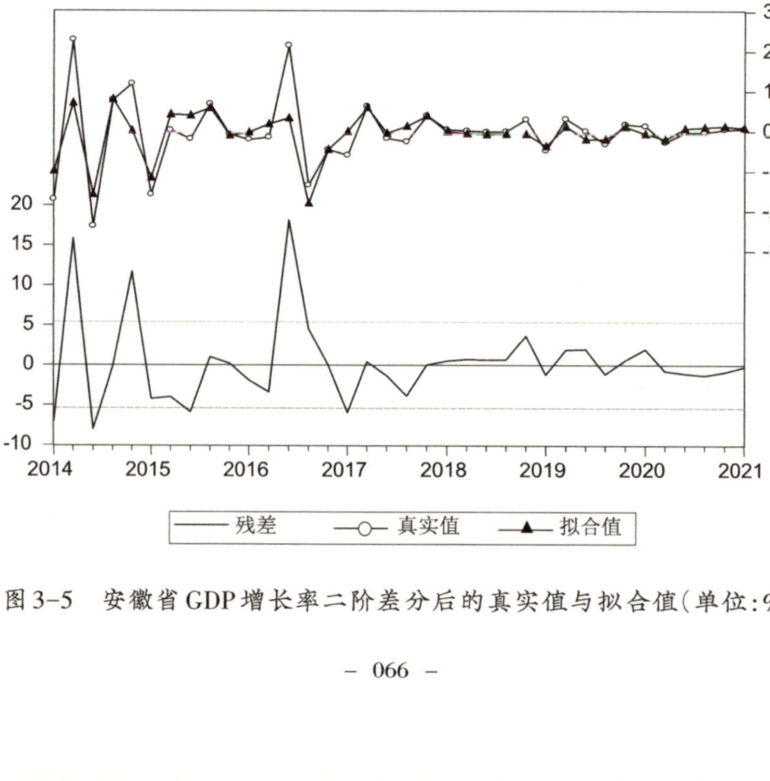

图3-5 安徽省GDP增长率二阶差分后的真实值与拟合值(单位:%)

根据上述模型，我们计算和还原预测出2022年我省GDP增长率大约为8.2%，进一步预测出2022年安徽生产总值约为46524.81亿元。

（二）BP神经网络预测模型

BP神经网络是一种具有三层或三层以上神经元的神经网络，包括输入层、隐含层（可以有多个）和输出层。而基于神经网络的BP算法，是一组学习样本提供给输入神经元，通过隐含层传播给输出层，输出层的各神经元获得网络输出值，再按照网络输出值与实际样本输出值之间误差的方向，反向经过各隐含层回到输入层，逐步修正各连接权值的算法。因此，BP算法分为两个部分，其一是利用原始数据对神经网络进行训练，其二是使用训练好的神经网络对新数据进行预测。预测模型如下：

1.利用原始数据训练神经网络

设某一层中任一神经元的输入为x_j，输出为y_j，与这一层神经元相邻的低一层中任一神经元的输出为y_i，则有：

$$x_j = \sum_i w_{ji} y_i,\ y_j = f\left(x_j\right)$$

其中，输出变换函数$f(x)$取为S函数，即：

$$y_j = f\left(x_j\right) = \frac{1}{1 + e^{-x_j}}$$

网络的系统均方差为：

$$E = \frac{1}{2}\sum_p \sum_k \left(o_{pk} - y_{pk}\right)^2$$

其中，o_{pk}为第p个输入模式下第k个神经元的期望输出，y_{pk}为实际输出。

由于BP算法遵循“负梯度下降”理论，故误差的调整方向总是沿着误差下降最快的方向进行，常规三层BP网络的权值和阈值的调整公式如下：

$$w_{ij}(t+1) = -\eta \frac{\partial E}{\partial w_{ij}} + w_{ij}(t), w_{jk}(t+1) = -\eta \frac{\partial E}{\partial w_{jk}} + w_{jk}(t)$$

$$B_{ij}(t+1) = -\eta \frac{\partial E}{\partial B_{ij}} + B_{ij}(t), B_{jk}(t+1) = -\eta \frac{\partial E}{\partial B_{jk}} + B_{jk}(t)$$

在具体训练之前,我们要先设定好学习速度、显示一次结果的轮回次数、最大训练轮回次数。其中,学习速度是指每一次误差修正过程中的权值变化量,过大的学习速度会使系统不稳定,过小的学习速度导致收敛速度过慢,从而延长训练时间,降低效率。

给定学习精度ε,若$E < \varepsilon$,则结束学习;若$E > \varepsilon$,则进一步训练。最后利用训练好的神经网络对原始数据进行仿真,并将原始数据仿真的结果与已知样本进行对比。

2. 对新数据进行预测

利用以上训练好的神经网络,带入新数据,对新数据进行仿真,并把仿真得到的数据还原到原始的数量级,从而得到预测值。

本研究将运用Matlab软件对安徽省2015年至2021年的GDP增长率进行神经网络训练。对于神经元权值和阈值的初始值,我们在之间选取一个随机数。综合考虑训练效果的观察调整难度和误差的降低,我们考虑设定1层隐含层,即网络层数是3层。然后,将年份作为输入向量,将安徽省GDP增长率作为输出向量,并且利用公式确定隐含层的神经元数目。公式如下:

$$L = \sqrt{m+n}$$

$$L = \sqrt{0.43mn + 0.12n^2 + 0.54m + 0.77n + 0.35 + 0.51}$$

其中m、n是隐含层的神经元数,分别是输入层和输出层神经元数目。经计算,隐含层的神经元数目为3。根据试验结果,我们最终确定学习速度为0.05,设定每1000轮回显示一次结果,最大训练轮回次数为50 000。接下来开始模型的训练和原始数据的仿真,仿真结果如图3-6。

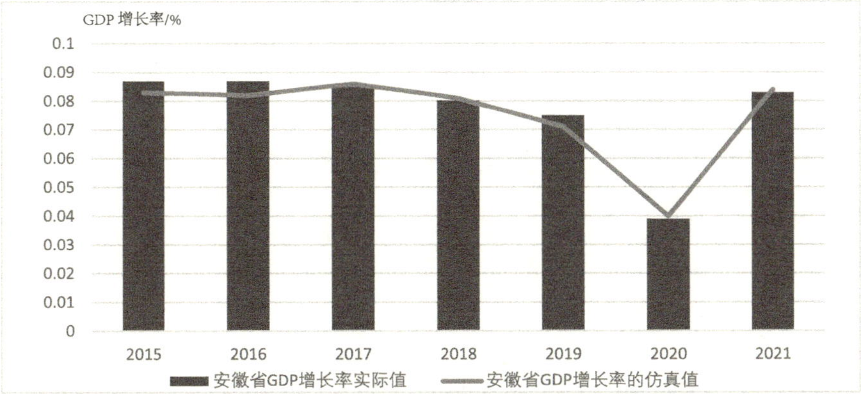

图 3-6　安徽省 GDP 增长率的仿真值与实际值对比图

我们将近几年的安徽省 GDP 增长率代入到训练好的 BP 神经网络模型中，预测出 2022 年的安徽省 GDP 增长率约为 8.1%，并由此得到 2022 年安徽省 GDP 总量为 46438.89 亿元。

（三）基于 GM(1,1)模型的灰色预测

灰色预测法是一种对含有不确定因素的系统进行预测的方法。灰色预测通过鉴别系统因素之间发展趋势的相异程度，即进行关联性分析，并对原始数据进行生成处理来寻找系统变动的规律，生成有较强规律性的数据序列，然后建立相应的微分方程模型，从而预测事物未来的发展趋势。目前使用较为广泛的是关于数列预测的一个变量、一阶微分的 GM(1,1)模型。GM(1,1)模型所需要的数据量比较少，且预测结果较为准确。

我们利用安徽省近几年的 GDP 增长率数据，来对 2022 年安徽省 GDP 增长率进行灰色预测。我们首先对数据进行了级比检验，发现所有的级比都落在可容覆盖内，则原始序列 $X^{(0)}$ 可以作为模型 GM(1,1)的数据进行灰色预测。预测模型如下：

$$\hat{X}^{(1)}(k+1)=\left[X^{(0)}(1)-\frac{\mu}{a}\right]e^{-ak}+\frac{\mu}{a}$$

经过计算，发展灰数 $a = 0.1197$，内生控制灰数 $\mu = 16.045$，故此预测模型具体为：

$$\hat{X}^{(1)}(k+1) = -119.453e^{-0.1197k} + 134.043$$

将数据带入上述模型进行运算，经过累减还原可预测出 2022 年我省 GDP 增长率约为 8.6%。

（四）组合预测

单独的一项预测只能重点从某一个方面反映数据的信息，可能存在信息利用不全面的情况。而组合预测把若干种预测方法赋予不同的权重，从而形成综合的预测模型，它可以有效地避免信息利用不全面这种情况的发生，所以本研究将利用上述 ARMA 模型预测、BP 神经网络模型预测、灰色模型预测进行组合预测。很多的理论研究和实际应用表明：组合预测模型比单个预测模型具有更高的预测精度，能增强预测的稳定性，具有较高的适应未来预测环境变化的能力。

表3-3 经济增长率预测结果

预测方法	ARMA 模型预测	BP 神经网络模型预测	灰色模型预测	组合预测
经济增长率	8.2%	8.1%	8.6%	8.3%

对上述模型进行赋权，计算出组合预测的结果，即 2022 年我省 GDP 增长率大约为 8.3%，进一步得到 2022 年安徽生产总值，大约为 46524.81 亿元。同理，预测出 2022 年人均 GDP 为 76157.64 元/人。

三、安徽省进出口指标值预测

自 2021 年以来，受新冠肺炎疫情影响，世界经济复苏乏力、国内经济下行压力较大，我省对外贸易持续上升，利用外资增势趋缓，开放型经济发展步入新常态。

首先看对外贸易情况。2021 年上半年，安徽省货物贸易进出口总值为

3 205.7亿元，创下历史同期最好水平，比去年同期（下同）增长31.5%。其中，出口1862.9亿元，增长34.5%；进口1342.8亿元，增长27.7%。2021年全年进出口总额6920.2亿元，比上年增长26.9%。其中，出口4094.8亿元，增长29.5%；进口2825.4亿元，增长23.4%。从出口商品看，机电产品、高新技术产品分别增长35.5%和37.5%。对“一带一路”沿线国家进出口1790.1亿元，增长36%。其中，出口1285.9亿元，增长30.7%；进口504.1亿元，增长51.7%。全年新批/备案外商直接投资项目475个，比上年增长20.9%；合同利用外资68.8亿美元，增长33.1%；实际利用外商直接投资193亿美元，增长5.4%。2021来皖投资的境外世界500强企业达89家。全年对外承包工程新签合同金额44.4亿美元，比上年增长58%；完成营业额23.9亿美元，下降4.7%；当年外派劳务人员6514人，增长2.9%。全年新批境外企业（机构）98个，实际对外投资15.2亿美元，增长5.6%，其中对“一带一路”沿线国家和地区投资3.6亿美元，增长40.9%。机电设备进口持续上升，资源产品进口大幅度上升。分地区来看，2021上半年，合肥、芜湖和铜陵分别进出口1520.2亿元、368.6亿元和314.8亿元，分别增长28%、21.7%和36.4%。三地市合计占安徽进出口的68.7%。同期，滁州、蚌埠、淮北、宿州、淮南五地市分别进出口174.8亿元、89.5亿元、48.1亿元、40.1亿元和37.6亿元，分别增长55.7%、55.5%、56.1%、60.4%和56.1%，均超过50%。图3-7、图3-8分别是安徽省近年进出口总额对比图和2021年12个月进出口总额图。

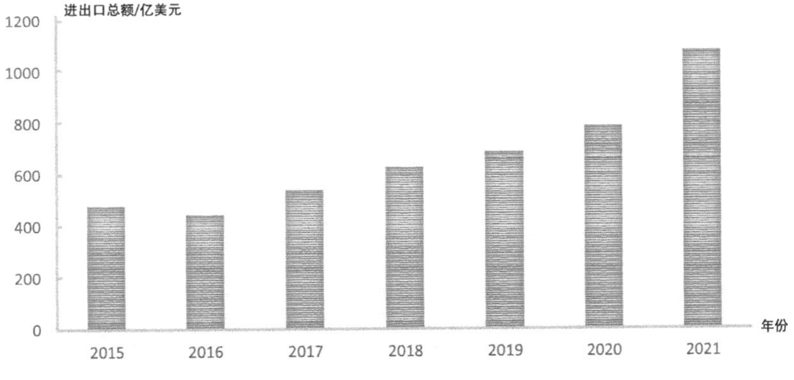

图3-7　2015—2021年安徽省进出口总额

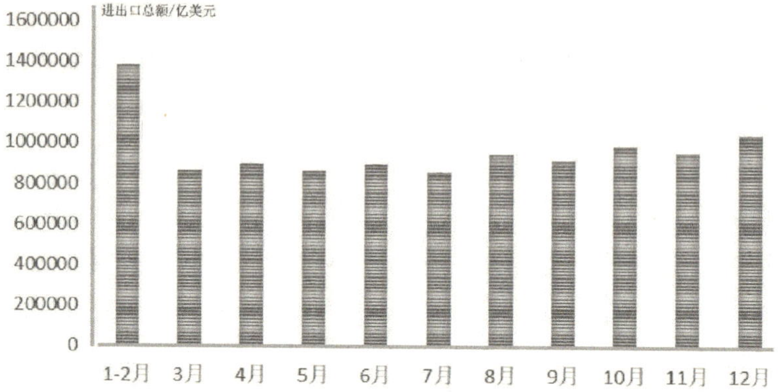

图3-8　2021年安徽省1—12月进出口总额

再看利用外资情况。2021年,安徽省货物贸易进出口总值6920.2亿元,比2020年增长26.9%,总体增速快于全国5.5个百分点,总值排名全国第13位。其中,出口4094.8亿元,增长29.5%;进口2825.4亿元,增长23.4%。下好创新"先手棋",打好服务"组合拳"。2021年以来,合肥海关高标准助力安徽自贸试验区建设,全面推进综合保税区、跨境电商、中欧班列等开放载体提升发展能级。2021年,首创长三角特殊货物检查作业一体化改革,解决了京东方等企业进口精密设备、原材料不宜在口岸开拆的问题。每票货物平均节省通关时间5天、节约仓储费用4万元。截至目前,试点货物由备案时的12项增加到437项,有力支持了安徽集成电路、新型显示、人工智能等产业发展。2021年,合肥海关与满洲里海关签署合作备忘录,顺利开通中老国际货运班列。同时,积极支持合肥中欧班列枢纽点建设,组货面进一步扩大。2021年,合肥中欧班列累计开行668列,列数同比增长17.61%;发运标箱5.48万个,货值138亿元,货重40.89万吨,同比分别增长17.69%、19.46%和53.66%。海关特殊监管区域发展"新空间"壮大。2021年,合肥海关积极落实安徽自贸试验区推进行动计划,牵头的16项计划均已启动,8项落地见效。在合肥经开区综保区推行进出卡口"无感通关",平均通过卡口用时压缩90%。全年海关特殊监管区域进出口1 115亿元,同比增长25%。总的来说,2021年1—10月我省利用外资增长呈现出三大特点。一是投资结构进一步优化，二是皖江和皖北增长比较均衡，三是来自欧美地区的投资大幅增长。

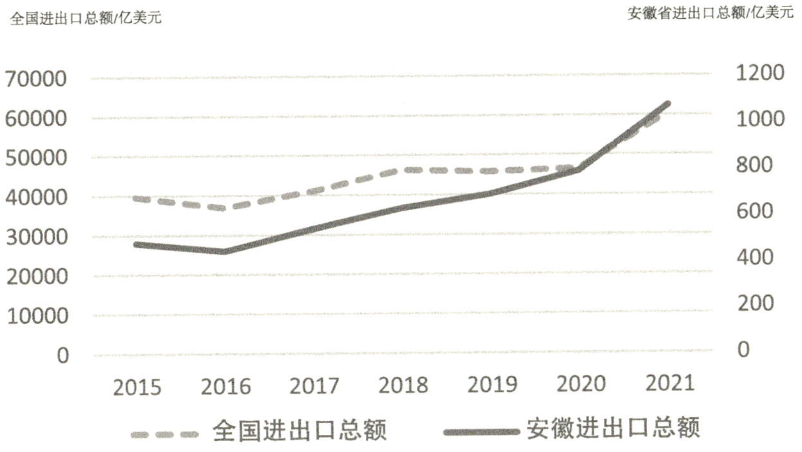

图3-9　2015—2021年全国和安徽省进出口总额对比图

利用全国和安徽省历年进出口总额数据，我们绘制出二者的对比图。根据图3-9可以看出，安徽省和全国的进出口总额变化趋势几乎等同，都一直处于上升的态势，且增幅不断增大，但是2018年以后增长率有所下降，2020年后增长率上升。下面我们将分别从进口、出口和进出口总额三个方面来对安徽省2022年的进出口情况进行预测分析。

（一）进口

首先，我们根据2015—2021年的安徽省进口总额年度数据绘制出折线图，如图3-10。由于进口数据是明显的时间序列数据，故我们拟采用经典的ARMA模型对原始数据进行拟合并对2022年的安徽省进口总额进行预测。根据折线图，我们发现此序列是逐年递增的，因此可以判断这是非平稳序列，故必须采用差分的方法将序列变为平稳序列，才能使用ARMA模型进行拟合。

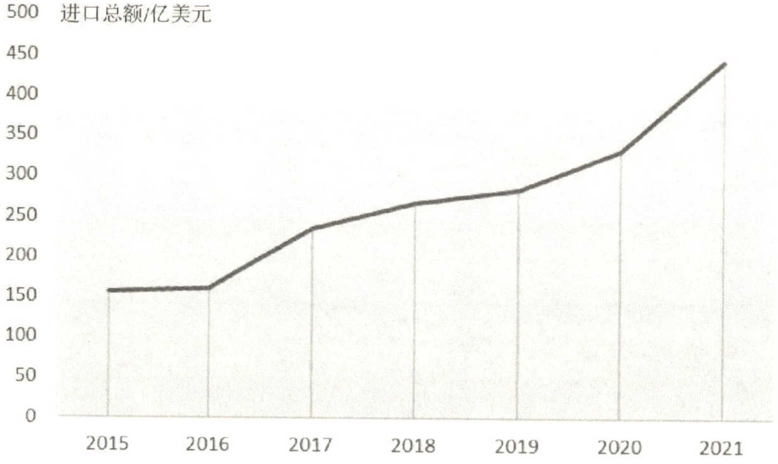

图 3-10 安徽省 2015—2021 年进口总额年度数据

将原始序列 $\{X_t\}$ 进行二阶差分后，对差分后序列进行 ADF 单位根检验，结果如表 3-4。

表 3-4 二阶差分后序列的 ADF 检验结果

检验类型	显著性水平	ADF检验值	临界值	结论
回归方程包含常数项	1%	−8.024 6	−3.808 5	平稳
	5%	−8.024 6	−3.020 7	平稳
	10%	−8.024 6	−2.650 4	平稳

再观察序列的自相关系数和偏自相关系数图，我们发现自相关系数显然是一阶截尾的，而偏自相关系数大致是四阶截尾的，所以初步确定参数为：$p = 1 \sim 4$，$q = 1$，再比较各模型的 AIC 值和 SC 值，最后确定模型为 ARMA(3, 1)。使用最小二乘法估计模型的参数，得到了具体的拟合模型，模型如下：

$$\begin{cases}(1-B)^2 X_t = 0.569848(1-B)^2 X_{t-3} + \varepsilon_t - 0.903332\varepsilon_{t-1}\\ \varepsilon_t \sim WN(0,\ \sigma_\varepsilon^{\ 2})\end{cases}$$

然后我们对参数的显著性和模型的优劣程度进行检验，检验结果如表 3-5。

表3-5　模型的拟合效果和参数的检验结果

模型	模型参数	t统计量	P值	可决系数	AIC值	DW值
ARMA（3，1）	0.569848 -0.903332	2.3277 -17.2968	0.0311 0.0000	0.6853	26.94	2.60

根据上表的结果，我们可以看到两个t统计量的P值均显著地小于0.05，即参数显著不为零，参数估计是有效的。可决系数为0.6853，说明此模型的整体拟合效果较好。此模型的DW检验值为2.6，接近于2，代表残差序列不存在自相关关系，模型拟合良好。据此，我们可以认为此ARMA（3，1）模型通过了检验，且拟合效果良好。图3-11是拟合结果的对比图。

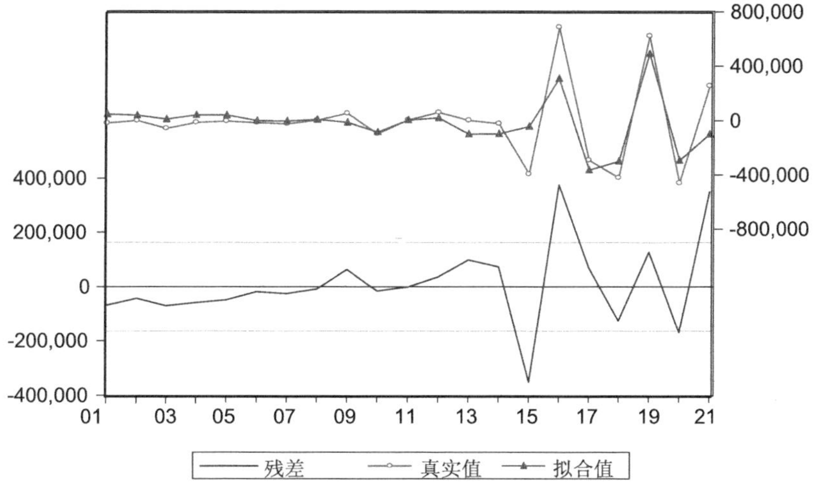

图3-11　安徽省进口总额二阶差分后的真实值与拟合值（单位：%）

根据上述模型，我们经过计算和还原预测出2022年我省进口总额大约为3503.4亿元，与2021年相比增长24%。

为了使预测模型更加准确，我们再采用灰色预测对进口总额进行补充预测，然后对两者取平均值作为最终的预测结果。我们首先对数据进行级比检验，发现所有的级比都落在可容覆盖内，则原始序列$X^{(0)}$可以作为模型GM（1，1）的数据进行灰色预测。经过计算，发展灰数$a=-0.0988$，

内生控制灰数$\mu = 1482200$,故此预测模型为:

$$\hat{X}^{(1)}(k+1) = 16255628e^{0.0988k} - 15002024$$

将数据带入上述灰色预测模型进行运算,经过累减还原可预测出2022年安徽省进口总额大约为3530.8美元。综合上述两个模型,对二者赋予权重,我们得到最终的预测结果,即2022年我省进口总额为3531.75亿元,与上年相比增长25%。

(二)出口

自2019年新冠肺炎疫情以来,全球经济恢复的不确定性在持续放大,全球供应链、产业链中断,会影响中国复工复产的进程,进而抑制中国经济的复苏。此外,世界经济复苏不稳定不平衡,容易引发部分国家走向贸易保护主义,加速世界经济的重组与分裂,并有可能向政治风险演变,部分地区政治与经济风险加剧,不确定因素增加,恐会发生连锁反应,全球经济已持续六年增长乏力。目前,中国经济处于经济增速的换挡期、结构调整的阵痛期,加之世界经济还处在深度调整期,都增加了全球经济复苏的不确定性。在全球经济缓慢复苏的背景下,中国经济增长正在向中高速阶段发展。

中国经济的新常态可以从出口和很多变量之间的关系上体现出来。2021年度进出口规模再上新台阶,首次突破6万亿美元关口。2021年,以美元计价,我国进出口规模达到了6.05万亿,在2013年首次达到4万亿的8年后,跨过5万亿、6万亿两大台阶,达到了历史高点。这一年的外贸增量达到了1.4万亿美元。与主要贸易伙伴进出口均实现稳定增长,对"一带一路"沿线国家进出口增速更快。2021年,我国前五大贸易伙伴依次为东盟、欧盟、美国、日本和韩国,对上述贸易伙伴出口分别增长19.7%、19.1%、20.2%、9.4%和18.4%。同期,我国对"一带一路"沿线国家进出口增长23.6%,比整体增速高2.2个百分点。2021年,我国一般贸易进出口24.08万亿元,增长24.7%,占61.6%,提升1.6个百分点;其中,出口13.24万亿元,增长24.4%。同期,加工贸易进出口8.5万亿元，增长11.1%，占21.7%。外贸经营主体活力有效激发，民营企业进出口更加活跃。2021年，我国有进出口实绩企业56.7万家，增加3.6万家。其中，民营企业进出口19万亿元，增长26.7%，占48.6%，提升2个百分点。同期，外商投资企业进出口14.03万亿元，增长12.7%；国有企业进出口5.94万亿元，增长27.7%。机电产品出口、进口均保持良好增势。2021年，我国出口机电产品12.83万亿元，增长20.4%，占出口总值的59%，其中自动数据处理设备及其零部件、手机、汽车分别增长12.9%、9.3%、104.6%。出口的增长有其内在原因，特别是我国加大转型力度，目前宏观调控必须通过精准调控的方式来减缓经济下行的压力，通过体制创新来创造新的经济增长的动力。

在这种背景下，我省的出口也在发生一些结构性的变化，即实现了出口商品的结构优化，高附加值产品出口占比提升。从出口商品看，机电产品、高新技术产品分别增长35.5%和37.5%。对"一带一路"沿线国家进出口1 790.1亿元，增长36%。其中，出口1285.9亿元，增长30.7%；进口504.1亿元，增长51.7%。为了便于分析近年来我省的出口情况，我们根据2015—2021年的安徽省出口总额年度数据绘制出折线图，如图3-12。

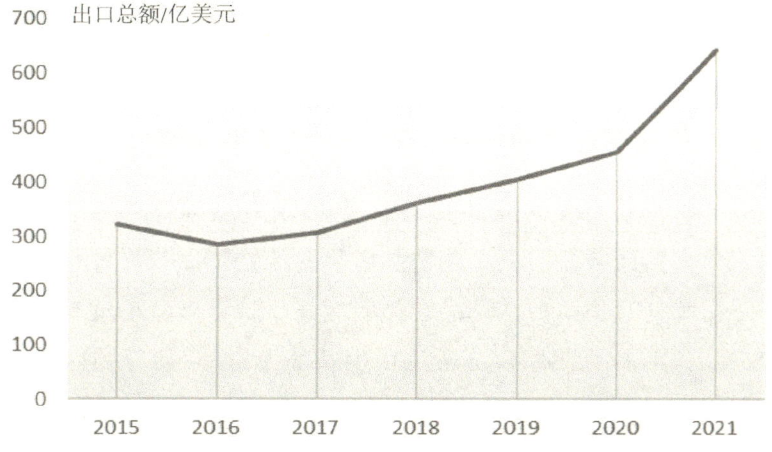

图3-12 安徽省2015—2021年出口总额年度数据

观察此图，可以看出此时间序列与上文的进口总额时间序列走势十分相似，因此我们采用与进口数据预测同样的方法和模型，预测出2022年安徽省出口总额为5323.24亿元，与上年相比增长30%。

（三）进出口总额

在上文中，我们预测出了2022年安徽省进口总额和出口总额，将两者加总起来，就可以得到2022年的安徽省进出口总额，大约为8854.99亿元，与2021年相比增长27.9%。由于当前的国内外经济形势比较复杂，安徽省对外贸易的发展面临的不确定因素依然很多。2020年以来，世界经济仍受疫情影响，市场需求不足；低成本比较优势不断削弱；国际市场大宗商品价格快速下滑。这些不利因素都有可能导致2022年我省对外贸易增速受到影响。为此，下一阶段要全面落实国务院和省政府先后出台的政策措施，做好政策宣传，确保政策落地生根显效；同时要突出重点企业、重点项目，强化分类指导，做好包保服务；切实提高对发展服务贸易和电子商务重要性的认识，立足蜀山新产业园和合肥新桥空港的发展，加快发展跨境电子商务；用足用活出口加工区、综合保税区政策优势，使其成为外贸发展的新动力；同时，要加强部门协调配合，密切银贸、税贸、汇贸、财贸和关贸关系，着力打造良好营商环境，不断提高投资贸易便利化水平。

四、安徽省社会消费品零售总额的分析预测

在各类与消费有关的统计数据中，社会消费品零售总额是表现国内消费需求最直接的数据。社会消费品零售总额是国民经济各行业直接售给城乡居民和社会集团的消费品总额。它是反映各行业通过多种商品流通渠道向居民和社会集团供应的生活消费品总量，是研究国内零售市场变动情况、反映经济景气程度的重要指标。自2018年以来，受国家刺激消费政策、物价持续上涨等多重因素影响，消费品市场出现理性回调，社会消费品零售总额增速放缓，但整体仍保持着良好的增长态势。2021年，我省消费品市场运行保持平稳增长。据统计，全年社会消费品零售总额

21 471.2 亿元，比上年增长 17.1%。按经营地统计，城镇消费品零售额 17 721.8 亿元，增长 16.9%；乡村消费品零售额 3749.3 亿元，增长 18.2%。按消费类型统计，商品零售额 18550.3 亿元，增长 14.5%；餐饮收入 2920.9 亿元，增长 37.3%。

近年来，伴随着城乡居民收入的稳步提升，安徽省居民消费保持快速平稳增长态势。安徽省政府着力打造皖江城市带承接产业转移示范区、合肥经济圈，出台了加快皖北地区发展的诸多支持政策，全面推动区域协调发展，安徽全省消费品市场呈现各区域齐头并进的良好发展态势，各地市社会消费品零售总额绝对数和增长率都出现了稳定的增长趋势。根据近年安徽省的社会消费品零售总额数据，我们绘制出图 3-13。

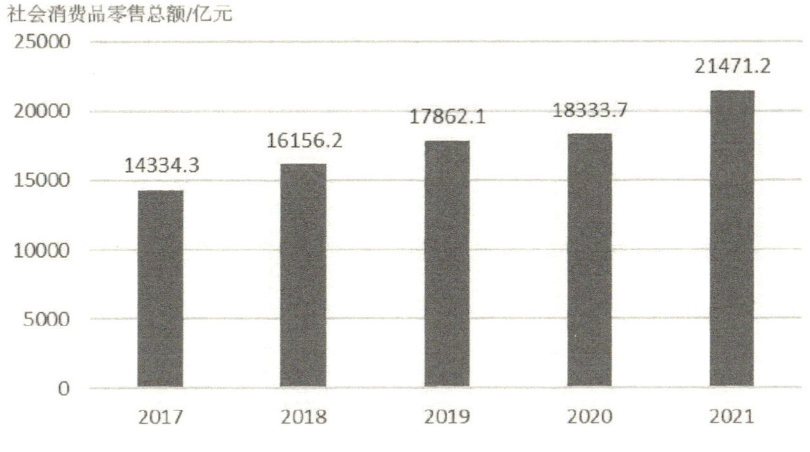

图 3-13　安徽省 2017—2021 年社会消费品零售总额

根据图 3-13，我们可以看出，我省消费品零售总额逐年稳定上升。消费是最终需求，在国民经济中发挥着基础性作用，是经济增长的重要动力，2021 年，安徽省商务系统组织举办“皖美消费·乐享江淮”促消费活动 5700 多场、参加企业 3.6 万家、成交额 307 亿元，同时组织开展中国安徽 426 科技创新产品线上交易节、安徽省“好网货”大赛、安徽省网商大会、电商直播大赛等活动，全省线上网络零售额增长 32.9%。此外，开展“环球美食节”等餐饮促销活动，新评定 31 家钻级酒家，全省餐饮收入 2920 亿元、增长 37.3%。流通一头连着生产，一头连着消费，是经济顺畅循环不可或缺的部分。2021 年，安徽省加快发展壮大商贸流通主体，新增线上企业超 1200 家。推进淮河路国家级步行街改造提升，全年客流量突破 8103 万人次、增长 57.9%，实现营业额 114.5 亿元、增长 17%，成为全省第一条百亿街区。此外，大力推进安徽自贸试验区建设，112 项试点任务落地见效 73 项，形成 44 项全省可复制可推广改革试点经验；与沪苏浙共建长三角自贸试验区联盟，设立亳州、阜阳、滁州、马鞍山、宣城、安庆等 6 个首批联动创新区；区内新增注册企业近 1.3 万家，实现进出口 1540.7 亿元，占全省 22.3%，实现利用外资额超 20 亿美元，占全省 10% 以上。

从消费形态看，我省限额以上企业商品零售额中，吃、用类商品零售额比上年分别增长 16.3% 和 18.5%；粮油类增长 11.1%，肉禽蛋类增长 11%，服装类增长 8%，日用品类增长 17.3%，中西药品类增长 15.6%，家用电器和音像器材类增长 14.2%，家具类增长 27.4%，通讯器材类增长 33.3%，建筑及装潢材料类增长 42.4%，汽车类增长 9.8%，石油及制品类增长 13.2%。其中，1—8 月，吃类商品中，粮油食品类增长 20.6%，烟酒类增长 12.9%；用类商品中，化妆品类增长 8.0%，金银珠宝类增长 34.7%，体育、娱乐用品类增长 231.1%，家具类增长 45.1%，通讯器材类增长 7.5%，石油及制品类增长 9.6%，汽车类增长 11.8%。

下面我们将利用安徽省 2015 年至 2021 年的社会消费品零售总额数据，运用 BP 神经网络模型和多项式曲线拟合模型来预测 2022 年安徽省社会消费品零售总额。

（一）BP 神经网络模型预测

首先，我们将原始数据（即 2015—2021 年安徽省社会消费品零售总额）进行归一化处理，使所有数据都处在[-1，1]区间内，然后建立 BP 神经网络模型，并且使用梯度下降法对模型进行训练。根据试验结果，我们设定学习速度为 0.05，每 1000 轮回显示一次结果，最大训练轮回次数为

50 000。待模型训练完毕，我们利用以上数据进行仿真，并将结果还原到原来的数量级。仿真结果如表3-6和图3-14。

表3-6 安徽省2015—2021年社会消费品零售总额实际值与仿真值

单位：亿元

年份	2015	2016	2017	2018	2019	2020	2021
实际值	8908	10000.2	14334.3	16156.2	17862.1	18333.7	21471.2
仿真值	8977	10001.1	14337.7	16153.3	17877.5	18345.1	21473.1

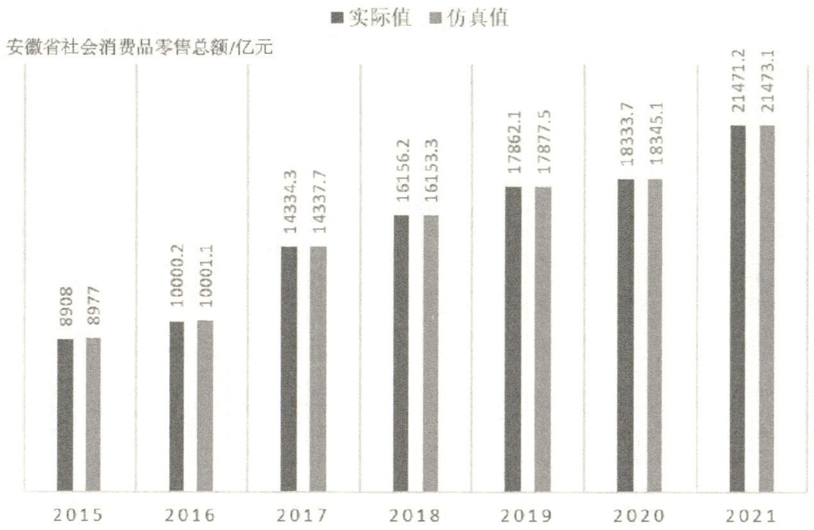

图3-14 安徽省2015—2021年社会消费品零售总额的仿真值与实际值对比图

根据上表和上图，我们可以观察到仿真的效果非常好，几乎等同于原时间序列。我们把近几年的安徽省社会消费品零售总额数据代入训练好的BP神经网络模型中，预测出2022年的安徽省社会消费品零售总额约为25 336.016亿元，比2021年增长18%。

（二）趋势外推法预测

当预测对象依时间变化呈现某种上升或下降的趋势，并且无明显的季节波动，又能找到一条合适的函数曲线反映这种变化趋势时，就可用时间t为自变量，时序数值y为因变量，建立趋势模型，当这种趋势延伸到未来时，赋予变量t所需要的值，就可以得到相应时刻的时间序列预测值。这就是趋势外推法。趋势外推法的实质就是利用某种函数分析描述预测对象某一参数的发展趋势，它的主要优点是可以揭示事物未来的发展，并定量地估计其功能特性。最为常用的有四种趋势预测模型，如下：

1. 多项式曲线趋势外推法：$y_t = b_0 + b_1 t + b_2 t^2 + \cdots + b_k t^k$；

2. 指数曲线趋势外推法：$y_t = ae^{bt}(a > 0)$；

3. 对数曲线预测模型：$y_t = a + b\ln t$；

4. 生长曲线预测模型：$y_t = \dfrac{L}{1 + ae^{-bt}}$或$y_t = ka^{b^t}$.

我们运用Matlab软件得到原始数据并绘制相应趋势图，如图3-15。

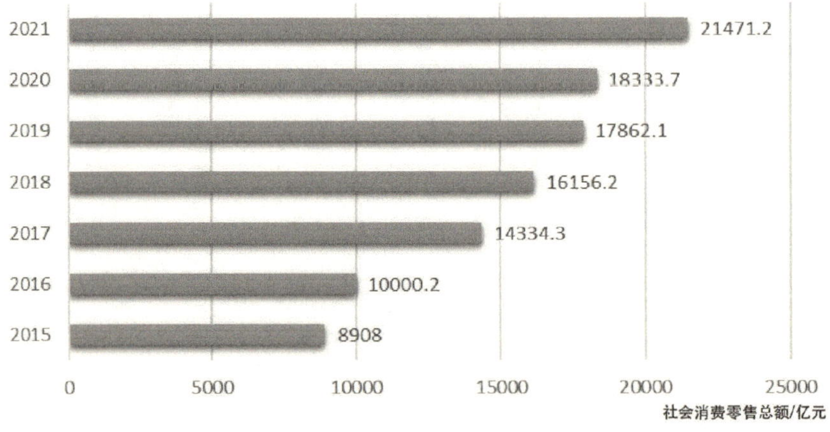

图3-15 2015—2021年安徽省社会消费品零售总额

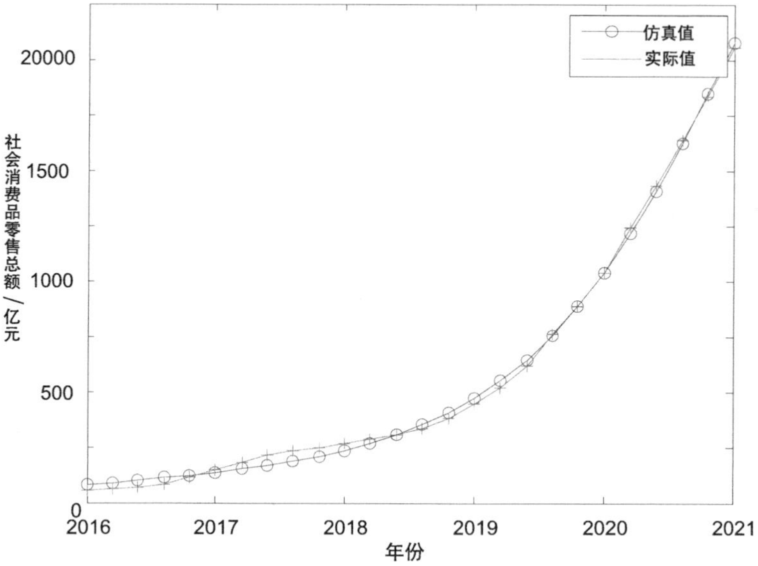

图3-16　2016—2021年安徽省社会消费品零售总额拟合图

我们发现曲线的增长趋势接近于指数函数，故我们采用指数曲线来拟合原时间序列，拟合方程如下：

$$y = 215.87e^{0.14(t-1990)}\ R^2 = 0.9856$$

可决系数为0.9856，说明拟合效果非常好，基本能够反映原数据的趋势走向。于是，我们利用以上方程，预测出2022年的安徽省社会消费品零售总额为25165.21亿元，与上年相比增长17.5%。图3-16是拟合结果图。

综合以上两个模型，我们对其赋权得出最终预测结果，即2022年安徽省社会消费品零售总额为25282.338亿元，与2021年相比增长17.75%。2022年中国经济发展仍然处于换挡期，依然会面临世界经济复苏乏力、国内经济压力等带来的问题，给就业或收入分配带来一些影响，从而刺激到居民的消费。故2022年我省应当做到以下几点：一是改革收入分配制度，有效增加居民的收入水平，完善社会保障体系，消除居民后顾之忧，提升居民消费意愿和能力；二是建立新的消费模式，鼓励商贸企业改变经营理念，创新服务产品，促进线上、线下融合发展，着力引导和鼓励居民消费；

三要加快流通体制改革，鼓励更多的现代流通业态和经营方式向农村市场发展，加快释放农村居民消费潜力；四要适时出台鼓励消费政策，有序培养消费热点，针对不同的消费群体，分层次加快居民消费结构升级，更好地发挥消费基础性作用。

五、安徽省固定资产投资增长率预测

2021年，全省固定资产投资总体保持平稳增长，投资结构持续优化，投资质量不断提高，但发展动力仍待增强。全年固定资产投资（不含农户）比上年增长9.4%。其中，工业企业技术改造投资增长17.8%，基础设施投资增长7.4%，民间投资增长7.3%。居全国第9位、长三角第2位；两年平均增速为7.2%，比全国高3.3个百分点。整体固定资产投资缓慢复苏。2021年1—11月，全国固定资产投资（不含农户）494082亿元，同比增长5.2%，增速高于2020年同期2.6个百分点，与2019年同期持平。两年平均增速呈倒U型走势，1—6月份达到4.4%高点后逐月下滑，1—10月份下滑至3.8%，1—11月份略微回升至3.9%。总体来讲，全年固定资产投资呈微弱复苏态势，两年平均增速尚未恢复至疫情前水平。1—11月，民间固定资产投资281027亿元，同比增长7.7%，高于整体固定资产投资增速2.5个百分点，两年平均增长3.8%。图3-17是2015年以来安徽省和全国固定资产投资月累计增长率对比图。从图中可以看出，安徽省和全国的固定资产投资额月累计增长率的变化趋势基本相同，从2015年至2019年逐步缓慢下降，2020年全国固定资产投资有所上升，然后继续下降，而安徽省固定资产投资在2020年后有所上升。且观察两条折线，安徽省的增长率始终略高于全国水平，这一差距在2020年以后越来越大。

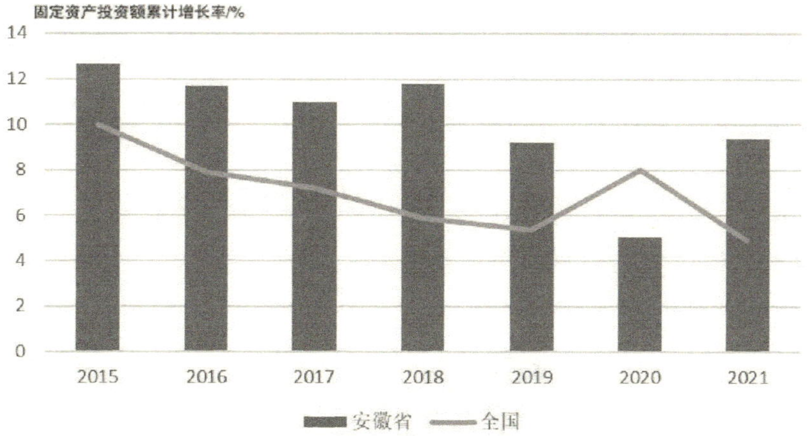

图 3-17　固定资产投资完成额累计增长率年度数据

2021年,我省固定资产投资情况呈现出几大特点,第一产业投资比上年增长39.1%,比全国高30个百分点;第二产业投资增长13.5%,比全国高2.2个百分点;第三产业投资增长6.9%,比全国高4.8个百分点。第二产业中,工业投资比上年增长13.5%,比全国高2.1个百分点。其中,采矿业投资增长23.3%,比全国高12.4个百分点;制造业投资增长14.6%,比全国高1.1个百分点;电力、热力、燃气及水生产和供应业投资增长3.7%,比全国高2.6个百分点。第三产业中,基础设施投资比上年增长7.4%,比全国高7个百分点。其中,公共设施管理业投资增长4.6%,比全国高5.9个百分点;道路运输业投资增长2.8%,比全国高4个百分点;水利管理业投资增长18.2%,比全国高16.9个百分点。全年房地产开发投资7263.2亿元,比上年增长3.1%。商品房销售面积10460.9万平方米,增长9.7%;商品房销售额8143.2亿元,增长10.8%;2021年年末商品房待售面积1713.4万平方米,增长11.1%。

(一)安徽省各区域固定资产投资概况

最近几年,安徽省各地市积极进行招商引资,大力推行各项经济建设项目的投融资活动，各地市固定资产投资均呈现出增长态势。2010年1月12日，国务院正式批复《皖江城市带承接产业转移示范区规划》，安徽沿江城市带承接产业转移示范区建设纳入国家发展战略，自此，皖江地区八市的经济发展开创了新局面。皖北地区六市也在发挥着各自优势，在2021年的经济发展中呈现出逆势上扬的态势。图3-18是2021年安徽省三次产业投资占固定资产投资额的比重。

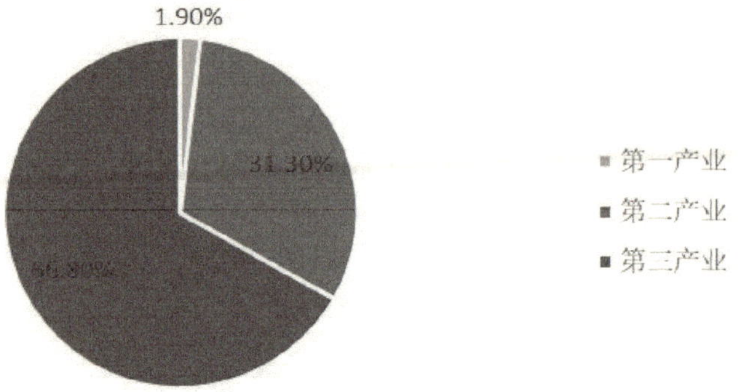

图3-18　2021年安徽省三次产业投资占固定资产投资比重

从2010年起，安徽省委、省政府审时度势，出台了扶持皖北发展的新10条政策，提出了财政扶持、干部激励、土地保障等方面的具体措施，特别是在基础设施建设、园区共建、重大项目布局、特色产业发展等方面进一步加大支持力度，推动皖北走上内生发展的良性轨道。安徽省发展改革委作为投资主管部门，通过安排重点项目投资计划、建立建设用地"星期六"会商机制、加强双招双引、多渠道争取建设资金等措施扩大投资。2021年，安徽省共开工建设重点项目预计3700个，续建4900个，竣工1 900个，带动全省固定资产投资增长9%以上，协调调度涉及用地问题项目100多个。前11个月，完成投资进度超全年计划7.1个百分点，亿元以上在建省外投资项目实际到位资金同比增长15.3%。全年衔接落实中央预算内投资200多亿元、企业债券130亿元、地方政府专项债券额度1 665亿元。首单基础设施领域不动产投资信托基金（REITs）在全国首批上市发行。在“资金+基金”的引导和撬动作用下，2021年前11个月，战略性新兴产业集聚了安徽省两成多的规模以上工业企业，贡献了三成的工业税收、四成的工业产值、五成的上市企业、六成的工业产值增量、七个产值超千亿元产业、八成的国家级专精特新“小巨人”企业。特别是布局建设的26个省重大新兴产业基地、全年产值首次突破万亿元大关，已成为全省制造业提质扩量增效的主阵地，保持产业链供应链稳定顺畅的主力军。

（二）2022年安徽省固定资产投资增长率预测

由于数据不完整，为了预测出2022年的安徽省固定资产投资增长率，我们先要根据月度数据预测出2021年12月份的安徽省固定资产投资增长率。表3-7是2019年1月至2021年11月的安徽省月固定资产增长率。

表3-7　安徽省2019—2021年固定资产投资增长率

月份	2019/1	2019/2	2019/3	2019/4	2019/5	2019/6	2019/7
完成额	–	7.9	8.1	8.2	8.4	8.5	8.6
月份	2019/8	2019/9	2019/10	2019/11	2019/12	2020/1	2020/2
完成额	7.4	8.4	8.8	9.0	9.2	–	–24.9
月份	2020/3	2020/4	2020/5	2020/6	2020/7	2020/8	2020/9
完成额	–11.1	–3.7	–0.8	1.0	1.1	1.7	2.4
月份	2020/10	2020/11	2020/12	2021/1	2021/2	2021/3	2021/4
完成额	3.6	4.4	5.1	–	29.8	25.7	16.2
月份	2021/5	2021/6	2021/7	2021/8	2021/9	2021/10	2021/11
完成额	12.3	11.4	11.2	10.9	10.4	10.2	9.9

根据以上月度数据，我们运用软件作出折线图来分析固定资产投资额累计增长的走势，如图3-19。

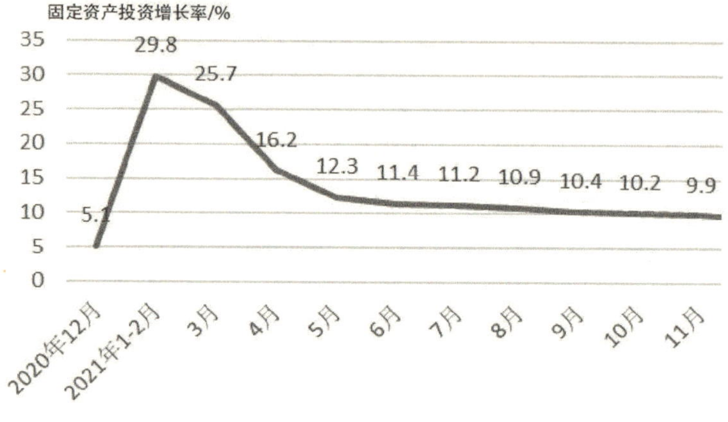

图 3-19　安徽省固定资产投资增长率月度数据

从上图可以看出，安徽省的固定资产投资具有明显的长期趋势、季节波动和不规则变动。因此，我们采用温特线性与季节指数平滑法对其进行拟合。温特方法的三个基本方程是：

$$S_t = \alpha \frac{x_t}{I_{t-L}} + (1-\alpha)\left(S_{t-1} + b_{t-1}\right)$$

$$b_t = \gamma\left(S_t - S_{t+1}\right) + \left(1-\gamma\right)b_{t-1}$$

$$I_t = \beta \frac{x_t}{S_t} + \left(1-\beta\right)I_{t-L}$$

其中，x_t是原始数据，S_t是一次指数平滑数，L是季节长度，I是季节性的修正系数。则预测基本公式为：

$$F_{t+m} = \left(S_t + b_t m\right)I_{t+m-L}$$

式中，m是从当前周期到所要预测周期的周期数目。在本文中，根据计算我们取$\alpha = 0.2$，$\beta = 0.05$，$\gamma = 0.1$。代入表 3-7 中的原始数据，经过计算，我们得到 2021 年 12 月安徽省的固定资产投资增长率为 9.4%。下面我们利用安徽省 2000 年至 2021 年的固定资产投资增长率数据，开始预测 2022 年的安徽省固定资产投资增长率。

首先，我们使用多项式曲线拟合模型进行预测，如图 3-20 折线图所示。

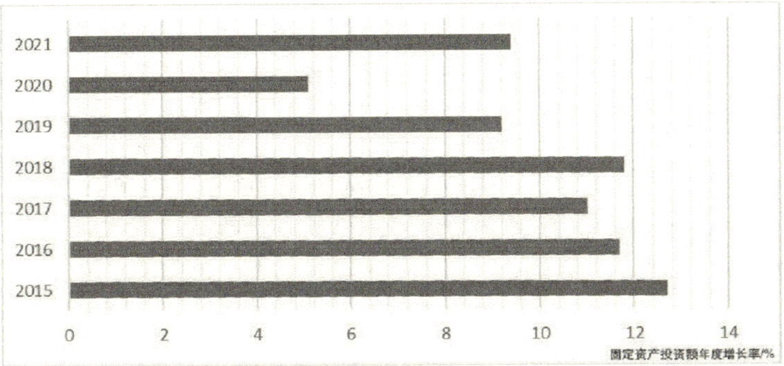

图3-20　2015—2021年安徽省固定资产投资额年度增长率

运用Matlab软件经反复测试,发现三次曲线拟合效果最佳。根据最小残差平方和原理,我们最终确定了多项式参数。拟合模型如下:

$$y_t = 3.1813(t-1990)^3 - 58.264(t-1990)^2 + 327.88(t-1990) - 173.13$$

其中,y_t表示年份t的固定资产投资额。此模型的可决系数为0.995 9,拟合效果非常好。由上述公式可以预测出2022年安徽省固定资产增长率与2021年相比增长11%。

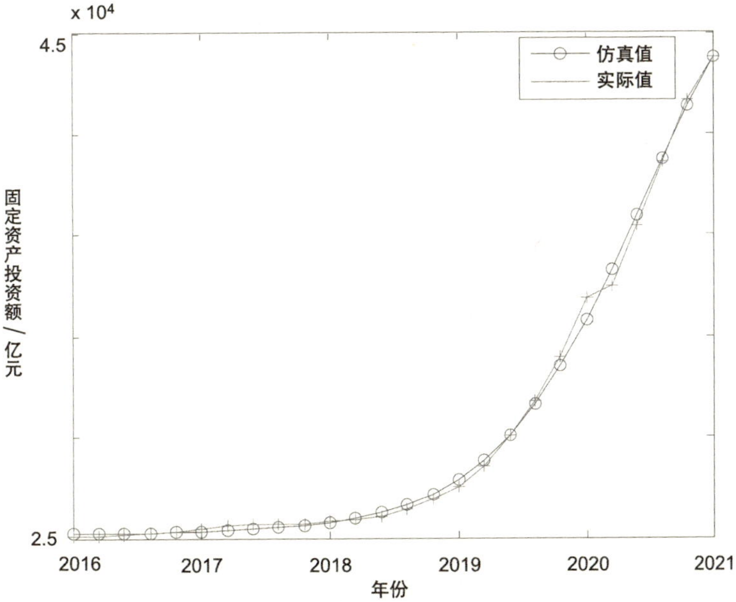

图3-21　2016—2021年安徽省固定资产投资额拟合图

其次，为了使预测结果更为准确，我们运用BP神经网络模型预测法再进行一次预测。根据上文介绍的方法，利用原数据，运用梯度下降法训练模型，并对原数据进行仿真，仿真结果如图3-21。我们把近几年的安徽省固定资产投资增长率数据代入到训练好的BP神经网络模型中，预测出2022年的安徽省固定资产投资比2021年增长12%。

因为模型在逐年下降的情况下，模型估计的未来值会越小，故第一种预测方法更为准确一些。据此对两种预测法分配权重进行组合预测，得到了最终的结果，即2022年安徽省固定资产投资比2021年增长11.4%。

（三）存在的主要问题及对策

为了使2022年我省固定资产投资额实现较大幅度的增长，我们应当意识到经济建设中的问题，并积极寻找应对策略。分析2021年的固定资产投资情况，我们发现了以下问题。

从总体看工业投资带动作用明显。全年工业投资比上年增长13.5%，对全部投资增长的贡献率达43.4%。其中，制造业投资增长14.6%，31个行业大类中占比前三的计算机通信和其他电子设备制造业、非金属矿物制品业、电气机械和器材制造业投资分别增长15.5%、29.3%、25.6%。但从各市新开工项目看，如淮北市，2021年新开工项目175个，比上年同期减少11个，新开工项目完成投资同比下降4.8%，其中，新开工工业项目86个，比上年同期减少10个，新开工项目完成投资同比下降1.7%。新开工项目个数少将对一季度投资快速增长产生不利影响。从同期基数看，2021年1—2月份、一季度固定资产投资同比分别增长36.1%和28.5%，同期基数较大。受此影响，投资保持快速增长存在一定压力。

房地产开发投资大幅回落，销售市场活力不足。全年全市房地产开发投资增长0.9%，低于全省平均水平2.2个百分点，居全省第12位，房地产开发投资增速连续6个月呈现下滑态势。从亳州市商品房销售面积看，前三季度，销售面积增幅均在30%以上，四季度开始大幅回落，1—10

月增速降至14.5%，1—11月再次大幅回落，增速仅1.4%，全年增速为-2.7%，全省排名第15位，今年以来首次出现负增长，销售市场活力不足。另外，全年房地产新开工面积同比下降19.0%、土地购置费下降42.9%，值得关注。

区域投资发展不平衡。从铜陵市投资总量看，经开区占比最高，占全市投资总量的三成，郊区占比最低，占全市投资总量的一成；从增速看，郊区、铜官区和枞阳县增速较高，分别增长24.8%、17.3%和12.7%，义安区和经开区增速低于全市平均水平，分别增长11.6%和6.1%；从拉动看，铜官区和枞阳县拉动全市固定资产投资点数较高，两县区合计上拉全市增速6.0个百分点。

面对这种情况我省应当密切关注国家经济动向，积极响应国家政策，全方位提高经济发展水平，刺激消费，促进就业，才能改善房地产行业的现状。

一是强化部门合作，确保项目入库及时。针对投资主体多元化，项目审批部门较多的特点，要切实落实好"管行业必须管投资"，各相关部门要切实负起责任，对已开工建设的项目或已备案的项目及时跟进，确保每个项目都能及时入库。

二是强化培训工作，做到"逢进必训"。投资统计项目单位变化快，上报周期短，部分项目一年内就要退出，企业基础薄弱，在强化入库审核的同时，要加强培训，做到新入库项目单位统计人员"逢进必训"。针对企业人员变动频繁，基层统计人员素质低，缺乏较多的统计专业知识，要定期召开培训班，对基层统计人员和行业主管部门集中系统培训，全面提高统计人员综合素质。

三是完善统计基层基础，定期开展统计调研。针对投资项目变化快，统计基层薄弱，定期开展统计调研，一方面了解企业项目建设中存在的问题，基层基础资料是否完善，针对存在的问题及时给予帮助，同时加强业务指导力度，规范统计调查对象档案化管理，完善基础资料；另一方面核实项目填报数据质量，是否存在虚报漏报情况，针对数据有误差的项目及时进行调整，确保数据质量。

六、安徽省居民消费价格指数预测

根据最新统计结果，2021年全省常住居民人均可支配收入30904元，比上年增长10%，扣除价格因素实际增长9%。人均消费支出21911元，比上年增长16.1%。恩格尔系数为32.6%。消费价格指数102.6%，其中城市102.7%，农村102.4%。

按常住地分，城镇常住居民人均可支配收入43009元，增长9%，扣除价格因素实际增长8%。人均消费支出26495元，增长16.8%。其中，食品烟酒支出增长14.4%，衣着支出增长15.9%，居住支出增长8.9%，生活用品及服务支出增长23%，交通和通信支出增长13.7%，教育文化娱乐支出增长38.9%，医疗保健支出增长15.5%。城镇常住居民恩格尔系数为32%，比上年下降0.6个百分点。年末城镇常住居民人均住房建筑面积42.3平方米，比上年末增加0.2平方米。

2021年农村常住居民人均可支配收入18368元，比上年增长10.5%，扣除价格因素实际增长9.8%。人均消费支出17163元，增长14.2%。其中，食品烟酒支出增长12.1%，衣着支出增长21.5%，居住支出增长2.2%，生活用品及服务支出增长17.3%，交通和通信支出增长14.1%，教育文化娱乐支出增长39.1%，医疗保健支出增长14.7%。农村常住居民恩格尔系数为33.6%，比上年下降0.7个百分点。年末农村常住居民人均住房建筑面积54.7平方米，比上年末增加0.1平方米。年末全省参加城镇职工基本养老保险人数为1384.2万人。城乡居民基本养老保险参保人数为3457.6万人。参加失业保险人数为616.6万人，全年为15.6万名失业人员发放了不同期限的失业保险金。参加工伤、生育保险人数分别为718.1万人和700.1万人。年末全省参加基本医疗保险人数为6662.9万人。年末31.7万人享受城市居民最低生活保障，176.9万人享受农村居民最低生活保障，农村特困供养对象33.4万人。年末全省有各类提供住宿的社会服务机构2690个，床位38.8万张，收养救助人员13.3万人；不提供住宿的社会服务机构和设施2.5万个，其中社区服务站1.6万个。全年销售社会福利彩票44.4亿元，筹集社会福利资金14.5亿元。

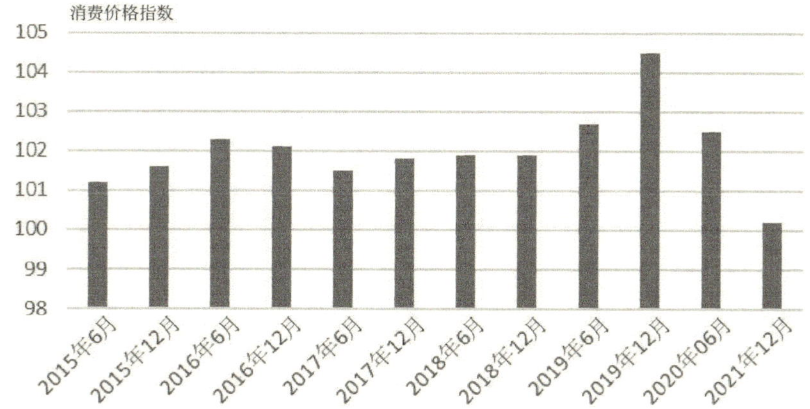

图3-22　2015—2021年我国居民消费价格指数走势

由图3-22可知，近两年安徽省居民可支配收入不断上涨，总体来说我省的通货膨胀率低于全国的通货膨胀率，我省的零售物品的价格低于全国平均水平，这将促进我省居民的消费量，有利于我省的经济发展。下面我们将根据安徽省居民消费价格指数，分别运用ARMA模型预测和灰色预测法对2022年的安徽省居民消费价格指数进行预测。

（一）居民消费价格指数的ARMA模型预测

我们先对原始数据进行ADF单位根检验，发现原序列并不平稳，对其进行二阶差分，差分后的序列图如图3-23所示。

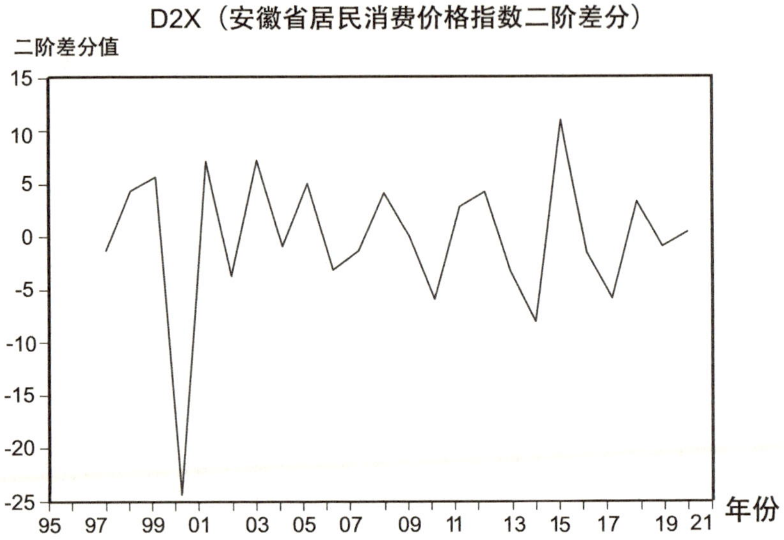

图3-23　安徽省居民消费价格指数二阶差分序列图

观察上图，发现数据的波动已经比较稳定了，此时我们再做ADF单位根检验，结果显示二阶差分后的序列是平稳序列，检验结果如表3-8。接下来我们建立ARMA模型。

表3-8　二阶差分后序列的ADF检验结果

检验类型	显著性水平	ADF检验值	临界值	结论
回归方程包含常数项	1%	-4.575219	-3.788030	平稳
	5%	-4.575219	-3.012363	平稳
	10%	-4.575219	-2.646119	平稳

观察序列的自相关图和偏自相关图，我们发现自相关系数是1阶截尾的，而偏自相关系数是拖尾的，所以我们判断应当建立MA(1)模型。模型如下：

$$\begin{cases}(1-B)^2X_t=\varepsilon_t-0.997274\varepsilon_{t-1}\\ \varepsilon_t\sim WN(0,\ \sigma_\varepsilon{}^2)\end{cases}$$

此模型t统计量的P值显著地小于0.05，即参数显著不为零，参数估计是有效的。可决系数为0.48，说明此模型的整体拟合效果比较好。此模型的DW检验值为1.93，非常接近2，说明残差序列不存在自相关关系。据此，我们可以认为此MA(1)模型通过了检验，且拟合效果良好。图3-24是拟合结果的对比图。

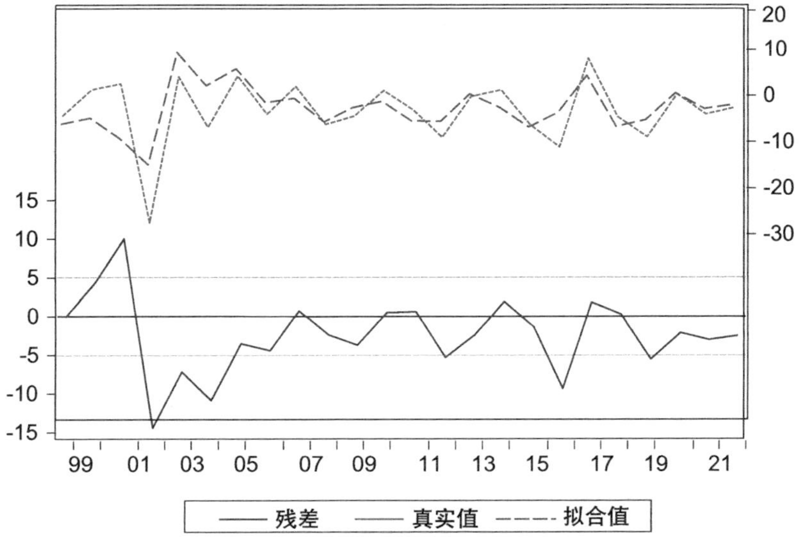

图3-24　安徽省CPI二次差分后的真实值与拟合值(单位:%)

根据上述模型，我们带入原始数据计算，并进行二阶差分还原，最终得出2022年的安徽省居民消费价格指数为103.3%。

(二)居民消费价格指数的灰色预测

由于灰色预测GM(1,1)模型所需要的数据量比较少，并且近几年我国正处于经济转型期，故我们只选取2017年至2021年的CPI数据对模型进行拟合。我们首先对原始数据进行了级比检验，发现所有级比都落在可容覆盖[0.9990,1.0323]之内，则原始序列$X^{(0)}$可以作为模型GM(1,1)的数据进行灰色预测。预测模型如下：

$$\hat{X}^{(1)}(k+1)=\left[X^{(0)}(1)-\frac{\mu}{a}\right]e^{-ak}+\frac{\mu}{a}$$

经过计算，发展灰数 $a = 0.0037$，内生控制灰数 $\mu = 103.0547$，故此预测模型具体为：

$$\hat{X}^{(1)}(k+1) = -27747e^{-0.0037k} + 27852.6$$

表3-9　灰色预测原始数据的实际值与拟合值

年份	2017	2018	2019	2020	2021
CPI实际值	101.6	102.1	102.9	100.2	102.6
CPI拟合值	101.6	102.5	102	100.7	102.6

表3-9是2017年至2021年的安徽省CPI实际值与拟合值的对比。将数据带入上述模型进行运算，经过累减还原可预测出2022年我省CPI为103%（上年=100%）。组合两种模型的估计结果，我们得到2022年安徽省居民消费价格指数为103.15%。

总结上文，可得到安徽省2022年主要宏观经济指标的预测结果，见表3-10。

表3-10　2022年安徽省主要宏观经济指标预测结果

指标名称/单位	指标预测值	预计增长速度(%)
地区生产总值(亿元)	46524.81	8.3
人均地区生产总值(元/人)	76157.64	8.3
进出口总额(亿元)	8854.99	27.9
社会消费品零售总额(亿元)	25282.338	17.75
固定资产投资增长率(%)	11.4	11.4
居民消费价格指数(2021年=100%)	103.15	3.15

第四章　2021年安徽省各地市经济发展比较分析

2021年，面对复杂严峻的内外部环境，全省人民坚持以习近平新时代中国特色社会主义思想为指导，全面贯彻党的十九大和十九届历次全会精神，深入贯彻习近平总书记“七一”重要讲话和考察安徽重要讲话指示精神，坚持稳中求进工作总基调，持续巩固拓展常态化疫情防控和经济社会发展成果，扎实做好“六稳”“六保”工作，奋勇争先、勇毅前行，全市经济持续稳定向好，高质量发展稳步迈进，“十四五”实现良好开局。2021年，合肥、芜湖的经济发展继续遥遥领先，是安徽经济最发达的核心地区，两座城市的GDP贡献率明显领先省内其他城市，进一步确立了在合肥城市群中的优势地位。

一、2021年安徽省各地市经济运行情况概述

(一)2021年安徽省各地市生产总值概况

2021年，安徽省GDP阶段性地站上了4万多亿的新高度，人均GDP达

到7.03万元。初步核算，全年全省GDP为42959.2亿元，按可比价格计算，比上年增长8.3%。其中，第一产业增加值3360.6亿元，增长7.4%；第二产业增加值17613.2亿元，增长7.9%；第三产业增加值21985.4亿元，增长8.7%。从16市GDP实际增速来看，芜湖、六安、池州、宣城和滁州增速位居全省前5。皖江地区芜湖以实际增速11.6%位居全省第1，六安以实际增速11%位居全省第2，池州以实际增速10.2%位居全省第3，宣城以实际增速10.1%位居全省第4，蚌埠、淮北实际增速位居倒数一、二位。

从各市生产总值占全省GDP比重看，2021年，合肥市GDP占全省26.58%，与去年相当，继续遥遥领先于省内其他地区；芜湖在全省的经济地位依旧稳定，生产总值占全省的比重达到10.02%；比重在5%～10%之间依次为滁州（7.83%）、阜阳（7.15%）、安庆（6.19%）、马鞍山（5.68%）、宿州（5.05%），分居全省第3～7位；比重在5%以下的分别是蚌埠（4.63%）、亳州（4.59%）、六安（4.48%）、宣城（4.27%）、淮南（3.39%）、淮北（2.85%）、铜陵（2.71%）、池州（2.34%）、黄山（2.23%）（如图4-1所示）。

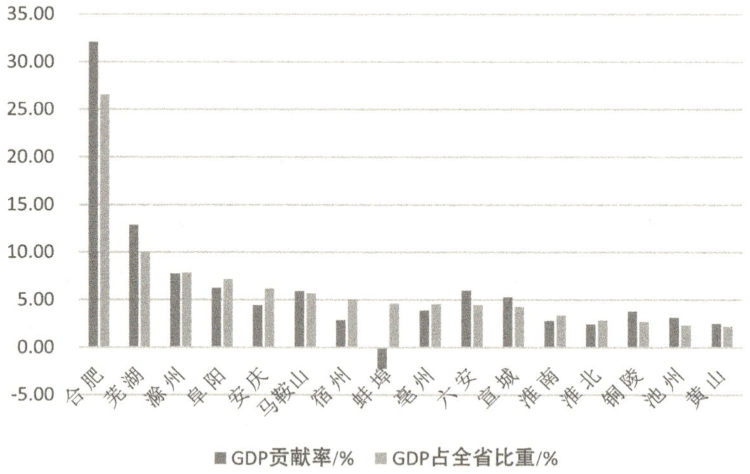

图4-1 2021年安徽省各地区GDP比重及贡献率

从各市经济发展对全省经济增长的贡献看，2021年，省会合肥对全省经济增长贡献度最大，为32.10%，遥遥领先。超过10%的地区为芜湖

（12.90%），贡献度在5%～10%之间的依次为滁州（7.75%）、阜阳（6.25%）、六安（5.97%）、马鞍山（5.93%）、宣城（5.32%）五市，分居3~7位；贡献度在3%～5%之间的有安庆（4.44%）、亳州（3.91%）、铜陵（3.80%）、池州（3.18%），分别位于8~11位；贡献度低于3%的依次为宿州（2.88%）、淮南（2.82%）、黄山（2.51%）、淮北（2.44%）、蚌埠（-2.20%）分居12~16位（如图4-1所示）。

（二）2021年安徽省区域[①]经济发展概况

根据安徽省的产业空间格局，本研究将安徽省16个地市划分为三大区域，即皖江城市带、皖北地区和其他地区。下面分别考察2021年三大区域的经济发展情况。

1.皖江城市带产业结构调整优化

皖江城市带承接产业转移示范区中的合肥、芜湖是安徽省目前乃至今后一个时期经济发展最具活力和潜力的两大增长极，是承接产业转移的核心区域；安庆、池州、铜陵、芜湖、马鞍山6个沿江市是承接产业转移的主轴线；滁州和宣城这“两翼”正着力打造承接沿海地区特别是长三角产业转移的前沿地带。为拓展该区域中心城市的发展空间，2011年8月22日，安徽省民政厅召开新闻发布会，正式宣布将巢湖分为三个部分，分别划入合肥、芜湖和马鞍山。作为皖江城市带的重要地区，行政区划调整后，合肥、芜湖、马鞍山三市连成一片，这样形成的集群效应将显著提升区域核心竞争力，从而加快安徽省通过产业承接转移真正融入长三角的步伐，甚至参与经济全球化竞争与合作。

① 本研究把安徽16个地市划分为三大区域：合肥、芜湖、马鞍山、铜陵、安庆、池州、滁州、宣城八市属于皖江城市带，依据2010年1月12日，国务院批准实施的《皖江城市带承接产业转移示范区规划》中，皖江城市带的规划范围为安徽省长江流域，主要包括合肥、芜湖、马鞍山、铜陵、安庆、池州、巢湖、滁州、宣城九市全境和六安市的舒城县、金安区，共59个县（市、区）；淮北、亳州、蚌埠、阜阳、淮南、宿州六市属于皖北地区；六安（除舒城县、金安区）和黄山归于其他地区。

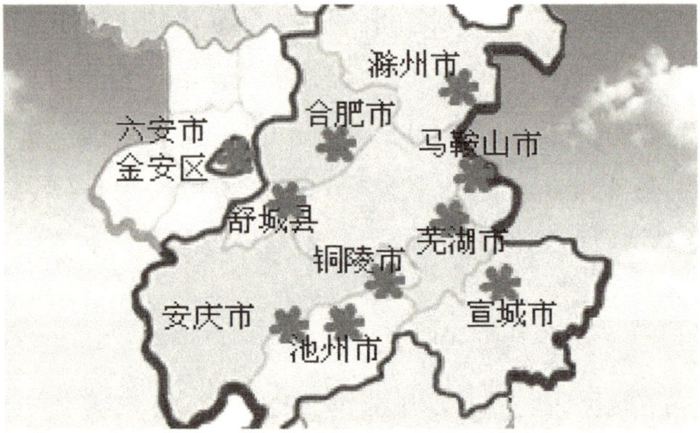

图4-2　皖江城市带中安徽省主要地市分布示意

2021年，面对复杂严峻的内外部环境，全省人民坚持以习近平新时代中国特色社会主义思想为指导，奋勇争先、勇毅前行，示范区经济运行总体持续稳定向好，高质量发展稳步迈进，“十四五”实现良好开局。整体来看，工业生产较快增长，新兴产业快速增长。全年规模以上工业增加值增长8.9%，比上年上升2.9个百分点，增幅比全国低0.7个百分点，居全国第17位。分经济类型看，国有企业增加值增长11.8%，股份制企业增长8.5%，外商及港澳台商投资企业增长12.3%。分三大门类看，采矿业增加值增长3.6%，制造业增长8.8%，电力、热力、燃气及水生产和供应业增长15.5%。高技术产业增加值增长27.4%，占规模以上工业增加值比重为13.6个百分点；战略性新兴产业中，新一代信息技术产业、新能源汽车产业产值分别增长31.2%和31%。41个工业大类中有28个保持增长。其中，计算机、通信和其他电子设备制造业增长33.2%，汽车制造业增长17.4%，金属制品业增长14.9%，电气机械和器材制造业增长11.3%，黑色金属冶炼和压延加工业增长9.2%。固定资产投资稳定增长，全年固定资产投资增长9.4%，增幅比全国高4.5个百分点。其中，第二产业投资增长13.5%，第三产业投资增长6.9%。分行业看，制造业投资增长14.6%，其中，高技术制造业投资增长13.9%，快于全部投资4.5个百分点。进出口增长较快，利用外资增长。全年进出口总额6 920.2亿美元，增长26.9%。其中，出口4 094.8亿美元，增长29.5%，比全国高5.5个百分点；进口2 825.4亿美元，增长23.4%。全年实际利用外商直接投资193亿美元以上，增长5.4%。

皖江城市带的“双核”即合肥和芜湖，在2021年的发展中全面贯彻党的十九大和十九届历次全会精神，经济实力再上台阶。2021年，合肥市坚持以习近平新时代中国特色社会主义思想为指导，全面落实市第十二次党代会精神，坚持稳中求进工作总基调，持续巩固拓展常态化疫情防控和经济社会发展成果，加快经济质量变革、效率变革、动力变革，全市经济动力强、活力足、潜力好，综合实力再上新台阶，高质量发展迈出新步伐。2021年，合肥全年生产总值11412.80亿元，按可比价格计算，比上年增长9.2%。其中，第一产业增加值351.05亿元，增长5.1%；第二产业增加值4 171.21亿元，增长10.6%，其中工业增加值2472.25亿元，增长15.7%；第三产业增加值6890.54亿元，增长8.6%。三次产业结构为3.1∶36.5∶60.4。按常住人口计算，人均GDP为121187元，比上年增加12760元。2021年农林牧渔业总产值550.86亿元，同比增长6.3%。实现工业增加值2472.25亿元，同比增长15.7%。其中，规模上工业增加值同比增长19.6%，分别快于全国、全省平均水平10和10.7个百分点，增速居全省第1、省会城市第2、长三角城市第2。从产业看，全市规模以上高技术制造业增加值同比增长38%，战略性新兴产业产值增长28.3%，均明显快于规模以上工业增速。从主要工业产品看，新能源汽车、集成电路、太阳能电池产量分别增长148%、68.6%和20.5%。2021年合肥市服务业增加值6890.54亿元，同比增长8.6%，对经济增长的贡献率达57.5%。其中，住宿和餐饮业增长15.7%，其他营利性服务业增长10.9%，房地产业增长10.1%。全年固定资产投资同比增长3.5%，两年平均增长4.1%。全年社会消费品零售总额5111.68亿元，同比增长13.2%。全年进出口总额514.6亿美元，同比增长37.2%，分别高于全国、全省平均水平7.2和1.1个百分点。其中，进口200.48亿美元，增长36.3%；出口314.13亿美元，增长37.8%。全年实际利用外商直接投资37.48亿美元，增长4.3%。其中，高技术制造业投资3.26亿美元，增长20.7%。全年一般公共预算收入844.22亿元，同比增长10.7%。财政支出1223.72亿元，增长5.1%，其中民生支出1062.9亿元，占财政支出比重达86.9%，同比提高1.3个百分点。年末，金融机构人民币存款余额21894.39亿元，同比增长12.1%；人民币贷款余额20249.4亿元，增长11.8%，其中工业贷款余额2396.55亿元，增长22.9%。全年实现城镇新增就业14.36万人，比上年增加2.22万人。居民消费价格上涨1.7%，全年居民人均可支配收入46009元，同比增长10.5%，分别高于全国、全省平均水平1.4和0.5个百分点，快于GDP增速1.3个百分点。其中，城镇居民人均可支配收入53208元，增长10.2%；农村居民人均可支配收入26856元，增长10.6%。

2021年芜湖市经济运行保持平稳较快发展的良好态势，经济总量迈上新台阶，经济增速保持全省前列，经济结构持续优化，发展质量稳步提升。2021年芜湖市实现地区生产总值4302.63亿元，比上年增长11.6%，位居全省和长三角城市第一。分产业看，第一产业增加值169.58亿元，比上年增长6.4%；第二产业增加值2048.96亿元，增长11.9%；第三产业增加值2084.09亿元，增长11.7%。农林牧渔业总产值309.78亿元，比上年增长7.9%。2021年全市规模以上工业增加值比上年增长14.1%，比全省高5.2个百分点。1—11月份，全市规模以上工业实现营业收入5005.18亿元，同比增长20.8%。固定资产投资比上年增长15.7%，比全省高6.3个百分点。实现社会消费品零售总额1972.95亿元，比上年增长24.5%，比全省高7.4个百分点。实现进出口总额115.27亿美元，比上年增长36.5%，比全省高0.4百分点；其中出口75.78亿美元、增长55.8%，进口39.49亿美元、增长10.4%。实现一般公共预算收入361.20亿元，比上年增长9.0%，比全省高0.2个百分点。一般公共预算支出503.49亿元，增长3.7%。2021年末，全市金融机构人民币存款余额5205.92亿元，贷款余额4704.12亿元，分别比上年增长11.9%和14.9%。全年全市居民可支配收入40501元，比上年增长10.0%。全年居民消费价格比上年上涨1.3%。

“一轴”上的安庆、池州、铜陵、马鞍山四个沿江城市保持了经济规模的进一步扩大。2021年安庆市地区生产总值达到2656.88亿元，同比增长6.6%。其中，第一产业增加值253.16亿元，增长6.7%；第二产业增加值1162.36亿元，增长4.4%；第三产业增加值1241.36亿元，增长8.5%。农林牧渔业总产值449.76亿元，比上年同期增长8.4%。2021年，全市规模以上工业增加值同比增长1.8%。全市固定资产投资同比增长13.7%，比全省高4.3个百分点。社会消费品零售总额1284.1亿元，比上年增长13.8%。货物进出口总额25.1亿美元，同比增长33.7%。其中，出口额18.5亿美元，增长24.7%；进口额6.6亿美元，增长67.3%。全市一般公共预算收入156.1亿元，比上年增长10.2%，比全省高1.4个百分点。全市居民消费价格指数同比上涨0.8%，比全省低0.1个百分点。

池州经济转型升级取得新突破的发展态势。2021年全市生产总值1004.2亿元，比上年增长10.2%。其中，第一产业增加值94.2亿元，增长7.6%；第二产业增加值462.2亿元，增长11.1%；第三产业增加值447.8亿元，增长9.9%。全年农林牧渔业总产值164.7亿元，比上年增长9.5%，比全省高0.2个百分点。规模以上工业增加值比上年增长15.7%，比全省高6.8个百分点。服务业增加值比上年增长9.9%，比全省高1.2个百分点。全年固定资产投资比上年增长16.1%，比全省高6.7个百分点。全年社会消费品零售总额477.4亿元，比上年增长17.5%，比全省高0.4个百分点。全年进出口14.3亿美元，比上年增长33.9%。全年一般公共预算收入74.3亿元，比上年增长11%，比全省高2.2个百分点。全年居民消费价格比上年上涨0.7%。池济经济运行持续稳健复苏、稳中加固、稳中提质。

2021年，铜陵市主要经济指标有升有降。全市实现地区生产总值1165.6亿元，比上年同期增长7.2%。其中，第一产业增加值59.2亿元，增长6.7%；第二产业增加值577.1亿元，增长8.0%；第三产业增加值529.3亿元，增长6.5%。规模以上工业增加值按可比价格计算，比上年增长9.1%；全市固定资产投资比上年增长12.4%。其中，项目投资增长19.9%；全市实现社会消费品零售总额410.5亿元，比上年增长17.2%；全市财政收入93.5亿元，增长14.4%；全市财政支出194.6亿元，增长6.7%；全年进出口总额107.9亿美元，比上年增长32.3%；城镇居民消费价格上涨1.5%，涨幅低于全省0.2个百分点。

2021年，马鞍山市经济运行总体平稳、稳中有进、进中向好，呈现好于预期、快于全省的良好发展态势。2021年，全市实现GDP2439.3亿元，比上年增长9.1%，增幅高于全省0.8个百分点。其中，第一产业增加值104.23亿元，增长6.7%；第二产业增加值1206.26亿元，增长10.1%；第三产业增加值1128.84亿元，增长8.3%。规模以上工业增加值比上年增长12.5%，高于全省3.6个百分点。行业增长面近七成。新增企业生产支撑作用较强。全市新增166户规模以上工业企业增加值增长65.9%。战略性新兴产业产值增长35.1%。固定资产投资比2020年增长19.2%，高于全省9.8个百分点。基础设施投资增长46.0%，技术改造投资增长19.2%。一般公共预算收入196.53亿元，比上年增长15.9%。社会消费品零售总额937.85亿元，比上年增长17.9%，高于全省0.8个百分点。城镇消费品零售额853.11亿元，增长17.7%；乡村消费品零售额84.74亿元，增长19.9%。九成商品消费保持增长态势。2021年实际利用外商直接投资29.37亿美元，比上年增长4.3%。外贸进出口较快增长。外贸进出口总额73.68亿美元，比上年增长24.9%。其中，出口总额30.89亿美元，增长24.2%；进口总额42.79亿美元，增长25.5%。12月末，全市金融机构人民币各项存款余额3070.69亿元，比上年增长11.4%。全年居民消费价格指数比上年上涨1.3%。全年城镇居民人均可支配收入56440元，比上年增长9.0%；农村居民人均可支配收入28331元，增长11.5%。全年工业用电量193.19亿千瓦时，比上年增长9.2%；铁路货运量304.7万吨，下降7.2%。

“两翼”滁州和宣城正着力打造承接沿海地区特别是长三角产业转移的前沿地带。2021年滁州市实现生产总值3362.1亿元，同比增长9.9%。其中，第一产业增加值287.9亿元，同比增长6.7%；第二产业增加值1 644.8亿元，同比增长9.5%；第三产业增加值1429.4亿元，同比增长11.0%。全年全市农林牧渔业实现产值510.2亿元，同比增长8.5%，首超500亿元。2021年全市规模以上工业增加值同比增长10.7%，从高质量发展情况看，高新、战略性新兴产业保持较快增长。固定资产投资增速居全省前列。2021年，全市固定资产投资增速同比增长16.4%，居全省第3位；现社会消费品零售总额1495.5亿元，同比增长26.5%，总量居全省第4位，增速居全省第1位；实现一般公共预算收入250.9亿元，同比增长11.0%，总量居全省第3位，增速居全省第3位；实现进出口60.2亿美元，增长55.7%，总量居全省第5位，增速居全省第2位；其中出口49.8亿美元，增长70.5%，总量居全省第 3 位，增速居全省第 2 位；实现外商直接投资 17.1 亿美元，增长 7.0%，总量居全省第 4 位，增速居全省第 9 位；居民人均可支配收入 28142 元，增长 9.5%，比去年同期提高 2.4 个百分点。

2021 年，宣城市全年生产总值 1833.9 亿元，比上年增长 10.1%。其中，第一产业增加值 172.0 亿元，增长 7.0%；第二产业增加值 890.7 亿元，增长 11.1%；第三产业增加值 771.2 亿元，增长 9.8%。全年农林牧渔业总产值 301.9 亿元，比上年增长 8.8%。2021 年规模以上工业增加值比上年增长 15.0%，比全省高 6.1 个百分点，居全省第 4 位。服务业增加值比上年增长 9.8%，比全省高 1.1 个百分点。社会消费品零售总额 757.1 亿元，比上年增长 20.8%，比全省高 3.7 个百分点，居全省第 5 位。固定资产投资比上年增长 16.4%，比全省高 7.0 个百分点，居全省第 3 位。进出口总额 28.3 亿美元，比上年增长 45.8%，比全省高 9.7 个百分点，增速居全省第 4 位。其中，出口 26.1 亿美元，增长 45.1%；进口 2.2 亿美元，增长 55.2%。2021 年实际利用外商直接投资 13.9 亿美元，增长 7.6%，比全省高 2.2 个百分点，居全省第 8 位。全年一般公共预算收入 182.8 亿元，比上年增长 8.5%。居民消费价格比上年上涨 0.7%，比上年涨幅低 1.7 个百分点，比全省低 0.2 个百分点。居民人均可支配收入 33720 元，比上年名义增长 9.7%，扣除价格因素实际增长 8.9%。

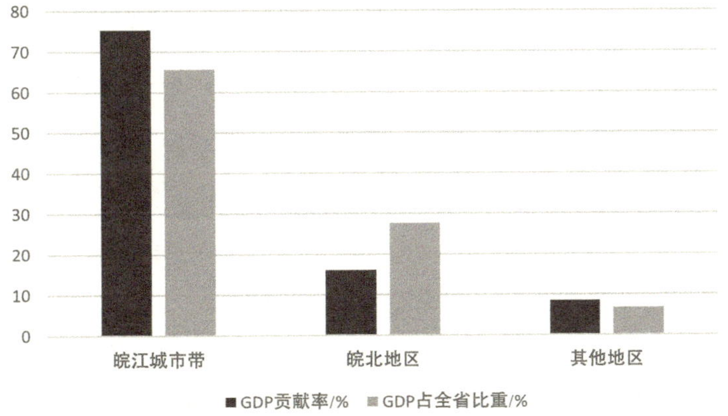

图 4-3　2021 年安徽省各区域 GDP 比重和经济增长贡献率

2.皖北发展速度趋于平缓

2021年,皖北地区经济增长缓慢,供给侧结构性改革在持续进行。全年皖北六市生产总值13239.1亿元,同比增长6.2%。

对于皖北中心城市蚌埠,2021年实现地区生产总值1988.97亿元,按可比价格计算,同比下降2.1%。分产业看,第一产业增加值272.4亿元,同比增长6.8%;第二产业增加值673.6亿元,同比下降13.5%;第三产业增加值1043亿元,同比增长4.5%。2021年规模以上工业增加值同比下降25.1%。固定资产投资同比下降20.4%。社会消费品零售总额1287.5亿元,同比增长7.1%。进出口总额27.2亿美元,同比增长44.5%。其中,进口14.2亿美元,增长41.4%;出口13.1亿美元,增长48%。2021年一般公共预算收入167.3亿元,同比增长5.6%。12月末,全市金融机构人民币各项存款余额2680.7亿元,同比增长9%。人民币各项贷款余额2578.7亿元,同比增长9.8%。全年居民消费价格同比上涨1.1%。城镇居民人均可支配收入42656元,同比增长9.1%;农村居民人均可支配收入19538元,同比增长8.5%。

2021年,阜阳市经济运行呈现"稳中有进、稳中提质、稳中向好"特征。全市生产总值3071.5亿元,按可比价格计算,比上年增长9.0%。其中,第一产业增加值417.3亿元,增长8.4%;第二产业增加值1151.2亿元,增长8.1%;第三产业增加值1503.0亿元,增长9.9%。全年农林牧渔业总产值832.8亿元,比上年增长10.6%。2021年规模以上工业增加值比上年增长8.1%,固定资产投资比上年增长13.6%,社会消费品零售总额2229.6亿元,比上年增长21.4%。2021年进出口总额21.4亿美元,比上年增长28.4%。其中,出口17.2亿美元,增长26.6%;进口4.2亿美元,增长36.4%。高技术产业投资比上年增长39.8%,快于全部投资26.2个百分点,其中高技术制造业、高技术服务业投资分别增长37.3%和44.9%;战略性新兴产业投资增长22.0%,快于全部投资8.4个百分点。一般公共预算收入189.6亿元,其中税收收入131.8亿元。全市金融机构人民币存款余额4935.2亿元,比上年增长7.0%。贷款余额4201.1亿元,增长12.2%。居民消费价格比上年上涨0.7%。全年居民人均可支配收入24443元,比上年增长9.9%。

与此同时,皖北战略地位进一步提升,国家明确支持推进淮河生态经济带建设,宿州、亳州、淮北携手皖北两大中心城市蚌埠、阜阳成功跻身中原城市群。其中,2021年,宿州市地区生产总值2167.67亿元,按可比价格计算,增长8.5%。其中:第一产业增加值332.13亿元,增长8.0%;第二产业增加值768.56亿元,增长9.2%;第三产业增加值1066.98亿元,增长8.3%。农林牧渔总产值647.4亿元,比上年增长10.1%。年末全市规模以上工业企业1060家,规模以上工业增加值比上年增长9.5%。服务业增加值1066.98亿元,增长8.3%。固定资产投资比上年增长15.8%。社会消费品零售总额1239.5亿元,比上年增长14.5%。进出口总额16.67亿美元,比上年增长24.2%。其中,进口总额1.49亿美元,增长135.6%;出口总额15.18亿美元,增长18.7%。引进外资项目12个;合同利用外资0.33亿美元,下降51.5%;实际利用外商直接投资10.77亿美元,增长0.6%。公路客运量825万人,比上年下降38.9%。一般公共预算收入147.9亿元,增长11.0%。年末全市金融机构人民币各项存款余额2931.34亿元,增长7.8%。金融机构各项贷款余额2636.29亿元,增长13.1%。常住居民人均可支配收入24290元,增长9.9%。

2021年,亳州市生产总值1972.7亿元,按可比价格计算,比上年增长8.6%。分产业看,第一产业增加值271.3亿元,增长9.1%;第二产业增加值681.4亿元,增长8.1%;第三产业增加值1019.9亿元,增长8.8%。全年粮食产量514.6万吨,比上年增长1.9%。2021年规模以上工业增加值比上年增长7.5%,固定资产投资比上年增长1.0%,社会消费品零售总额1190.1亿元,比上年增长20.0%。进出口总额6.4亿美元,比上年下降39.0%。其中,出口4.8亿美元,下降47.6%;进口1.6亿美元,增长17.6%。实际利用外商直接投资5.1亿美元,增长18.5%。交通运输、仓储和邮政业增加值87.8亿元,比上年增长9.6%。一般公共预算收入140.3亿元,比上年增长11.0%,其中税收收入96.2亿元,增长11.4%。年末全市金融机构各项存款余额2847.5亿元,增长13.8%。金融机构各项贷款余额2742.9亿元,比上年末增加362.5亿元，增长15.2%。全年全市常住居民人均可支配收入24481元，比上年增长9.9%。

2021年淮北市全年实现GDP1223.0亿元，同比增长3.4%。其中，第一产业增加值86.3亿元，同比增长9.6%；第二产业增加值514.3亿元，同比下降2.5%；第三产业增加值622.4亿元，同比增长7.3%。全年农林牧渔业总产值145亿元，按可比价格计算，比上年增长11.9%。2021年末全市规模以上工业企业达到699家，规模以上工业增加值下降4.4%。规模以上工业企业实现营业收入1500.8亿元，同比增长13.3%。全市固定资产投资同比增长9.7%，实现社会消费品零售总额521.3亿元，比上年增长13.1%，实现外贸进出口总额115.7亿元，比上年增长65.8%。其中出口104.5亿元，增长69.9%；进口11.2亿元，增长35.3%。完成一般公共预算收入88.8亿元，增长10.8%。其中，税收收入65.2亿元，增长14%；非税收入23.6亿元，增长2.9%。全年居民人均可支配收入30738元，比上年增加2611元，增长9.3%。

2021年，淮南市生产总值1457.1亿元，同比增长5.7%。其中，第一产业增加值150.7亿元，同比增长6.9%；第二产业增加值594.9亿元，同比增长4.2%；第三产业增加值711.5亿元，同比增长6.6%。农林牧渔业总产值260.6亿元，比上年增长8.7%。规模以上工业实现增加值同比增长3.1%。固定资产投资同比增长12.6%。社会消费品零售总额866.2亿元，同比增长11.9%。一般公共预算收入109.6亿元，同比增长5.4%。12月末，全市金融机构人民币存款余额2610.7亿元，同比增长10.5%。全市金融机构人民币贷款余额1923.2亿元，同比增长12.2%，2021年城乡居民人均可支配收入31632元，同比增长9.9%。全市居民消费价格总水平同比上涨0.8%。

3.六安、黄山经济稳中有进

2021年，六安市实现生产总值1923.5亿元，按可比价格计算，同比增长11.0%。其中，第一产业增加值255.9亿元，增长8.9%；第二产业增加值745.5亿元，增长12.2%；第三产业增加值922.1亿元，增长10.6%。农林牧渔业实现总产值484.8亿元，按可比价格计算，同比增长11.1%，增幅高于全省1.8个百分点，居全省第3位。规模以上工业增加值同比增长15.5%，比全省高6.6个百分点，居全省第3位。固定资产投资同比增长19.7%，高于全省10.3个百分点，居全省第1位。社会消费品零售总额1155.7亿元，增长23.6%，增幅居全省第3位。一般公共预算收入147.5亿元，增长11.0%，增幅居全省第3位。12月末，全市金融机构人民币各项存款余额3440.8亿元，比上年增长8.0%。各项贷款余额2970.0亿元，增长14.1%。全市进出口总额15.2亿美元，比上年增长46.0%，比全省高9.9个百分点，居全省第3位。其中，出口13.9亿美元，增长47.3%，比全省高8.2个百分点；进口1.3亿美元，增长33.3%，比全省高1.3个百分点。利用外资保持增长。利用外商直接投资6.8亿美元，增长11.2%，高于全省5.8个百分点，居全省第2位。城乡居民人均可支配收入24788元，比上年增长10.4%，增幅比全省高0.4个百分点，居全省第2位。

2021年，黄山市实现地区生产总值957.4亿元，比上年增长9.1%。分产业看，第一产业增加值72.3亿元，比上年增长8.2%；第二产业增加值343.3亿元，增长10.1%；第三产业增加值541.8亿元，增长8.5%。全年农林牧渔业总产值124.0亿元，按不变价格计算，比上年增长10.1%。2021年规模以上工业增加值比上年增长12.1%。服务业增加值比上年增长8.5%。固定资产投资比上年增长9.1%。全年社会消费品零售总额534.1亿元，比上年增长15.5%。货物进出口总额107.4亿元，比上年增长29.2%。其中，出口95.0亿元，增长28.9%。2021年一般公共预算收入88.3亿元，比上年增长5.2%。居民消费价格比2020年上涨1.0%。全年居民人均可支配收入30574元，比上年增长9.5%。

二、2021年安徽省各地市经济发展水平综合评价

为了综合反映安徽省各地市经济发展水平，利用排名来深入了解各地市在安徽经济中的地位。一定时期内，地区排名是该区域发生的各项经济活动结果的最直观反映。区域的各项经济活动主要包括经济资源的投入活动、产出活动以及由投入产出活动带来的经济量与质的变化。因此，在对各

地区排名之前必须制定一套行之有效的指标测评体系，以便对各地区的经济发展状况做出及时的分析评价，更好地促进安徽各地市经济的发展。

（一）指标体系设计目的和原则

1.指标体系设计目的

本套指标体系主要考察的是安徽省各地市经济地位，目的是通过对各地区相关指标的统计，切实加强对各地市经济运行状况的考核与评价，更好地了解自身的经济发展状况，并通过与省内其他地区的对比，发现自身发展中的优势和劣势，并采取相应措施以巩固和增强优势，消除劣势；各地区主管部门利用该套指标体系可以定期对经济发展情况进行比较和分析，及时发现存在的问题，并根据经济发展过程中遇到的具体问题，适时调整产业政策，改善宏观环境，引导各地区始终坚持正确的发展方向。

2.指标体系设计原则

为了使建立的经济评价体系具有全面、客观、准确的性能，指标体系设计应从评价目的出发，确保指标体系有效性，同时还应遵循以下原则。

（1）系统性与针对性原则

区域经济系统是一个多层次的复合体。指标体系应该反映区域经济运行所包含的主要因素，各层次之间要有内在联系，使之“分”可说明个别因素，“合”可说明整体结构、形象。针对性原则适用于区域经济状况的评价和排名，要求将在该领域关键的影响因素挑选出来作重点分析。

（2）可比性、可操作性与稳定性原则

区域经济运行评价结果的可比性要求评价指标必须具有可比性，这种可比性既要求反映区域经济发展状态的纵向可比性（即时序演变），又要求横向可比（即地区间经济发展的差异）。在各评价指标中，量纲相同的指标直接可比，量纲不同的指标经无量纲化而间接可比。可操作性是指，在反映评价基本内涵的前提下，选取的指标尽可能少，并避免含义相同或相近的指标重复出现，同时做到指标含义明确，具有一定的现实统计资料作为基础,因而可依据数据资料进行计算分析,便于使用。在稳定性方面,构成指标体系的指标,应是变化比较有规律性的指标,那些受偶然因素影响大起大落的指标要尽量少选。

(3)超前性原则

区域经济发展评估指标体系,不仅要求能客观反映被评估地区经济发展的现状和地位,还要能引导经济向正确方向发展,应具有指导性、超前性。

(二)安徽省各地市经济发展水平综合评价指标体系设计

区域经济发展水平与区域经济发展规模、结构、效益和成长性等因素密切相关。因此,本章将安徽省各地市经济发展规模、经济结构、经济效益和经济成长性设计为一级指标,在余华银、张焕明(2010)研究基础上,秉承科学性、系统性、可比性和实用性原则,选择32项二级指标(表4-1),并基于每个指标所体现的内容即新增价值(增加值)、投资、消费(市场规模)、进出口(外向型经济发展)、产业结构以及财政政策归纳出6个要素支撑点。数据来源于安徽省统计年鉴、安徽各地市公开发布的2021年政府工作报告数据以及安徽统计局发布的统计数据。

表4-1 安徽省各地市经济发展水平综合评价指标体系

一级指标	二级指标	支撑点名称
经济规模	GDP	增加值
	第三产业增加值	增加值
	规模以上工业增加值	增加值
	战略性新兴产业产值	增加值
	固定资产投资额	投资
	社会消费品零售总额	市场规模
	财政收入	财政政策
	十二月份金融机构贷款余额	财政政策
	进出口总额	外向型经济发展
	工业用电量	产业结构

续表

一级指标	二级指标	支撑点名称
经济结构	第三产业增加值占GDP比重	产业结构
	规模以上工业增加值占GDP比重	产业结构
	战略性新兴产业产值占GDP比重	产业结构
	固定资产投资额占GDP比重	投资
	进出口总额占GDP比重	外向型经济发展
经济效益	人均GDP	增加值
	人均财政收入	财政政策
	人均零售额	市场规模
	财政收入占GDP比重	财政政策
	城镇常住居民人均可支配收入	财政政策
	农村常住居民人均可支配收入	财政政策
经济成长性	GDP增长速度	增加值
	规模以上工业增加值增长速度	增加值
	战略性新兴产业产值增长速度	增加值
	固定资产投资增长速度	投资
	财政收入增长速度	财政政策
	十二月末金融机构贷款余额增长速度	增加值
	进出口总额增长速度	外向型经济发展
	社会消费品零售总额增长速度	市场规模
	工业用电量增速	产业结构
	城镇常住居民可支配收入增长率	财政政策
	农村常住居民可支配收入增长率	财政政策

（三）安徽省各地市经济发展水平综合评价方法

影响区域经济运行的因素众多，结构复杂，各影响因素间关系纵横交错、作用相互重叠。作为一个复杂的系统，系统理论尤其是复杂系统理论对地区经济发展水平进行评价研究无疑有着重要的指导作用，同时，为了从量上揭示相互联系的事物之间数量关系及其相互影响的量变规律，深入、全面地研究安徽各地市经济发展状况,还必须使用定量方法。这里将基于复杂系统理论采用组合评价方法对各地市经济发展状况进行排名。

下面选用灰色综合评价法、熵值法和主成分法对安徽省各地区2019年的经济发展状况分别进行综合评价,在此基础上使用组合评价原理与方法得到组合评价结果。

1.灰色综合评价法

灰色系统理论中应用最广泛的是关联度分析方法,关联度分析法是分析系统中多因素关联程度的一种新的因素分析方法。灰色综合评价模型就是基于关联度分析而建立的数学模型。

2.熵值法

熵值法是根据指标的变异信息量确定权数,原理是:设有m个待评方案,n项评价指标,形成原始指标数据矩阵$X=\left(x_{ij}\right)_{m\times n}$,对于某项指标$x_j$,指标值$x_{ij}$的差异越大,则该指标在综合评价中所起的作用越大;如果某项指标的指标值全部相等,则该指标在综合评价中不起作用。在信息论中,信息熵$H(x)=-\sum_{i=1}^{n}p\left(x_i\right)\ln p\left(x_i\right)$是系统无序程度的度量,信息是系统有序程度的度量,二者绝对值相等,符号相反。某项指标的指标值变异程度越大,信息熵越小,该指标提供的信息量越大,该指标的权重也应越大;反之,某项指标的指标值变异程度越小,信息熵越大,该指标提供的信息量越小,该指标的权重也越小。所以,可以根据各项指标值的变异程度,利用信息熵这个工具,计算出各指标的权重,为多指标综合评价提供依据。

3.主成分法

主成分分析也称主分量分析,旨在利用降维的思想,把多指标转化为少数几个综合指标。在实证问题研究中,为了全面、系统地分析问题,我们必须考虑众多影响因素。这些涉及的因素一般称为指标,在多元统计分析中也称为变量。因为每个变量都在不同程度上反映了所研究问题的某些信息,并且指标之间彼此有一定的相关性,因而所得的统计数据反映的信息在一定程度上有重叠。在用统计方法研究多变量问题时,变量太多会增加计算量和增加分析问题的复杂性，人们希望在进行定量分析的过程中，涉及的变量较少，得到的信息量较多。主成分分析正是适应这一要求产生的。

可见，在区域经济评价方法上，可选的定量研究方法很多，在本文所选取的灰色综合评价法、熵值法和主成分法三种评价方法中，既包括了主观评价方法，也包括了客观评价方法。但无论是选用主观赋权法，还是选用客观赋权法进行评价，都有其自身无法解决的缺陷。组合评价是将几种评价结果进行组合的一种科学合理的评价方法，其基础是单一综合评价方法。由于在选取的评价地区经济发展的指标体系中，一些指标存在较多奇异值，同时有些指标的数据在不同年份的变化较大。如果仅采用某一种客观评价方法进行排名，可能对奇异值较大的指标赋予较大的权重；如果仅采用某一种主观评价方法进行排名，少数指标在不同地区间的较大变化也可能对地区排名产生较大影响。因此，应用单一的评价方法来对地区经济发展状况进行排名，是不太合理的。这里采用三种主要评价方法进行组合评价，能有效克服单一评价方法的诸多缺点，保证评价结果的稳健性。接下来需要将评价结果按照一定的方式进行组合，得出组合评价值，最后得到组合评价的排序结果，本文选用均值法。其步骤是：

若 r_{ik} 是方案 x_i 在第 k 种方法下所排序的位次 $(i = 1,\ 2,\ \cdots,\ n;\ k = 1,\ 2,\ \cdots m)$，令 $R_{ik} = n - r_{ik} + 1$

计算不同方法得分的均值为：

$$avr\left(R_i\right) = \frac{1}{m}\sum_{k=1}^{m} R_{ik}$$

最后按均值重新排序。如果有两个方案 $avr\left(R_i\right) = avr\left(R_j\right)$，则计算在不同方法下得分的标准差为：

$$\sigma_i \sqrt{\sum\left(R_{ik} - avr\left(R_i\right)\right)^2 / m}$$

标准差小者为优。

（四）2021年安徽省各地市经济发展状况综合评价

利用安徽省16个地市2021年全年的32个指标数据，采用主成分法、熵值法和灰色关联法计量测算经济运行得分，分别得到3组各地市的排名与具体的分值，同时为了兼顾主客观赋权法间的优势，弥补单一计量评价方法的不足，得出更为合理、科学的评价结果，我们将灰色关联法、熵值法和主成分法三种计量评价结果采用平均值法进行组合，得出组合计量评价值。借助SPSS软件计算2019年全年安徽各地区经济发展状况评价结果，χ^2统计量近似的p值近似等于0，因此可以拒绝原假设，通过事前检验说明这三种评价方法结果是一致的。同时，通过计算各单一计量结果与平均值法组合计量结果之间关系，Spearman秩相关系数呈现出高度正相关关系，并且通过了t检验，因此通过事后检验证明了平均值法的组合结果与原三种单一方法密切相关。

本文分别按主成分法、熵值法和灰色关联法计量测算经济运行得分及按组合计量值的大小得到组合计量的排序结果，得到2021年全年安徽省各地市经济发展状况分数值和排名结果，见表4-2。

表4-2　2021年全年安徽省各地市经济发展状况分数值和排名结果

地区	方法							
	组合评价		主成分法		熵值法		灰色关联法	
	评价得分	名次	评价得分	名次	评价得分	名次	评价得分	名次
合 肥 市	16	1	3.1619	1	0.8949	1	0.8916	1
淮 北 市	2.26	15	−0.6563	13	0.1314	15	0.1449	15
亳 州 市	2.57	14	−0.7274	16	0.1511	14	0.161	14
宿 州 市	3.36	13	−0.6601	14	0.1556	13	0.1732	13
蚌 埠 市	6.43	10	−0.3283	8	0.1893	11	0.1836	12
阜 阳 市	3.79	12	−0.5199	12	0.1806	12	0.196	11

续 表

地区	方法							
	组合评价		主成分法		熵值法		灰色关联法	
	评价得分	名次	评价得分	名次	评价得分	名次	评价得分	名次
淮南市	1.87	16	−0.6776	15	0.13	16	0.1438	16
滁州市	12.09	4	0.1193	4	0.2954	4	0.3097	4
六安市	9.85	8	−0.4149	10	0.2056	8	0.2225	8
马鞍山市	12.18	3	0.8218	3	0.4277	3	0.438	3
芜湖市	14.41	2	1.1861	2	0.4908	2	0.5016	2
宣城市	10.51	5	−0.0431	5	0.2712	5	0.2859	5
铜陵市	9.92	6	−0.0644	6	0.2683	6	0.281	6
池州市	8.75	9	−0.4835	11	0.2032	9	0.2213	9
安庆市	5.9	11	−0.4147	9	0.1914	10	0.2051	10
黄山市	9.88	7	−0.2991	7	0.2239	7	0.2363	7

数据来源：安徽各地市政府网站公开发布的2021年度数据以及安徽统计局。（由于未公布规模以上工业增加值、战略性新兴产业产值和固定资产投资额的数据，涉及的相关指标如占GDP比重、增速等未纳入计算。）

三、安徽省各地市经济发展水平差异及成因分析

（一）2021年安徽省各地市经济发展状况分析

依据2021年全年安徽省16个地市经济发展状况排名和分值信息，分别绘制了条形图和雷达图，以便对各地市经济发展水平进行分析，见图4–4与图4–5。

条形图（图4–4）中的信息显示，2021年16个地市中合肥、芜湖、马鞍山占据前三的位置。同时地处皖江城市带的滁州、宣城和铜陵三个地市

得分也较高，处于全省中上游水平，整体皖江城市带区域经济运行状况较好。皖北地区和皖江城市带经济发展仍有差距。从2021年的得分与排名情况看，黄山排名居全省中上游位置，综合排名第7位，与上年相比上升5位；六安排名为第8位，与上年相比下降3位；皖北地区相较2020年的经济发展水平在全省地位有所下降，发展不平衡问题仍然存在，淮南与淮北的综合排名较为靠后。

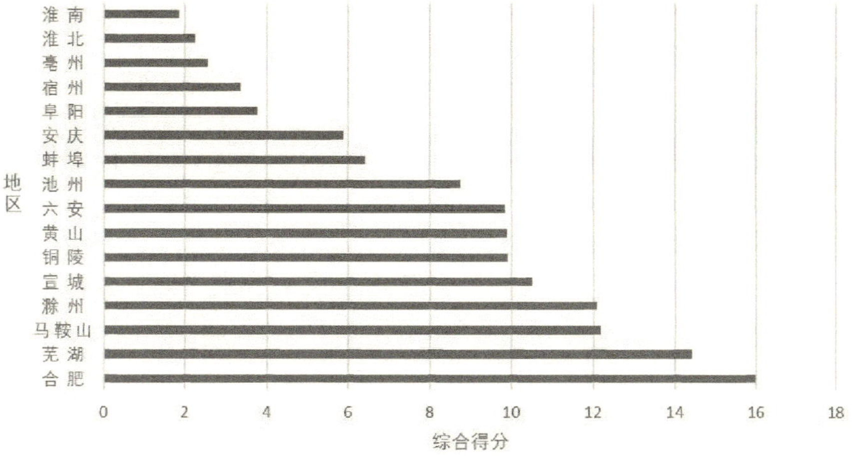

图4-4　2021年安徽省各地区经济发展综合得分示意图

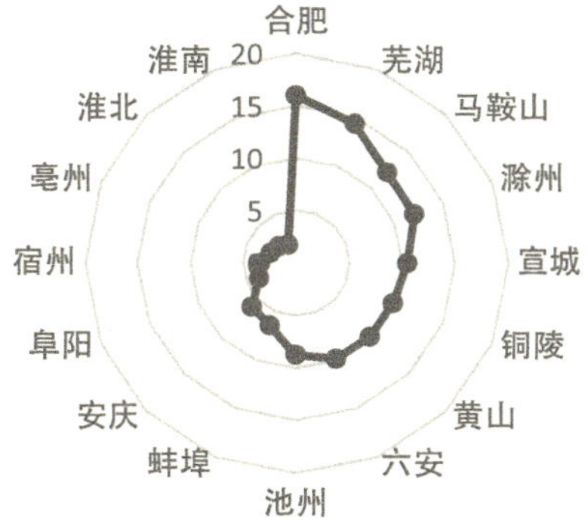

图4-5　2021年安徽省各地区经济发展状况雷达图

雷达图（图4-5）中的安徽各地市经济发展状况得分显示，在2021年，安徽各地区经济发展排名中，合肥、芜湖、马鞍山、滁州属于第一类，优势突出；宣城、铜陵、黄山、六安的经济发展状况属于第二类，优势比较明显；池州、蚌埠、安庆、阜阳的经济发展状况属于第三类，经济发展水平处于中游及中下游；宿州、亳州、淮北、淮南的经济发展状况属于第四类经济发展水平比较低，经济发展得分较低。

表 4-3　安徽经济发展水平前六位与后六位地区及所属区域

（2021 年、2020 年和 2015 年）

经济发展水平前六位的地区及所属区域						
排名	2021 年		2020 年		2015 年	
	地　区	区　域	地　区	区　域	地　区	区　域
1	合　肥	皖江城市带	合　肥	皖江城市带	合　肥	皖江城市带
2	芜　湖	皖江城市带	芜　湖	皖江城市带	芜　湖	皖江城市带
3	马鞍山	皖江城市带	马鞍山	皖江城市带	蚌　埠	皖北地区
4	滁　州	皖江城市带	滁　州	皖江城市带	铜　陵	皖江城市带
5	宣　城	皖江城市带	六　安	其他地区	滁　州	皖江城市带
6	铜　陵	皖江城市带	蚌　埠	皖北地区	阜　阳	皖北地区
经济发展水平后六位的地区及所属区域						
排名	2021 年		2020 年		2015 年	
	地　区	区　域	地　区	区　域	地　区	区　域
16	淮　南	皖北地区	阜　阳	皖北地区	淮　南	皖北地区
15	淮　北	其他地区	黄　山	其他地区	黄　山	其他地区
14	亳　州	皖北地区	淮　北	皖北地区	六　安	其他地区
13	宿　州	皖北地区	宿　州	皖北地区	淮　北	皖北地区
12	阜　阳	其他地区	淮　南	皖北地区	安　庆	皖江城市带
11	安　庆	皖江城市带	亳　州	皖北地区	池　州	皖江城市带

表 4-3 为我们提供了“十四五”开局之年（2021 年）、“十二五”后期（2015 年）以及“十三五”后期（2020 年）经济发展水平前六位与后六位的城市以及所在区域情况。安徽省内各地市、各区域发展不均衡。与“十二五”“十三五”时期相比，进入“十四五”时期以来，合肥、芜湖继续领跑全省；地处皖江城市带的多数城市经济地位稳定处于全省前列；皖北各市经

济基础薄弱，产业结构不优，约束条件较多，迫切需要一个发动机，一改变落后的现状。

（二）安徽省各地区经济发展水平资产负债表

1.基于一级指标的资产负债表

以上从经济规模、经济结构、经济效益和经济成长性四个方面建立指标体系对2021年全年安徽省各地市的经济发展水平进行了综合评价和排名。下面参照瑞士洛桑国际管理学院的处理方法，把各地市排名位居安徽省前8位的经济发展指标列为该地区经济发展的资产，排名安徽省后8位的经济发展指标列为该地区经济发展的负债，编制了安徽省地区经济发展一级指标资产负债表（表4-4）。这种以反映区域经济发展水平的指标为要素项目的经济发展资产负债表，可以说明安徽省各地区经济发展中的优势和弱势。

表4-4　安徽省各地区经济发展一级指标资产负债情况表（2021年）

排名	地区	经济规模	地区	经济结构	地区	经济效益	地区	经济成长性
1	合肥	资产	铜陵	资产	芜湖	资产	池州	资产
2	芜湖	资产	马鞍山	资产	合肥	资产	滁州	资产
3	滁州	资产	宣城	资产	马鞍山	资产	六安	资产
4	阜阳	资产	合肥	资产	铜陵	资产	芜湖	资产
5	马鞍山	资产	芜湖	资产	黄山	资产	宣城	资产
6	安庆	资产	黄山	资产	滁州	资产	马鞍山	资产
7	六安	资产	淮北	资产	宣城	资产	合肥	资产
8	宣城	资产	滁州	资产	池州	资产	宿州	资产
9	宿州	负债	池州	负债	蚌埠	负债	安庆	负债
10	蚌埠	负债	蚌埠	负债	安庆	负债	亳州	负债
11	亳州	负债	淮南	负债	淮北	负债	铜陵	负债
12	铜陵	负债	六安	负债	六安	负债	淮北	负债

续 表

排名	地区	经济规模	地区	经济结构	地区	经济效益	地区	经济成长性
13	淮南	负债	安庆	负债	淮南	负债	阜阳	负债
14	淮北	负债	亳州	负债	宿州	负债	黄山	负债
15	池州	负债	宿州	负债	阜阳	负债	淮南	负债
16	黄山	负债	阜阳	负债	亳州	负债	蚌埠	负债

根据表4-4所示，绘制了安徽省各区域经济规模、经济结构、经济效益和经济成长性的资产负债图（图4-6）。在经济规模一栏中，皖江城市带中6个地区经济规模属于资产，从图4-6中看到，在经济规模上该区域中75%的地区处于优势，25%的地区处于劣势；皖北六市中，只有阜阳的经济规模属于资产，其余5市均处于负债状态，皖北地区的整体经济规模属于负债居多，达到83.33%，资产只有16.67%；其他地区中，六安的经济规模属于资产，黄山的经济规模处于负债状态。在经济结构一栏中，皖江城市带中处于资产的地区占全部地区的75%；皖北地区经济结构方面仍是负债多于资产，除了淮北优势明显外，一半以上的地区经济结构仍处于劣势地位；其他地区中，黄山经济结构都处于优势，六安的经济结构处于劣势。在经济效益一栏中，皖江城市带中占该区域12.5%的地区的经济效益处于劣势地位；皖北六市在经济效益上均处于负债状态；其他地区中黄山的经济效益为资产状态。在经济成长性一栏中，皖江城市带的经济成长能力稳定在前列，池州、滁州、芜湖、宣城、马鞍山、合肥的经济成长能力均为资产状态；皖北地区中的宿州的经济成长能力为资产状态，其他地区中六安的经济成长性为资产状态。

综合表4-4和图4-6的信息，皖江城市带主要城市经济发展各项指标优势明显，如合肥、芜湖、马鞍山各项经济指标均处于优势地位，铜陵经济成长性的落后，表明发展的后劲不足。皖江城市带中8个地市间经济差距在拉大。比如合肥、芜湖、马鞍山经济始终保持高位运行，而安庆在绝大多数经济指标上都表现不理想。

皖北6市中，阜阳继续保持了经济规模上的优势，GDP首次突破3000亿元大关，在抗击疫情中表现优异，经济回复显著，发展势头良好。其他五市由于2021年受到疫情的持续影响，造成了经济增速下滑。全年皖北六市生产总值11881.3亿元。阜阳、亳州、宿州分别增长9%、8.6%、8.5%。

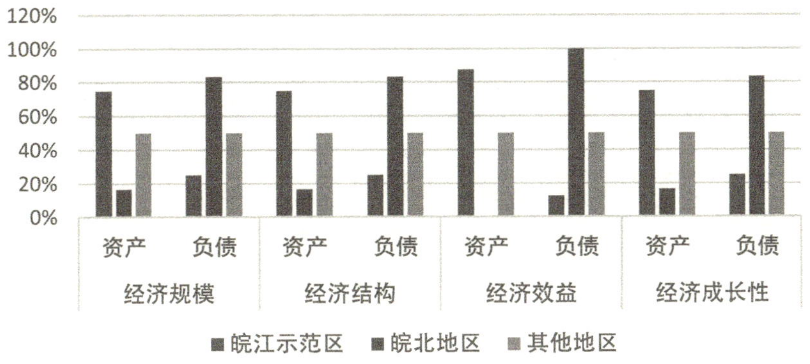

图4-6 2021年安徽省各区域经济资产负债情况

2.基于二级指标的资产负债表

为了更加细致地比较各地区32个二级指标的相对优势与劣势。下面仍参照瑞士洛桑国际管理学院的处理方法，把每一地区32个二级指标排名中相对居前的6个指标作为该地区的资产，将排名相对落后的6个指标作为该地区的负债，为了避免个别优势地区或者个别劣势地区指标过于集中在资产或者负债栏，这里将对应于经济规模、经济结构、经济效益和经济成长性各选取6个典型指标，其典型意义基于两方面考虑：其一，从16个地市间的横向比较看某项指标是作为资产抑或负债；其二，从本地市自身其他指标排名看该指标是作为资产抑或负债。下面编制了2021年安徽省各地区经济发展资产负债表（表4-5）。

从表4-5可知，尽管从一级指标的资产负债分析来看，皖江城市带中的合肥、芜湖、马鞍山这些主要城市在经济规模、经济结构、经济效益等方面均较具有发展的优势，从二级指标的资产负债分析来看，马鞍山经济结构要优于合肥。同理，从表4-5中也可以直观看出其他各地市经济发展的相对优势与劣势。

表4-5　2021年安徽省各地区经济发展二级指标资产负债情况

地　区	资　产	负　债
合肥市	GDP、第三产业增加值、社会消费品零售总额、财政收入、十二月份金融机构贷款余额、进出口总额	财政收入占GDP比重、战略性新兴产业产值增长速度、固定资产投资增长速度、财政收入增长速度、十二月末金融机构贷款余额增长速度、社会消费品零售总额增长速度
淮北市	进出口总额、第三产业增加值占GDP比重、进出口总额占GDP比重、财政收入占GDP比重、战略性新兴产业产值增长速度、进出口总额增长速度	GDP、第三产业增加值、社会消费品零售总额、财政收入、十二月份金融机构贷款余额、工业用电量
亳州市	社会消费品零售总额、十二月份金融机构贷款余额、第三产业增加值占GDP比重、财政收入增长速度、十二月末金融机构贷款余额增长速度、社会消费品零售总额增长速度	GDP、第三产业增加值、财政收入、进出口总额、工业用电量、进出口总额占GDP比重
宿州市	GDP、第三产业增加值、社会消费品零售总额、十二月份金融机构贷款余额、第三产业增加值占GDP比重、战略性新兴产业产值增长速度	财政收入、进出口总额、战进出口总额占GDP比重、人均GDP、人均财政收入、人均零售额
蚌埠市	GDP、第三产业增加值、社会消费品零售总额、财政收入、进出口总额、第三产业增加值占GDP比重	十二月份金融机构贷款余额、工业用电量、进出口总额占GDP比重、人均GDP、人均财政收入、GDP增长速度
阜阳市	GDP、第三产业增加值、社会消费品零售总额、财政收入、十二月份金融机构贷款余额、工业用电量	进出口总额、进出口总额占GDP比重、人均GDP、人均财政收入、人均零售额、财政收入占GDP比重

续 表

地 区	资 产	负 债
淮南市	第三产业增加值占GDP比重、财政收入占GDP比重	GDP、第三产业增加值、社会消费品零售总额、财政收入、十二月份金融机构贷款余额、进出口总额
滁州市	GDP、第三产业增加值、社会消费品零售总额、财政收入、十二月份金融机构贷款余额、进出口总额	第三产业增加值占GDP比重、财政收入占GDP比重
六安市	十二月份金融机构贷款余额、进出口总额、GDP增长速度、规模以上工业增加值增长速度、固定资产投资增长速度、财政收入增长速度	GDP、第三产业增加值、社会消费品零售总额、财政收入、工业用电量、第三产业增加值占GDP比重
马鞍山市	GDP、第三产业增加值、财政收入、工业用电量、进出口总额占GDP比重、人均GDP	社会消费品零售总额、十二月份金融机构贷款余额、进出口总额、第三产业增加值占GDP比重、进出口总额增长速度、工业用电量增速
芜湖市	GDP、第三产业增加值、社会消费品零售总额、财政收入、十二月份金融机构贷款余额、进出口总额	第三产业增加值占GDP比重、十二月末金融机构贷款余额增长速度、工业用电量增速
宣城市	财政收入、进出口总额、工业用电量、进出口总额占GDP比重、人均GDP、人均财政收入	GDP、第三产业增加值、社会消费品零售总额、十二月份金融机构贷款余额、第三产业增加值占GDP比重、人均零售额
铜陵市	工业用电量、进出口总额占GDP比重、人均GDP、人均财政收入、人均零售额、财政收入占GDP比重	GDP、第三产业增加值、社会消费品零售总额、财政收入、十二月份金融机构贷款余额、进出口总额

续 表

地　区	资　产	负　债
池州市	进出口总额、人均GDP、人均财政收入、人均零售额、GDP增长速度、规模以上工业增加值增长速度	GDP、第三产业增加值、社会消费品零售总额、财政收入、十二月份金融机构贷款余额、工业用电量
安庆市	GDP、第三产业增加值、社会消费品零售总额、财政收入、十二月份金融机构贷款余额、工业用电量	进出口总额、第三产业增加值占GDP比重、进出口总额占GDP比重、人均GDP、人均财政收入、人均零售额
黄山市	第三产业增加值占GDP比重、进出口总额占GDP比重、人均GDP、人均财政收入、人均零售额、财政收入占GDP比重	GDP、第三产业增加值、社会消费品零售总额、财政收入、十二月份金融机构贷款余额、进出口总额

四、近年安徽省各地市经济发展水平综合比较

为了说明各地市在安徽经济发展中的地位，对近五年（2017—2021年）安徽各地区的经济发展状况也进行了排名，通过比较“十三五”时期与“十四五”初期各地市经济发展排名的变化，了解安徽区域经济发展的走势。

首先给出2017—2021年安徽省各地市组合排名的最终结果，见表4-6。

表4-6　2017—2021年安徽省各地区经济发展水平组合评价得分及排名

地　区	“十四五”初期		“十三五”时期							
	2021年		2020年		2019年		2018年		2017年	
	评价得分	名次	评价得分	名次	评价得分	名次	评价得分	名次	评价得分	名次
合肥市	16	1	16.00	1	16.00	1	16.00	1	16.00	1
淮北市	2.26	15	3.67	12	2.33	14	2.00	15	3.00	14

续 表

地 区	“十四五”初期		“十三五”时期							
	2021年		2020年		2019年		2018年		2017年	
	评价得分	名次	评价得分	名次	评价得分	名次	评价得分	名次	评价得分	名次
亳州市	2.57	14	2.33	15	8.33	8	8.33	8	7.00	9
宿州市	3.36	13	2.66	14	7.67	9	5.00	13	5.00	13
蚌埠市	6.43	10	10.33	6	11.00	5	10.33	7	13.00	4
阜阳市	3.79	12	6.00	11	10.33	7	11.67	5	11.67	5
淮南市	1.87	16	2.33	15	1.67	16	1.00	16	2.00	15
滁州市	12.09	4	12.66	4	13.67	3	12.67	4	11.33	6
六安市	9.85	8	10.66	5	6.67	10	5.33	12	7.00	9
马鞍山市	12.18	3	14.33	3	13.33	4	14.00	3	13.67	3
芜湖市	14.41	2	14.66	2	15.00	2	15.00	2	15.00	2
宣城市	10.51	5	10.00	7	11.00	5	11.33	6	9.67	7
铜陵市	9.92	6	8.67	9	2.00	15	5.67	11	9.00	8
池州市	8.75	9	6.33	10	5.67	12	3.00	14	1.00	16
安庆市	5.9	11	10.00	7	6.00	11	8.00	9	6.00	11
黄山市	9.88	7	3.67	12	5.33	13	6.67	10	5.67	12

为了直观反映表4–6中的信息，分别绘制各年度的条形图和雷达图，以便对安徽省各地区经济发展水平进行分析，见图4–7至4–8。

条形图（图4–7）中的信息显示，16个地市2021年排名前三强的地区来自皖江城市带，合肥、芜湖历年来一直保持领先地位，保持了与“十三五”时期一样的格局；由于较强的经济成长性，以及这两年来在经济结构上的优化带来的经济效益的提升，滁州市在皖江乃至全省经济发展中的优势地位日渐凸显，近五年一直位于全省前列。“十四五”时期，合肥经济圈正在向合肥都市圈战略升级，努力成为全省核心增长极乃至全国有重要影响力的区域增长极。践行五大发展理念，过去的2021年，合肥外向型经济实现跨越式发展。工业结构不断优化，“压舱石”作用凸显。2021年合肥市工业增加值2472.25亿元，增长15.7%；战略性新兴产业增长28.3%；工业用电量增长11%；城镇常住居民人均可支配53280元，增长10.2%；农村常住居民人均可支配26856元，增长10.6%。

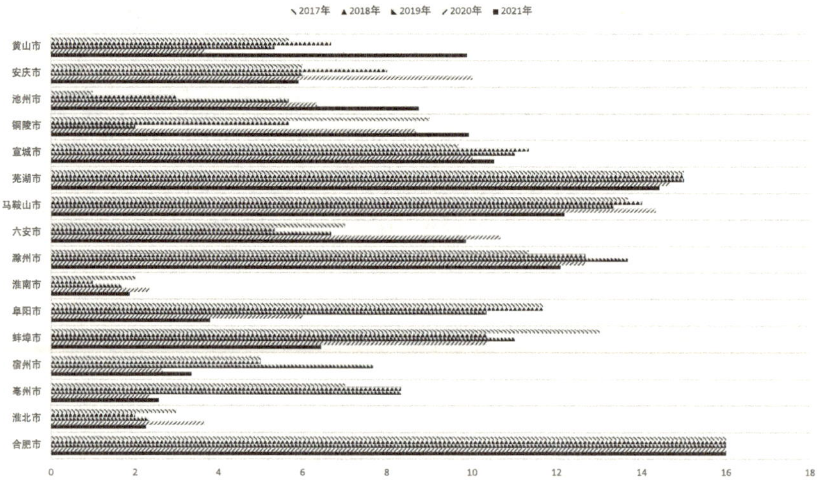

图4-7　2017—2021年安徽省各地区经济发展水平综合得分条形图

与此同时，芜湖经济发展质效提升，主要经济指标增幅高于全国和全省平均水平。同时，经济发展的同时，结构不断优化。分产业看，第一、二、三产业增加值同比去年增长6.4%、11.9%、11.7%。工业生产稳中向好，全年全市规模以上工业增加值增长14.1%。战略性新兴产业增加值增长36.4%。

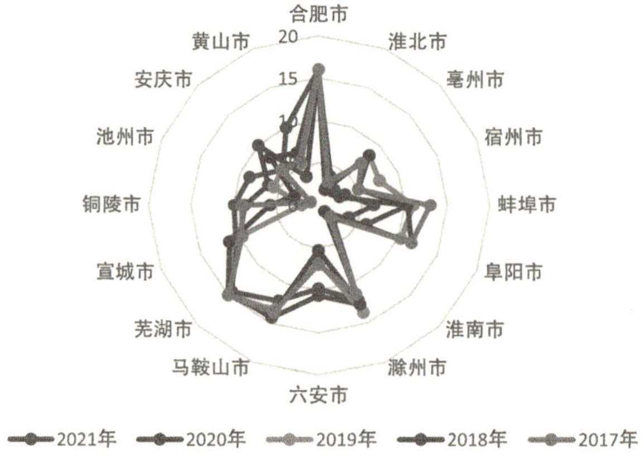

图4-8　2017—2021年安徽省各地区经济发展水平综合得分雷达图

进入“十四五”初期，尽管外界经济波动，皖北阜阳在全省的经济依旧以平稳的态势发展。2021年，阜阳市投资需求加速，固定资产投资增长13.6%。尽管面临诸多困难和挑战，但目前皖北城市有着更多的机遇和优势，既有人力资源、市场潜力、交通区位、资源禀赋等比较优势，又有国家推进长三角一体化发展、淮河生态经济带建设和省加快皖北地区振兴等政策机遇。

表4-7　安徽各地区经济发展水平综合分类

分类	“十三五”后期	“十四五”初期	经济发展状况
	地区	地区	
第一类	合肥、芜湖、马鞍山、滁州	合肥、芜湖、马鞍山、滁州	经济发展优势突出
第二类	铜陵、安庆、阜阳、蚌埠	宣城、铜陵、黄山、六安	经济优势比较明显
第三类	宿州、亳州、宣城	池州、蚌埠、安庆、阜阳	经济发展水平中等
第四类	六安、淮南、淮北、黄山、池州	宿州、亳州、淮北、淮南	经济发展水平较低

雷达图（图4-8）中的安徽各地市经济发展状况显示，合肥、芜湖、马鞍山、滁州近年一直领跑安徽经济，区域内部各地市间经济发展差距显现。皖江示范区池州、宣城经济地位提升，铜陵经济增速放缓，安庆落后；皖北地区阜阳的经济增速放缓，蚌埠、宿州、亳州的经济地位下降，淮南、淮北的经济发展仍属于相对落后状态；黄山和六安的经济地位均有所提升。结合雷达图（图4-8），我们将安徽各地区经济发展水平进行综合分类，见表4-7。

综合以上研究结果可以发现，“十四五”开局时期，皖江城市带的芜湖迈上了4000亿新台阶，其他地市也抓住疫情稳定的有利时机，加快恢复经济，已经出现明显的领跑局面；皖北地区的阜阳也迈上了3000亿的新台阶，皖北的其他地市经济均有所下滑。其他地区的黄山和六安经济发展状况喜人，前进势头明显，均上升至第二梯队。整体上来说“十四五”开局期间，安徽的经济发展稳中向好，经济水平稳步提高，保持着稳定的上升势头，取得了不错的成绩，实现了“十四五”良好开局。

第五章　安徽省战略性新兴产业竞争力评价

2016年12月19日,国务院发布了《"十三五"国家战略性新兴产业发展规划》,对"十三五"我国战略性新兴产业发展目标、重点任务、政策措施等做出全面部署。随后,安徽省政府办公厅印发了《安徽省战略性新兴产业"十三五"发展规划》,提出扩大开放、整合优势资源;培育龙头、强化引领带动;强化创新、提升核心竞争力;夯实基础、提高保障能力;深化改革、破除体制机制障碍;推进双创、打造发展新引擎等6项推进举措。

近年来,我国战略性新兴产业的发展取得了很大进展,部分地区取得了相当大的国际竞争力,甚至走在世界前列。在信息技术产业中,中国的云计算正在获得发展势头。在生物产业领域,随着我国农业生物技术产品应用规模的不断扩大,生物农业产业取得了良好的社会效益和经济效益。在新材料产业领域,随着自主技术的发展和创新体系的构建,我国新材料产业的发展迅速推进。

针对2020—2035年,我国跻身创新型国家前列的战略目标,"十四五"时期我国战略性新兴产业以提升产业创新能力为发展方向,打造世界级产业集群为主导路径。

一、安徽省战略性新兴产业发展的基本情况

(一)战略性新兴产业的子行业涵盖

安徽省在《“十二五”国家战略性新兴产业发展规划》的指引下,确定了本地区重点发展节能环保、信息技术产业、生物产业、新能源汽车、新能源产业、高端制造装备、新材料产业、公共安全等八大产业。

节能环保产业主要包括循环经济、资源节约和环境保护等领域的基本设备和技术。在这一领域,开发了资源综合利用、节能产业和环境保护产业。

信息技术产业是指智能转换的原始信息网络,基础设施和服务的开发,以及利用信息技术和设备,主要包括互联网,移动支付,软件产业和网络行业,等等。

生物产业主要包括生物学的内容和功能方面的研究,最终以产品的形式为社会提供物质支持,其发展是以先进的生物技术和其他先进的科学技术为基础的。目前,生物产业的发展主要集中在医药制造、现代中药、生物农药和生物育种等相关产业。

新能源汽车主要是指除传统柴油和汽油以外的各种燃料使用车辆,目前主要包括太阳能汽车、混合动力汽车和电动汽车。与传统汽车相比,新能源汽车的空气污染较低,能耗较低,应大力推广。新能源汽车产业的发展主要集中在新能源汽车制造、锂电池制造等方面。

新能源产业指的是不同于传统的、常规能源如煤炭、石油等化石能源的各种能源,包括风能、水力发电、太阳能、生物质能、地热能等可再生能源,以及核能、氢等非化石能源;还包括清洁能源和绿色能源,从传统化石燃料进行技术变革。其共同特点是资源丰富、可再生、无污染或污染少。目前,新能源产业主要包括太阳能产业、风能产业和生物质能产业。新能

源产业的重点是太阳能光伏设备和太阳能利用、核能、风能、生物质能和智能电网。

高端装备制造业是指技术上处于高端、处于产业链核心地位的先进制造领域。其主要特点是高附加值、高技术、高资本密集型,高端装备制造业的发展水平代表着一个国家的整体竞争力。高端装备制造业的重点发展领域包括轨道交通设备制造、航空航天制造、海洋工程和智能设备制造。

新材料产业主要包括新发明和新发现,具有不同于传统材料的特殊特征,或在原有材料基础上通过一定的加工方法,通过向新材料转变来提高其性能。目前,我国新材料产业的重点是发展纳米材料、超导材料和电子信息材料。

(二)产值总量及增长情况

通过图5-1可以看出近十年(2012—2021年)安徽省战略性新兴产业产值分别为5094.1亿元、6865.4亿元、8378.9亿元、8921亿元、10161.3亿元、12335.8亿元、14321.9亿元、16455.8亿元和19417.9亿元、25010.3亿元。2012—2021年期间的同比增速分别为23.3%、34.8%、22%、6.5%、13.9%、21.4%、16.1%、14.9%、18%和28.8%。可看出2012—2014年的增长率均超过了20%,虽然2015年的增长率低于前几年,但之后几年增长率显著增加,2019年的增长率为14.9%,比2018年稍有下降,2020年的增长率又有所回升。安徽省战略性新兴产业发展势头强劲。

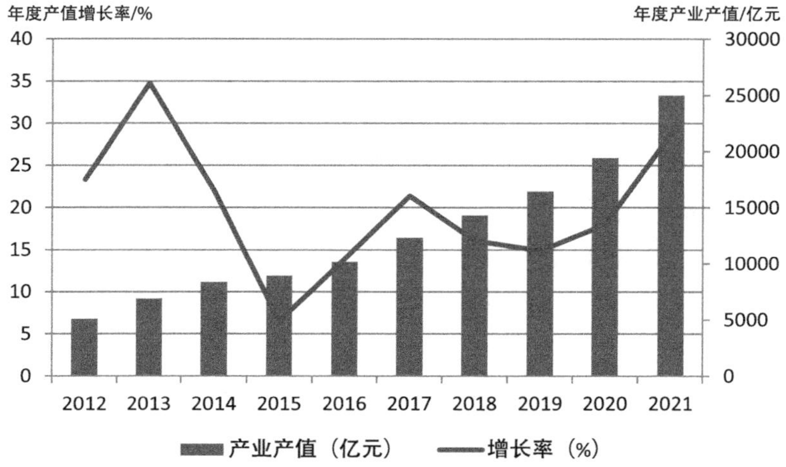

图5-1　安徽省战略性新兴产业的产值与年增长率

分季度看，2020年季度同比增速一直在上升，一季度为负数-0.9%，上半年增速为8.0%，比一季度增加了8.9个百分点，2018年全年的增长率为18.0%。2021年季度同比增速先大幅上升然后下降，一季度增速上升幅度较大，为52.2%，上半年增速为36.2%，比一季度下降了16个百分点；前三季度增速为28.9%，比上半年下降了7.3个百分点，2021年全年的增长率为28.8%。具体见图5-2。

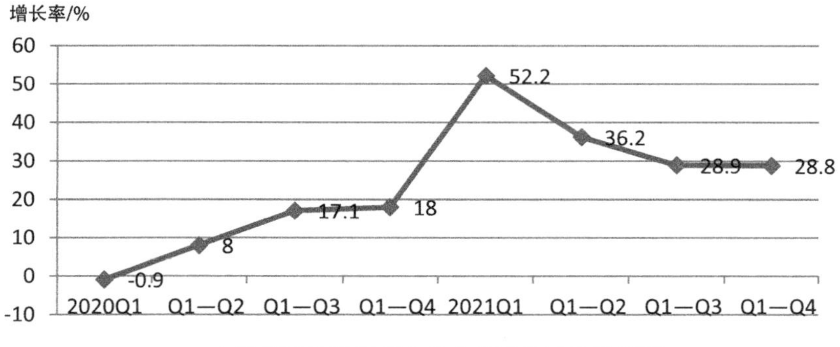

图5-2　安徽省战略性新兴产业产值季度同比增长率

第五章　安徽省战略性新兴产业竞争力评价

图 5-3 为安徽省战略性新兴产业的月度数据，2019 年的安徽省战略性新兴产业产值基本处于稳定状态，3 月份的战略性新兴产业产值同比增速比 2018 年 3 月份下降了 5.6 个百分点；6 月份的同比增速有所回升，为 18.6%；下半年每月的战略性新兴产业产值的增速相对于 6 月有所回落。2020 年的安徽省战略性新兴产业发展趋于平稳。6 月份的战略性新兴产业产值同比增速有所下降，增速为 13.3%，比 2019 年 6 月份下降了 5.3 个百分点；其他月份的战略性新兴产业产值的同比增速皆有所上升，下半年从 8 月份开始，每月的战略性新兴产业产值的增速大于 20%，呈平稳发展趋势。2021 年的安徽省战略性新兴产业产值有所增减。上半年的战略性新兴产业产值同比增速有所上升，其中 3 月份增幅最大，增速为 41.9%，比 2020 年 3 月份上升了 28.9 个百分点；下半年每月的战略性新兴产业产值同比增速有所下降。近年安徽省战略性新兴产业发展潜力大，虽产值基数较高，同比增速在 2018、2019 年有所回落并在之后缓慢回升。

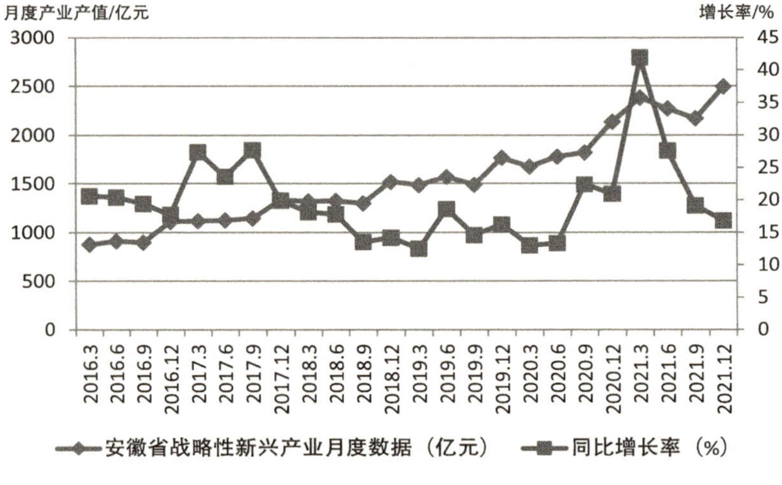

图 5-3　安徽省战略性新兴产业月度数据和月度同比增长率

（三）各产业发展情况

1. 节能环保产业

我省环保公司关于城市污水和工业污水的处理技术被列入国家重大专项，在污水处理方面已形成全寿命周期的完整产业链；美国环境技术公司在安徽设立的全资子公司义尼科环保技术公司在国内环保装备制造方面处于领先地位。

2008年以来节能环保产业在政策的带动之下，延续了良好的发展势头。安徽省节能环保产业总产值从2013年的520.6亿元增长至2020年的3636.6亿元，其中2013—2014年同比增速分别为59.8%、16.3%。2015年安徽省节能环保产业增速有很大的回升，为168.2%，比上年提高了151.9个百分点。2016年同比增速有所回落，增速为-3.9%。2017年安徽省节能环保产业增速有所回升，为22.9%，之后节能环保产业一直稳定发展，但同比增速有所下降。2018—2019年同比增速分别为17.5%、18.1%。2020年安徽省环保产业总产值同比增速受社会环境影响有所回落，降低至8.90%。2021年安徽省节能环保产业增速有所回升，为25.5%。

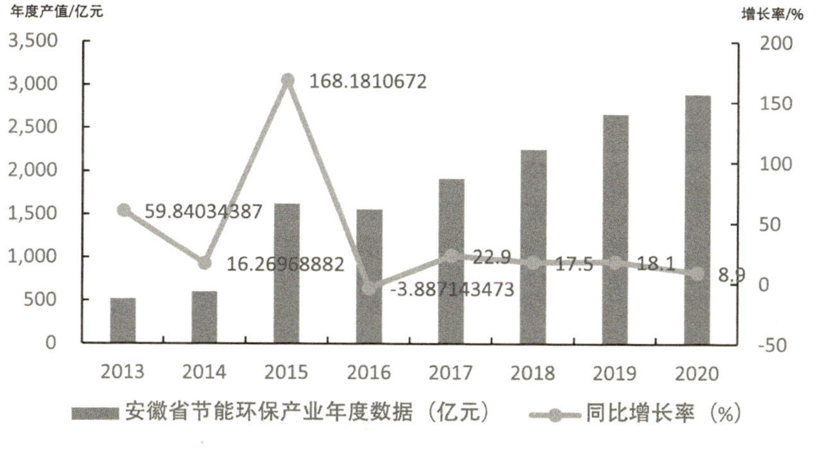

图5-4　安徽省节能环保产业年度数据及同比增长率

从月度数据看，2021年安徽省节能环保产业产值8月份和9月份同比增速有所下降，其他月份的同比增速均有所上升。2021年安徽省节能环保产业增速最高的月份是3月份，增速为41.6%，9月份增速最低，为10%。2021年第二、三季度同比增速有明显下降趋势。在第四季度，同比增速缓慢上升。安徽省节能环保产业产值整体呈现逐年稳步上升趋势，发展情况良好。

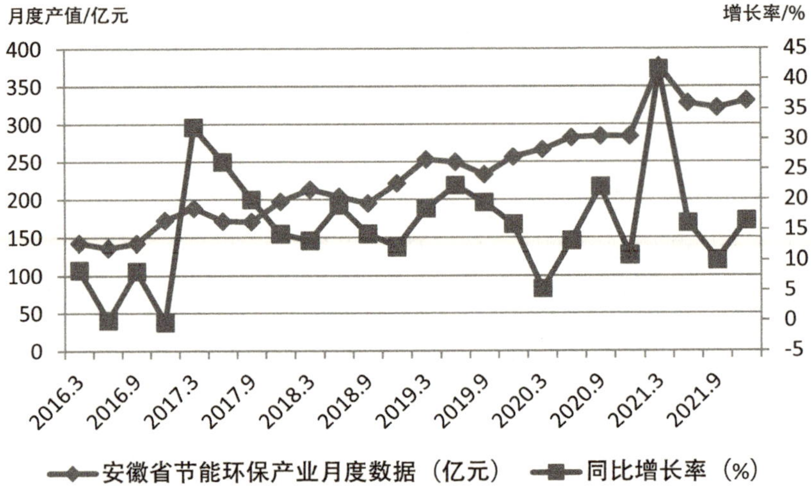

图5-5　安徽省节能环保产业月度数据及同比增长率

2.新材料产业

安徽凤形耐磨材料股份有限公司是亚洲最大的耐磨钢段生产基地，拥有世界最先进的工艺装备和最完备的检测手段；中科院理化技术研究所旗下的中科铜都粉体新材料股份有限公司在国内是首家能生产系列银粉的企业。

近年来，安徽省新材料产业的发展潜力不断发掘，专业化程度不断提高。从年度数据上看，2013—2020年安徽省新材料产业总产值不断增加，从2013年的1404.8亿元增长到了6117.1亿元。2014年的安徽省新材料产业同比增速为22.8%，比上年下降了15.3个百分点；2015、2016年安徽省新材料产业总产值同比增速不断下降，分别为19.7%、13.4%。在2017年回升后，同比增速又呈下降趋势，分别为26.1%、21.8%、13.2%、11.8%。2021年又有所回升，为34.5%。

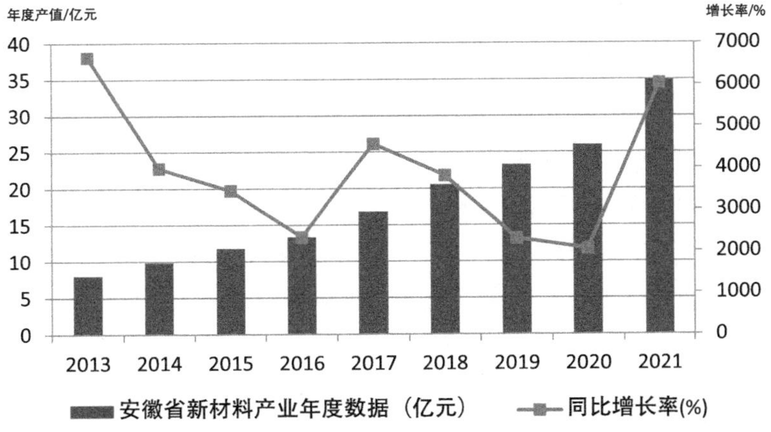

图 5-6　安徽省新材料产业年度数据及同比增长率

从月度数据看，总体上2021年各月份的安徽省新材料产业月度产值波动较小，2021年安徽省新材料产业增速最高的月份是4月份，同比增速为45.2%；12月份增速最低，为17.6%；3月份和4月份安徽省新材料产业增速大致相同，为44.6%和45.2%；5月份至7月份安徽省新材料产业增速出现一定幅度的下降，为35.5%、29.6%、25.8%；8月份至10月份增速有所回升，11月份和12月份呈下降趋势。

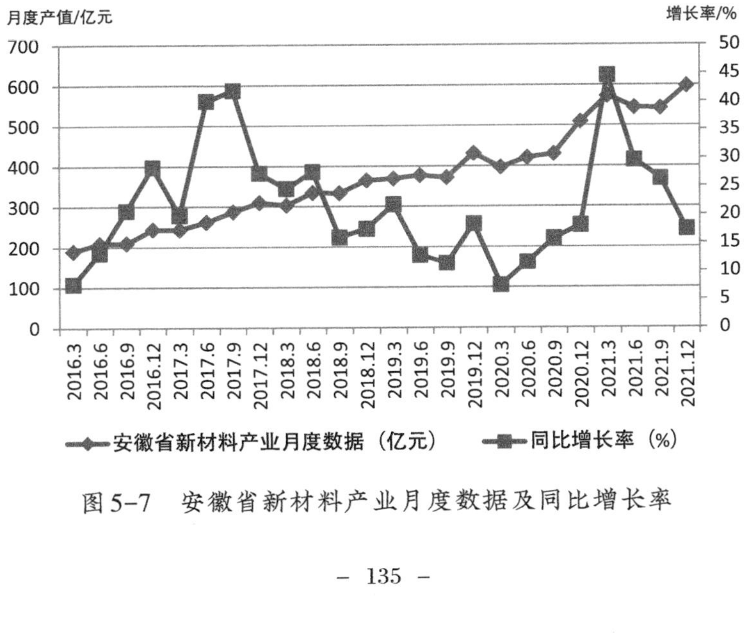

图 5-7　安徽省新材料产业月度数据及同比增长率

3.新能源产业

近几年，中国新能源产业得到了迅速发展。从2013年至2021年，安徽省新能源产业总产值从355.4亿元增长到2092.5亿元。其中2014年安徽省新能源产业增速为35.9%；2015年增速有所回落，为32.8%，比上年降低了3.1个百分点；2016年安徽省新能源产业增速快速下降，为19.5%，比上年降低了13.2个百分点。2017年增速为21.3%；2018年增速呈大幅度下降，为11.6%。随后又迅速上升至2021年的32.2%。

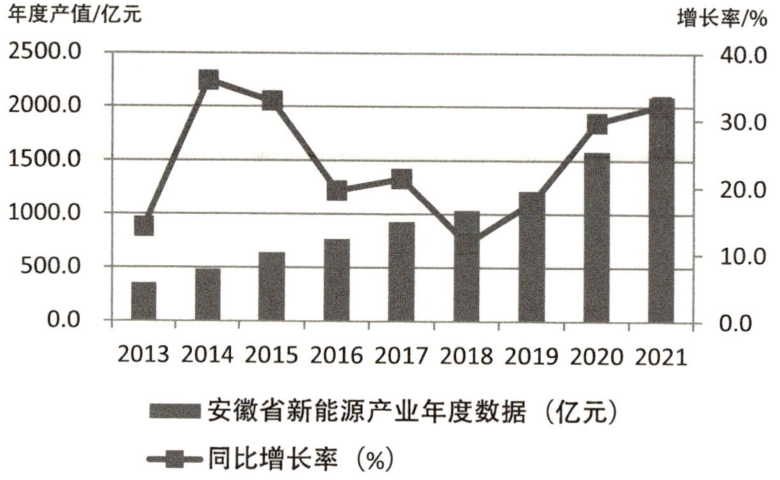

图5-8　安徽省新能源产业年度数据及同比增长率

从月度数据看，2020年安徽省新能源产业产值同比增速2—7月份较为平稳，平均值为15.2%；从8月份开始安徽省新能源产业产值同比增速迅速从29.3%上升至40.1%，且下半年同比增速分别为37.1%、43.5%、41.2%。2021年4月份同比增速缓慢下降，为54.2%；5月份大幅下降至29.9%，比上月降低了24.3个百分点；5—8月份同比增速有所增减，在30%左右起伏；从9月份开始安徽省新能源产业产值同比增速迅速从22.1%下降至8.9%；12月份又迅速上升至32.9%。

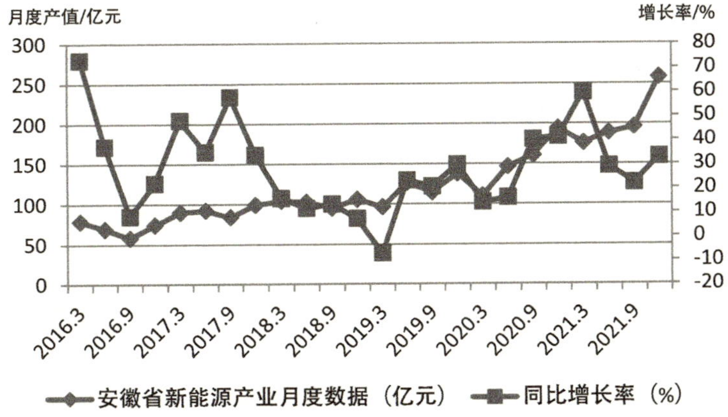

图 5-9　安徽省新能源材料产业月度数据及同比增长率

4.新能源汽车产业

政府的政策支持和财政投入为新能源汽车产业的持续发展打下了坚实的基础。下图为 2013—2021 年安徽省新能源汽车产业年度数据，2013—2021 年安徽省新能源汽车产业产值不断增加，2014 年安徽省新能源汽车产业产值为 47.9 亿元；2015 年安徽省新能源汽车产业增速大幅度上升，为 669.5%，产值为 368.6 亿元，2016 年增速快速下降，为 39.3%，产值为 513.6 亿元。2017、2018 及 2019 年增速平缓下降。2020 和 2021 年安徽省新能源汽车产业产值增速有所上升，为 23.1% 和 31%。

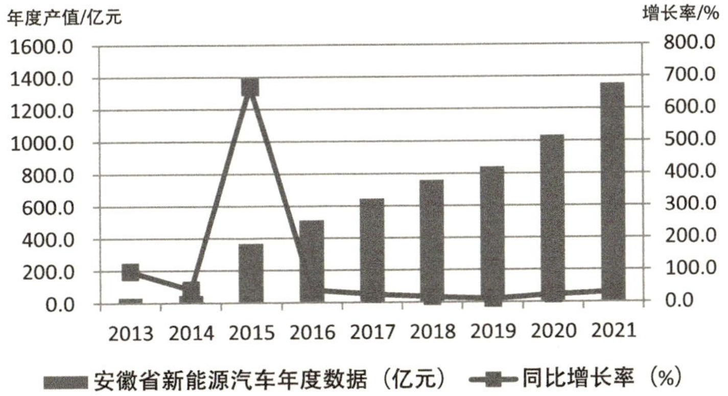

图 5-10　安徽省新能源汽车年度数据及同比增长率

从月度数据看，2021年3—4月份安徽省新能源汽车产业产值同比增速分别为53.2%和53.1%；5月份同比增速迅速下降至16.4%，比上月降低了36.7个百分点；7、8月份增速有所上升，分别为26%、26.4%；9—11月份同比增速在15%左右起伏。

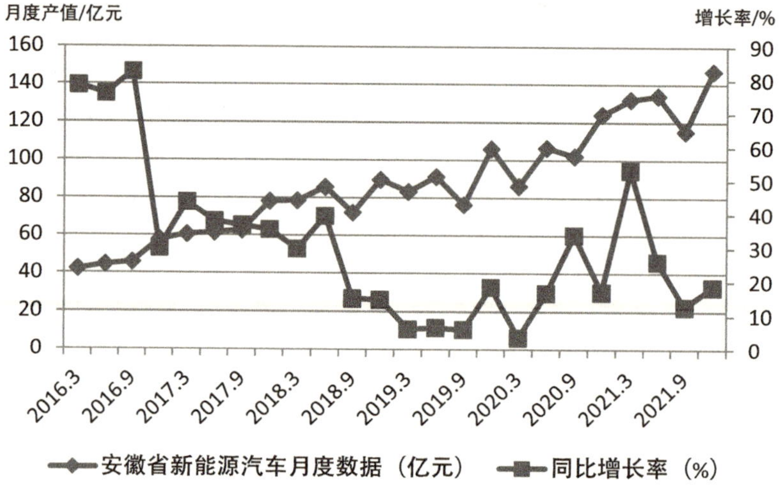

图5-11　安徽省新能源汽车月度数据及同比增长率

5.生物产业

2013—2021年的安徽省生物产业保持较快增长，效益较好。2013年安徽省生物产业产值为842.3亿元，2014年同比增速为12.1%；2015年增速有所下降，为6.2%；2016年安徽省生物产业增速有所回升，为14%；2017年安徽省生物产业增速有所提高，为18.5%；2018年安徽省生物产业增速有所下降，为16.9%，产值为1582.4亿元；2019年安徽省生物产业增速有所上升，为21.4%，产值为1921.0亿元；2020年安徽省生物产业增速持续上升，为22.7%；2021年安徽省生物产业增速有所下降，为17.5%，产值为2769.6亿元。

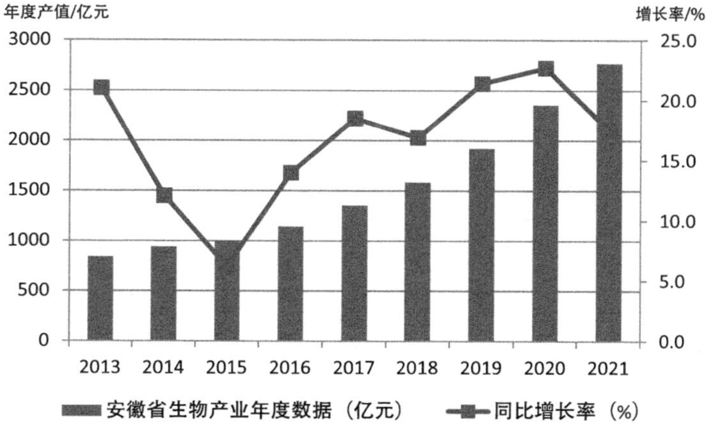

图 5-12　安徽省生物产业年度数据及同比增长率

从月度数据看，2020年各月份安徽省生物产业整体产值呈现小幅波动。5—7月份同比增速分别为17.3%、15.2%、16.3%，其余月份均大于20%，且12月份同比增速超过30%。2021年4—5月份呈小幅增长趋势，分别为37.6%、45.1%；6—11月份大幅下降，从26.4%下降至0.8%，12月份小幅回升至1.9%。

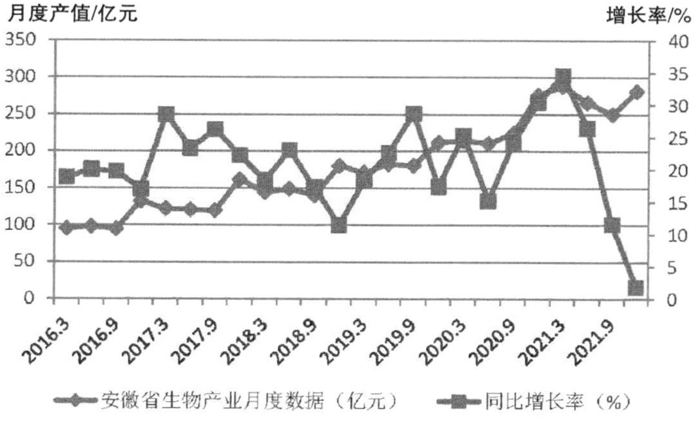

图 5-13　安徽省生物产业月度数据及同比增长率

6.高端装备制造产业

从近年发展情况看，2013—2021年安徽省高端装备制造产业发展迅速，2014年安徽省高端装备制造总产值为2163.2亿元，同比增长14.6%；

而到了2015年累计总产值急速下降，增速为-57.1%；2016年总产值有所回升，达到1224.9亿元；2017—2021年安徽省高端装备制造业总产值同比增速恢复至20.5%，总产值分别为1403.7亿元、1541.3亿元、1720.1亿元、1880.1亿元及2265.5亿元。

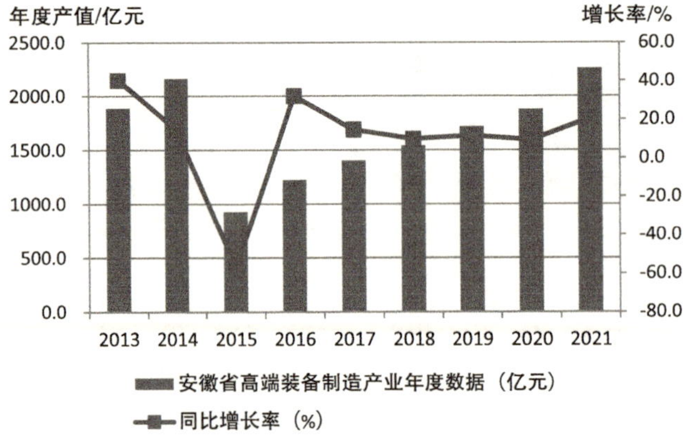

图5-14　安徽省高端装备制造产业年度数据及同比增长率

从月度数据看，2021年3、4月份安徽省高端装备制造产业产值分别为222亿元、234.6亿元，同比增速分别为40.3%、40.1%；5月份安徽省高端装备制造产业增速大幅下降，为15.7%；6月份小幅回升至23.3%；7—11月份在15%左右起伏；12月份下降至4.5%。

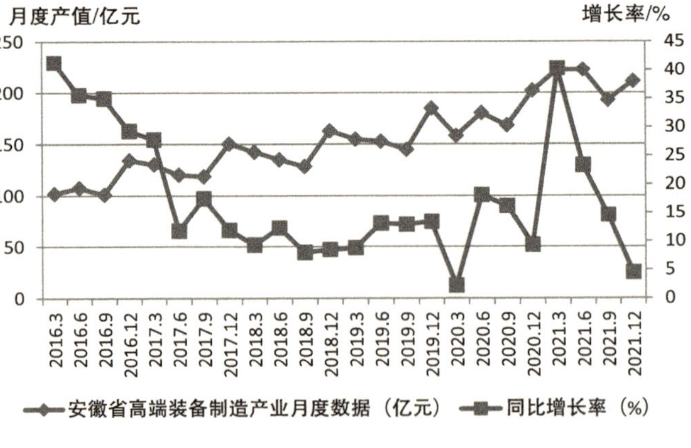

图5-15　安徽省高端装备制造产业月度数据及同比增长率

二、安徽省战略性新兴产业竞争力评价

为了综合反映安徽省战略性新兴产业竞争力大小，可以利用排名来深入了解安徽省战略性新兴产业竞争力的情况。为了适应安徽省战略性新兴产业的实际需要，结合安徽省的省情，建立一套科学的效率评价指标体系十分必要。但是在评价安徽省战略性新兴产业的竞争力过程中，竞争力的影响因素不仅包括定量的指标，还包括定性指标，因此在建立安徽省战略性新兴产业指标体系的过程中必须遵从一定的原则。

（一）指标体系设计目的和原则

1.指标体系设计目的

本套指标体系考察的是战略性新兴产业竞争力评价，通过运用所建立的指标体系，收集不同的面板数据或时序数据对战略性新兴产业进行横向或纵向分析，为战略性新兴产业的快速发展提供合理且科学的依据，同时与中部其他五省进行分析比较，对安徽省战略性新兴产业处于什么水平，有何优势与劣势进行客观评价。

2.指标体系设计原则

评价指标体系是由多个指标构成的相互联系的统计指标群，而对战略性新兴产业竞争力评价也是一项要求客观性、科学性很高的工作，所以必须要全面、客观、准确地建立评价指标体系。为确保指标体系有效性，建立评价指标体系时，主要遵循以下几项原则：

（1）科学客观性原则

在对安徽省战略性新兴产业竞争力进行评价时，对于评价指标的选择要准确，每一个指标都要能科学地反映出其竞争力的一个方面。在筛选评价指标时，尽可能地不受主观因素的影响，客观地分析所选指标的经济含义，科学客观地进行取舍。

(2)可行性原则

对于评价指标的选择一定要遵循可行性原则,设计指标的目的就是要切实可行地对安徽省战略性新兴产业竞争力进行客观的评价,要尽可能采用有数据支撑的指标,而数据不可或不易得到的指标则不宜采用。

(3)简明性原则

理论上来说,设置的指标越多越细越全面,反映的客观现实则越准确。但指标分得过细,难免会有指标间重叠、数据收集和加工处理的工作量加大的问题,所以对于指标的选择,要能形成一个完整的体系,具有合理性的同时,还必须简明实用。所以应选择能反映安徽省战略性新兴产业竞争力的主要指标,摒弃一些不必要的从属指标。

(4)相对可比性原则

研究所采用的指标一般都是相对指标,不具有绝对性。且不同地区同一产业的同一指标要保持一致,同一指标的计算口径也要保持一致,以保证指标具有可比性。

(二)安徽省战略性新兴产业竞争力评价指标体系设计

基于波特的竞争力理论模型和上述四个原则,剔除衡量战略性新兴产业竞争力的四个因素:市场因素(包括对战略性新兴产业需求和要素供给)、科技支持因素(包括人力资本因素、科研投入等)、空间因素(包括基础设施、人口密度、经济集聚等)、政府支持因素(包括财政支出等)。构建出战略性新兴产业竞争力评价模型,使用均值化方法对各指标数值进行无量纲化处理,分别采用主成分分析方法、熵值法确定各影响因素的得分及相应权重,并求得各省战略性新兴产业竞争力的综合得分,对近三年(2017—2019年)来,安徽省战略性新兴产业竞争力状态进行量化考察和分析。为了有更好的对比,本文选取了2017—2019年中部六省中其他五省的相应指标作为对比样本,从而对安徽省战略性新兴产业在中部地区竞争力有更显著的了解。

国内外相关学者认为,对一国或地区的产业竞争力影响最为直接也是最大的因素如下:生产要素、需求条件、相关和支持性产业及企业战略、结构和同业竞争。由此,本文定义了战略性新兴产业竞争力评价模型。在该模型中,不同区域内战略性新兴产业的竞争力差异主要取决于以下几个因素:

1. 市场因素。对战略性新兴产业的需求,包括开放条件下制造业和生产者服务以及战略新兴产业内部对战略性新兴产业的需求;战略性新兴产业要素的供给、金融资本,特别是高级人力资本的供给。

2. 科技因素。包括技术供给、知识产权保护力度。

3. 空间因素:交通通信、城市发展、地理集聚等。

4. 制度因素。包括政府财政能力、市场化因素等。

构建的模型包含以上因素的原因在于,为了形成某区域的战略性新兴产业竞争力,就要满足如下的条件:先进制造业和高端生产者要拥有大量需求;战略性技术的持续创新、人力资本,特别是高级人力资本要有足够的供给;便捷的交通通信和巨大的城市发展潜力和良好发展前景,其中包含良好的制度环境因素等。

因此,战略性新兴产业竞争力不是单一概念,但是指标体系的选取不可能做到穷尽,所以需要选取能够主要反映新兴产业竞争力内容的指标。本章在胡璇等(2019)研究基础上,进一步增加了市场因素和空间因素,具体选取的相关指标以及指标所属的种类见表5-1。

表5-1　战略性新兴产业竞争力评价模型指标构成

总指标	决定因素	基础指标	计量单位	指标属性
				正指标
战略性新兴产业竞争力	市场因素	第二产业占GDP比重	—	√
		第三产业占GDP比重	—	√
		进出口总额占GDP比重	—	√
		存款总额占GDP比重	—	√
		贷款总额占GDP比重	—	√

续 表

总指标	决定因素	基础指标	计量单位	指标属性
				正指标
战略性新兴产业竞争力	科技因素	人力资本因素	年	√
		科技支出占 GDP 比重	—	√
		知识产权保护力度	—	√
	空间因素	公路密度(公路里程/面积)	公里/百平方公里	√
		铁路密度(铁路里程/面积)	公里/百平方公里	√
		人口密度(人口/面积)	人/平方公里	√
		经济密度(GDP/面积)	万元/平方公里	√
	政府因素	财政支出占 GDP 比率	—	√
		市场化指数	—	√

从表 5-1 中战略性新兴产业竞争力评价模型所选取的指标也可以看出,培育和发展战略性新兴产业、提升战略性新兴产业竞争力需要创设良好的制造业环境、生产性服务业环境和高层次的人力资本环境,有利于竞争的市场环境以及政策、制度环境等。这就需要各区域间基于资源禀赋和发展阶段,在市场化、空间集聚化、科技信息化以及政府支持等方面寻求适合自身的发展路径。

本章主要数据来自历年《中国统计年鉴》及各省统计年鉴,部分指标直接获得,部分数据需要计算。市场化指数和知识产权保护力度指数的数据来源于《中国市场化指数报告》。本文通过计算各区域理念人均受教育年限来近似替代人力资本因素;在人均受教育年限的核算中,我们将文盲与半文盲、小学、初中、高中、大专及以上人员的学制分别设定为 2、6、3、3、3 年。

(三)安徽省战略性新兴产业综合评价方法

此次选取具有代表性的两种评价方法——主成分分析法和熵值法对中部六省战略性新兴产业竞争力高低进行打分和排序。并比较在不同的评价方法下的各省份战略性新兴产业竞争力排名。

1.安徽省战略性新兴产业竞争力主成分分析

在区域战略性新兴产业竞争力评价过程中，通过均值化方法对原始数据进行无量纲化处理，然后采用主成分分析法得到主要影响区域间新兴产业竞争力差异的因素，并求得各区域战略性新兴产业竞争力得分。

首先对每年不同省份数据进行主成分分析，得到不同主成分对应的特征值、方差贡献率以及成分矩阵，见表5-2。

表5-2 不同年份主成分对应特征值和方差贡献率

年份	成分	初始特征值	方差贡献率/%	累积解释的总方差/%
2018	1	6.698	47.841	47.841
	2	3.581	25.580	73.421
	3	2.2	15.714	89.135
	4	1.268	9.056	98.191
2019	1	7.712	55.085	55.085
	2	3.008	21.487	76.572
	3	1.817	12.977	89.549
	4	0.919	6.565	96.114
2020	1	6.559	46.850	46.850
	2	3.208	22.910	69.770
	3	2.435	17.390	87.160
	4	1.519	10.850	98.010

根据主成分提取的准则，提取累计方差贡献率应大于85%，故得到2018—2020年各指标的四个主成分以及对应的特征值和方差贡献率（表5-2）。

下面借助SPSS软件得到2018—2020年各指标因子载荷阵，并由此分析各因子所代表的决定因素，相关结果见表5-3、表5-4和表5-5。

表5-3 2018年各指标因子载荷阵

成分				
	1	2	3	4
Zscore(知识产权保护力度)	0.746	−0.367	−0.401	0.351
Zscore(市场化指数)	0.941	−0.023	−0.281	0.108
Zscore(人均受教育年限)	−0.451	−0.7	0.046	0.548
Zscore(财政支出占GDP比重)	−0.819	0.55	−0.096	0.028
Zscore(第二产业占GDP比重)	0.37	0.888	0.116	0.148
Zscore(第三产业占GDP比重)	−0.694	−0.71	0.064	0.016
Zscore(进出口总额占GDP比重)	0.309	0.914	−0.139	0.05
Zscore(存款占GDP比重)	−0.799	0.213	0.103	0.549
Zscore(贷款占GDP比重)	−0.417	0.594	−0.6	0.334
Zscore(科技支出占GDP比重)	0.693	−0.211	−0.584	0.345
Zscore(经济密度)	0.91	−0.068	0.408	0.021
Zscore(人口密度)	0.771	0.135	0.575	0.091
Zscore(公路密度)	0.923	−0.088	0.246	0.258
Zscore(铁路密度)	−0.317	0.229	0.802	0.447

对于2018年，市场化指数在因子1上有较高载荷，故主成分1集中反映了政府因素对区域间新兴产业竞争力的影响；第二产业占GDP比重、进出口总额占GDP比重、存款占GDP比重、贷款占GDP比重等指标在因子2上有较高载荷，故主成分2集中反映了市场因素对区域间新兴产业竞争力的影响；经济密度、人口密度、公路密度、铁路密度在因子3上有较高载荷，故主成分3集中反映了空间因素对区域间新兴产业竞争力的影响；知识产权保护力度、人均受教育年限、科技支出占GDP比重在因子4上有较高载荷，故主成分4

集中反映了科技因素对区域间新兴产业竞争力的影响。

表5-4　2019年各指标因子载荷阵

成分				
	1	2	3	4
Zscore(知识产权保护力度)	0.829	−0.352	−0.251	−0.11
Zscore(市场化指数)	0.877	0.135	−0.349	−0.189
Zscore(人均受教育年限)	−0.671	−0.563	0.192	−0.345
Zscore(财政支出占GDP比重)	−0.951	0.187	−0.121	0.215
Zscore(第二产业占GDP比重)	−0.442	0.806	0.253	−0.274
Zscore(第三产业占GDP比重)	−0.075	−0.943	−0.064	0.241
Zscore(进出口总额占GDP比重)	0.155	0.55	−0.591	0.558
Zscore(存款占GDP比重)	−0.936	−0.024	0.129	0.046
Zscore(贷款占GDP比重)	−0.947	0.186	−0.139	0.000
Zscore(科技支出占GDP比重)	0.766	−0.333	−0.523	−0.116
Zscore(经济密度)	0.893	0.225	0.376	−0.026
Zscore(人口密度)	0.727	0.341	0.517	0.289
Zscore(公路密度)	0.869	0.403	0.093	−0.21
Zscore(铁路密度)	0.488	−0.444	0.661	0.343

对于2019年，知识产权保护力度、科技支出占GDP比重在因子1上有较高载荷，故主成分1集中反映了科技因素对区域间新兴产业竞争力的影响；贷款GDP比重、进出口总额GDP比重、第二产业占GDP比重等指标在因子2上有较高载荷，故主成分集中反映了市场因素对区域间新兴产业竞争力的影响；经济密度、人口密度、公路密度在因子3上有较高载荷，故主成分集中反映了空间因素对区域间新兴产业竞争力的影响；财政支出GDP比重在因子4上有较高载荷，故主成分集中反映了政府因素对区域间新兴产业竞争力的影响。

表5-5　2020年各指标因子载荷阵

成分				
	1	2	3	4
Zscore(知识产权保护力度)	0.62	0.733	-0.157	-0.221
Zscore(市场化指数)	0.873	0.053	-0.264	-0.336
Zscore(人均受教育年限)	-0.847	0.027	-0.29	0.401
Zscore(财政支出占GDP比重)	-0.776	-0.354	0.385	-0.353
Zscore(第二产业占GDP比重)	-0.45	-0.647	0.583	0.074
Zscore(第三产业占GDP比重)	-0.309	0.898	-0.191	-0.207
Zscore(进出口总额占GDP比重)	0.85	-0.411	-0.018	-0.311
Zscore(存款占GDP比重)	-0.775	0.528	0.269	0.217
Zscore(贷款占GDP比重)	-0.619	0.76	0.153	0.089
Zscore(科技支出占GDP比重)	-0.109	0.38	0.757	-0.52
Zscore(经济密度)	0.838	0.27	0.225	0.418
Zscore(人口密度)	0.696	0.036	0.276	0.644
Zscore(公路密度)	0.872	0.231	0.304	0.08
Zscore(铁路密度)	0.361	0.139	0.916	0.076

对于2020年，经济密度、人口密度、公路密度等指标均在因子1上有较高载荷，故主成分1集中反映了空间因素对区域间新兴产业竞争力的影响；贷款占比、存款占比、第二产业占GDP比重、第三产业占GDP比重等指标在因子2上有较高载荷，故主成分2集中反映了市场因素对区域间新兴产业竞争力的影响；科技支出占GDP比重等指标均在因子3上有较高载荷，故主成分3集中反映了科技因素对区域间新兴产业竞争力的影响；市场化指数和财政支出在因子4上有较高载荷，故主成分4集中反映了政府因素对区域间新兴产业竞争力的影响。

根据成分得分系数矩阵和不同主成分对应的特征向量，可以得到不同省份在不同因子下的得分。下表5-6列出了中部六省2018—2020年不同因子下的得分情况。

表5-6　2018年不同省份新兴产业竞争力因子得分及排名

省份	FAC1_1	排名	FAC2_1	排名	FAC3_1	排名	FAC4_1	排名
安徽	-0.1922	4	0.7611	2	1.2602	1	1.0787	2
湖南	0.0827	2	-1.1443	6	0.0591	3	-1.0862	6
江西	-1.0822	6	1.2833	1	-0.7488	5	-0.8771	5
湖北	0.0657	3	-0.4470	4	1.1558	2	-0.5195	4
山西	-0.6903	5	-0.9870	5	-0.9937	6	1.2624	1
河南	1.8162	1	0.5339	3	-0.7327	4	0.1417	3

对于2018年，在政府因素方面，安徽省在该年排在第四位，河南省位于第一，湖南紧跟其后，江西位于末位；在市场化方面，安徽省在该年排在第二位，江西省位于首位，湖南得分最低；该年的空间因素下，安徽省得分排名第一，其次是湖北；在科技因素中，山西省的得分最高，安徽、河南、湖北则依次为2到4位，湖南省排在末位。由此可见，安徽省虽然在政府因素方面稍显落后，但在2018年整体发展良好。

表5-7　2019年不同省份新兴产业竞争力因子得分及排名

省份	FAC1_1	排名	FAC2_1	排名	FAC3_1	排名	FAC4_1	排名
安徽	0.7193	2	0.2300	3	-0.5038	5	0.8511	1
湖南	0.3013	4	-1.5145	6	-0.3538	4	0.8300	2
江西	-0.6345	6	1.2811	1	-1.1984	6	0.0761	4
湖北	0.6102	3	-0.3982	4	-0.2884	3	-1.8775	6
山西	-1.7459	5	-0.4200	5	0.7494	2	-0.0949	5
河南	0.7496	1	0.8216	2	1.5950	1	0.2152	3

对于2019年，在科技因素中，河南省的得分最高，达到了1.7557，安

徽、湖北、湖南、山西则依次为2到5位，江西省得分最低；在市场因素方面，安徽省在该年排名第三，第一是江西，第二是河南；该年的空间因素下，前三位分别是河南、山西、湖北，安徽排名第五；在政府因素中，安徽省得分最高，达到0.8511，之后分别为湖南、河南、江西、山西、湖北。

表5-8　2020年不同省份新兴产业竞争力因子得分及排名

省份	FAC1_1	排名	FAC2_1	排名	FAC3_1	排名	FAC4_1	排名
安徽	0.7078	2	0.9089	1	1.3596	1	−0.9629	6
湖南	0.0286	5	0.4218	3	−1.3229	6	−0.1947	4
江西	0.1296	4	−1.7699	6	−0.1206	4	−0.9572	5
湖北	0.2100	3	0.7989	2	−0.9302	5	0.0364	3
山西	−1.9270	6	0.1036	4	0.5675	2	0.3474	2
河南	0.8509	1	−0.4633	5	0.4466	3	1.7310	1

对于2020年，在空间因素中，河南省的得分最高，达到0.8509，安徽、湖北、江西则依次为2到4位，山西省排在末位；该年的科技因素下，安徽省得分排名最高，末位是湖南省；对于政府支持方面，安徽省在该年排在最后一位，河南省排名第一。2020年安徽省在三个因素方面排在前列，而政府因素方面排名靠后。安徽省在2020年的发展较为良好。

再由因子得分和对应的特征值计算主成分得分，计算方法是相应的因子得分乘以对应特征根的算术平方根：

表5-9　不同年份不同省份战略性新兴产业竞争力主成分得分

年份	省份	主成分1	主成分2	主成分3	主成分4
2018	安徽	−0.4973887	1.4403304	1.8692020	1.2147046
	湖南	0.2140521	−2.1653621	0.0876228	−1.2231615
	江西	−2.8007528	2.4284126	−1.1105784	−0.9876302
	湖北	0.1701256	−0.8459622	1.7143724	−0.5849743
	山西	−1.7865115	−1.8678264	−1.4738221	1.4215403
	河南	4.7004757	1.0104009	−1.0867949	0.1595321

续 表

年份	省份	主成分1	主成分2	主成分3	主成分4
2019	安徽	0.71933	0.23003	-0.50379	0.85113
	湖南	0.30132	-1.51453	-0.35379	0.83000
	江西	-0.63453	1.28112	-1.19844	0.07607
	湖北	0.61021	-0.39820	-0.28842	-1.87749
	山西	-1.74589	-0.42000	0.74942	-0.09493
	河南	0.74955	0.82159	1.59501	0.21523
2020	安徽	1.812827	1.627913	2.121549	-1.18673
	湖南	0.073299	0.7554018	-2.064282	-0.23993
	江西	0.33189	-3.170007	-0.1881738	-1.1797
	湖北	0.537824	1.430962	-1.451421	0.044919
	山西	-4.93515	0.1855292	0.8855223	0.428125
	河南	2.179313	-0.8298	0.6968061	2.13331

最终得到的结果同因子得分结果相同。从中可以得到直观的感受，安徽省2018年—2020年在中部六省中各主成分得分总体处在中上水平，为了能进一步直观地对安徽省战略性新兴产业竞争力情况进行评价，我们根据中部六省战略性新兴产业竞争力指标的主成分得分情况，利用各主成分的方差贡献率作为权重进行加权平均，最后得到各省战略性新兴产业竞争力的综合得分，见表5-10、表5-11、表5-12。

2.基于熵值法的安徽省战略性新兴产业竞争力分析

熵值法是一种客观赋权方法，它通过计算指标的信息熵，根据指标的相对变化程度对系统整体的影响来决定指标的权重，相对变化程度大的指标具有相对大的权重。信息熵描述样本数据变化的相对速率，系数越接近于1，距目标就越接近；系数越接近于0，距目标就越远。利用熵值法确定权重，能够消除人为因素的干扰，使评价结果更加科学。

根据客观性、可行性、简明性原则选取了14个指标进行熵值法分析。

（1）熵值法的计算方法

假设需要评价 m 个城市的战略新兴产业竞争力状况，评价指标体系包括n各指标。这是个由m样本组成，用n个指标做综合评价的问题，便可形成一个初步矩阵：

$$X_{ij}=\begin{bmatrix} X_{11} & \cdots & X_{1n} \\ \cdots & \cdots & \cdots \\ X_{m1} & \cdots & X_{mn} \end{bmatrix},\left(0\leqslant i\leqslant m,\ 0\leqslant j\leqslant n\right)$$

其中，X_{ij}表示第i个样本第j项评价指标的数值。

1)数据处理—标准化处理

由于各指标的量纲、数量级指标的正负取向均有差，所以为消除因量纲不同对评价结果的影响，需要对各指标进行标准化处理。具体公式如下：

若指标为正向指标，计算方法为：$X'_{ij}=\dfrac{X_j-X_{\min}}{X_{\max}-X_{\min}}$；

若指标为负向指标，计算方法为：$X'_{ij}=\dfrac{X_{\max}-X_j}{X_{\max}-X_{\min}}$。

因为考虑到标准化后的数据为0的情况，导致数据无意义，所以可以对标准化的公式进行适当变形，最终公式如下：

若指标为正向指标，计算方法为：$X'_{ij}=\dfrac{X_j-X_{\min}}{X_{\max}-X_{\min}}+1$；

若指标为负向指标，计算方法为：$X'_{ij}=\dfrac{X_{\max}-X_j}{X_{\max}-X_{\min}}+1$。

其中，X_j为第j项指标值，$X_{\max}$为第j项指标的最大值，$X_{\min}$为第j项指标的最小值。

2)计算第j项指标下第i个样本指标值的比重Y_{ij}

$$Y_{ij}=\frac{X'_{ij}}{\sum_{i=1}^{m}X'_{ij}},\left(0\leqslant Y_{ij}\leqslant 1\right)$$

3)计算第j项指标的信息熵值的公式为：

$$e_j=-K\sum_{i=1}^{m}Y_{ij}\ln Y_{ij},\ K=\frac{1}{\ln m}$$

4)计算信息熵冗余度的公式为：

$$d_j=1-e_j$$

5)第j项指标权重为：

$$w_j = \frac{d_j}{\sum_{i=1}^{m} d_j}$$

6)第i个样本综合水平得分：

$$S_{ij} = w_i \times X_{ij},\ S_i = \sum_{j=1}^{n} S_{ij}$$

根据上述理论步骤再结合EXCEL可以做出2017—2019年在熵值法下的战略性新兴产业竞争力综合评价排名。具体排名见表5-10、表5-11、表5-12。

(四)2018—2020年安徽省战略性新兴产业综合评价

在主成分分析法下，对于2018年，安徽省战略性新兴产业竞争力综合得分排名上升至第二位。其中市场、科技两大影响区域间战略性新兴产业竞争力的因素上，安徽省有着均排名第二位的尚佳表现；在空间因素上，安徽省排名第一；而在政府因素方面，安徽省较上年的排名略微有所下降，均排在第四位，所以在综合得分上安徽省也较17年上升一位到第二位。

在熵值法下，2018年中部六省战略性新兴产业竞争力排名前三的分别是：安徽省、河南省、湖北省。

表5-10　2018年中部六省战略性新兴产业竞争力综合评价

省份	主成分分析		熵值法	
	得分	排名	得分	排名
安徽省	0.54405	2	1.68822	1
湖南省	−0.55860	4	1.35547	6
江西省	−1.00078	5	1.41147	5
湖北省	0.08291	3	1.46868	3
山西省	−1.46178	6	1.43813	4
河南省	2.39419	1	1.50355	2

在主成分分析法下，对于2019年，安徽省战略性新兴产业竞争力综合得分排名为第一位，得分为1.19810，在科技因素和市场因素下，安徽省分别排在第二位和第三位，表现尚佳，虽然在空间因素下，安徽省仅排第五位，但由于在政府政策因素下，安徽省排名第一。

在熵值法下，2019年中部六省战略性新兴产业竞争力排名前三的分别是：安徽省、山西省、河南省。

表5-11　2019年中部六省战略性新兴产业竞争力综合评价

省份	主成分分析		熵值法	
	得分	排名	得分	排名
安徽省	1.19810	1	1.59649	1
湖南省	−0.11768	4	1.47645	5
江西省	−0.72631	5	1.49451	4
湖北省	0.64138	3	1.47576	6
山西省	−2.81140	6	1.57739	2
河南省	1.81591	2	1.50286	3

总体来看，安徽省近年战略性新兴产业竞争力在中部六省中一直稳定在前三名，其中在市场、科技、政府、空间四大影响因素上，安徽省相较于中部其他五省均总体均处于前列，仅2019年空间因素上排名不高。说明在影响战略性新兴产业竞争力的四大方面安徽省都有着较好的表现，同时也提醒安徽省在发展战略性新兴产业时要注意均衡发展。

在主成分分析法下，对于2017年，安徽省战略性新兴产业竞争力综合得分排名保持在第三位，在市场因素和政府因素下，安徽省均排在第二位，表现尚佳，且在科技因素下，安徽省排第三位，但由于在空间因素下，其他省份在2017年的发展稍有提速，安徽省排名第四，因此安徽省的综合排名位于第三位。

在熵值法下，2020年中部六省战略性新兴产业竞争力排名前三的分别是：安徽省、河南省、湖北省。

表5-12　2020年中部六省战略性新兴产业竞争力综合评价

省份	主成分分析		熵值法	
	得分	排名	得分	排名
安徽省	1.8128	2	1.7055	1
湖南省	0.0733	5	1.3820	5
江西省	0.3319	4	1.3576	6
湖北省	0.5378	3	1.4912	3
山西省	−4.9352	6	1.4830	4
河南省	2.1793	1	1.4973	2

对比在战略性新兴产业竞争力得分上同样有着稳定表现的河南、湖北省，安徽省也可以在相对得分靠后的四大影响因素上借鉴河南、湖北两省的相关应对措施和方法。每年各单项影响因素得分都可能会有一些小幅变动，导致每年的综合得分也不尽相同。总的来说，安徽省在中部六省中的战略性新兴产业竞争力上处于中上游水平，显示出了安徽省近年社会发展的强劲动力。

根据以上分析，我们针对安徽省提出以下几个提升战略性新兴产业竞争力的路径：一，强调战略性新兴产业竞争力提升的协同作用，战略性新兴产业提升包含多个支撑点：技术、人才、融资、空间集聚和公共服务等方面；二，在微观上，在战略性新兴产业生命周期的不同阶段，应采用不同的政策支持措施，通过综合运用政府和市场的力量，采取多政策支持体系，最终提升战略性新兴产业竞争力。

三、基于DEA模型的安徽省战略性新兴产业竞争力评价

数据包络分析（DEA）方法是一种解决多输入、输出变量的综合评价效率方法，其输入输出的特征灵活地展现在计量经济、信息管理和优化评价中。上文通过区域间的比较对六省战略新兴产业竞争力进行排名，从而得到安徽省战略性新兴产业在中部六省中的地位。若单独对安徽省战略性新兴产业竞争力进行评价，可通过DEA模型对各年安徽省战略性新

兴产业竞争力进行效率测度，通过具体的效率测度找出安徽省在每年战略性新兴产业竞争力上的优势与劣势，进行有针对性的评价。

（一）DEA模型选择

（1）C^2R模型

C^2R模型是国际上第一个非线性的DEA模型，深刻揭示了DEA方法在数学和经济学上的含义，被认为是“提出了一个精美的研究结构，并且对统计方面的研究给出了一个分析基础。C^2R模型对决策单元的综合效率同时进行评价，即C^2R模型中的DEA有效性决策单元综合管理水平高。

C^2R模型可以同时对决策单元的技术有效性和规模有效性进行评价，当

①$\theta^0 = 1$，且$S^{0+} = 0$，决策单元j_0为DEA有效；

②$\theta^0 = 1$，且或$S^{0+} = 0$，决策单元j_0为弱DEA有效；

③若$\theta^0 < 1$，决策单元j_0的DEA不是有效。

（2）BC^2模型

BC^2模型可以分别对纯技术效率和规模效率进行评价，当

①$\theta^0 = 1$，且或$S^{0+} = 0$，则决策单元j_0为弱DEA有效；

②$\theta^0 = 1$，并且$= 0$，则决策单元j_0为DEA有效。

（二）数据包络分析评价安徽省战略性新兴产业竞争性原理

通过对上面的C^2R模型和BC^2模型分析可知，如果在管理活动中决策单元j_0在C^2R模型下为DEA有效时，那么战略性新兴产业统筹的管理模式和规模效益都达到了最佳水平，即在当前的管理和规模条件下评价最优。

而当在生产活动中C^2R模型下的DEA无效时，需要评价BC^2模型下的DEA是否有效，当DEA有效时，说明在管理中决策单元j_0认为管理水平有效，而管理规模无效，即该战略性新兴产业的统筹由于当前的规模效益

没有达到最佳水平，出现了管理不善。

（三）安徽省战略性新兴产业竞争力效率指标体系

根据客观性、可行性、简明性和相对可比性原则，为适应安徽省战略性新兴产业的实际需要，并结合安徽省的省情，建立如下安徽省战略性新兴产业竞争力效率评价指标体系，其中对于逆向指标取了倒数处理，具体指标与数据见表5-13、表5-14。

表5-13 安徽省战略性新兴产业竞争力效率评价指标

指标类型	评价因素	评价指标	单位	变量	指标性质
输入指标	产业条件	1.平均每万人口研究与试验发展（R&D）研究人员	人	u1	正向指标
	产业环境	2.人均GDP	元/人	u2	正向指标
		3.单位GDP能耗	吨标准煤/万元	u3	逆向指标
	产业规模	4.研究与试验发展（R&D）研究经费占GDP比例	%	u4	正向指标
输出指标	产业产值	5.战略新兴产业总产值	亿元	v	正向指标

表5-14 安徽省战略性新兴产业竞争力效率评价指标数据

年份	*V*	*U1*	*U2*	*U3*（取倒数）	*U4*
2014	8378.90	28.99	37184.00	1.57	1.89
2015	8921.00	29.46	38983.00	1.78	1.96
2016	10161.30	30.03	42641.00	1.88	1.97
2017	12335.80	32.33	47671.00	2.01	2.05
2018	14321.90	32.86	54078.00	2.29	2.16
2019	16455.86	36.87	58072.00	2.36	2.03
2020	19417.90	39.17	63426.00	2.31	2.28

(四)结果分析

1.数据来源

本文的研究数据来源于《安徽省统计年鉴》,利用DEAP软件,输入2013—2019年的投入产出历史数据,通过CRS和VRS模型分析,得出实证结果,对实证结果的分析,分为四个部分,包括:产业条件、产业环境、产业规模、产业产值。

2.结果与分析

软件的输出结果如下表所示:

表5-15 安徽省战略性新兴产业竞争力效率评价输出结果

年份	综合技术效率	纯技术效率	规模效率	规模报酬
2014	0.736	1.000	0.736	递增
2015	0.747	0.995	0.751	递增
2016	0.778	1.000	0.778	递增
2017	0.845	0.996	0.849	递增
2018	0.879	1.000	0.879	递增
2019	0.952	1.000	0.952	递增
2020	1.000	1.000	1.000	不变

根据软件的输出结果,得出安徽省2014至2020年的战略性新兴产业竞争力的综合性效率分别为0.736、0.747、0.778、0.845、0.879、0.952、1。我们认为2020的战略性新兴产业竞争力是有效的;而在其他六年的综合评分中,总体来说目前战略性新兴产业竞争力投入产出效率存在无效率的情况。

其中2014—2019年的纯技术效率为1或者近乎为1,而规模效率小于1时,这说明对于当年的技术效率而言没有投入需要减少、没有产出需要增加;综合效率没有达到有效(即1),是因为其规模和投入、产出不相匹配,需要适当地减少规模。

(1)运行CRS模型,结果及分析如下:

表5-16 CRS模型无效DMU投入过剩与不足表

年份	规模效率	*u1*	*u2*	*u3*	*u4*
2014	0.736	4.436	0.000	0.159	0.407
2015	0.747	4.025	0.000	0.269	0.418
2016	0.778	2.877	0.000	0.255	0.340
2017	0.845	2.443	0.000	0.231	0.284
2018	0.879	0.000	764.427	0.310	0.217
2019	0.952	1.899	1523.496	0.289	0.000

从上表可以看出,在2014—2019年,安徽省战略性新兴产业竞争力在产业规模以及产业条件发生资源过剩的现象,说明战略性新兴产业竞争力并不是研究人员和研究经费投入越多就越好,投入过多的资源同样使得战略性新兴产业效率低下,应合理配置研究资源,优化产业结构,提高战略性新兴产业核心竞争力。

其中,2014年的效率最低,主要是该年的产业条件冗余导致。而在其他年份,由于产业条件冗余而导致战略性新兴产业竞争力效率低下同样发生,但是随着经济发展,安徽省战略性新兴产业效率逐渐提高。这也说明安徽省对资源的合理配置有着一定的重视,同时,提高战略性新兴产业核心竞争力的进程仍任重道远。

(2)运行VRS模型,结果及分析如下:

表5-17 VRS模型无效DMU投入过剩与不足表

年份	规模效率	*u1*	*u2*	*u3*	*u4*
2014	0.736	0.000	0.000	0.000	0.000
2015	0.747	0.000	0.000	0.118	0.036
2016	0.778	0.000	0.000	0.000	0.000
2017	0.845	0.000	0.000	0.062	0.000
2018	0.879	0.000	0.000	0.000	0.000
2019	0.952	0.000	0.000	0.000	0.000
2020	1	0.000	0.000	0.000	0.000

由表 5-17,我们可以得到,在 2014—2020 年期间,安徽省战略性新兴产业发展良好,政府重视创造良好的竞争环境,安徽省战略性新兴产业投入因素比较合理。而就模型结果而言,造成安徽省战略性新兴产业竞争力无效率的主要原因是投入规模冗余,使得投入效率冗余现象较为严重。应合理配置研究资源,进而提高战略性新兴产业水平。

第六章　安徽省创新策源能力评价及空间差异

随着时代进步和经济发展，新技术新产品对人们生活产生了极大影响，创新是新技术革命的灵魂，是引领发展的第一动力，一个缺乏创新的民族，必将难以屹立于世界先进民族之林。在当代错综复杂的国际局势下，中国创新发展面临着新的国际挑战和国内要求。国际挑战方面，中国承受着西方发达国家越来越强烈的警戒和防备，越来越难以获取外部核心技术；国内要求方面，在国家创新驱动发展战略引领下提出建成“世界科技强国三步走”的目标。因此，提升创新策源能力是应对这一百年未有之大变局的重要战略选择。

2014年5月，习近平总书记上海考察时就不断强调要增强上海的区域创新策源能力建设，把上海建设为全球范围内极具竞争力的科技创新大都市，在世界科技创新舞台上展现大国风范；2018年11月，习近平总书记再次强调要以全球视野、全球标准推进科技中心建设，提出经济高质量发展要在增强区域创新策源能力上下功夫的论断；2019年11月，习近平总书记在上海考察时对上海科技创新建设提出了更高的新要求，希望上海能够挑最重的担子，啃最硬的骨头，加快建设全球化科技创新发展中心，并指出基础研究是创新策源能力"源头"所在；2019年12月1日，《长江三角洲区域一体化发展规划纲要》提出，长江三角洲到2025年科创产业融合发展体系基本建立，区域协同创新体系基本形成，成为全国重要创新策源地；2020年8月，习近平总书记在合肥主持召开扎实推进长三角一体化发展座谈会，明确提出"上海和长三角区域不仅要提供优质产品，更要提供高水平科技供给，支撑全国高质量发展"。习近平总书记系列讲话都在强调要加强我国创新策源能力建设，推动科创中心建设，赢得全球创新的竞争优势，获取主动权。

2022年，安徽省人民政府办公厅印发的安徽省"十四五"科技创新规划明确了主要目标，到2035年，全省科技创新攻坚力量体系更加成熟完善，关键核心技术攻关实现重大突破，建成高水平科技强省和创新型省份，建成具有重要影响力的科技创新策源地。安徽省2022年的政府工作报告指出，高质量发展迈出新步伐，创新策源效能取得良好成绩，高新技术企业突破1.1万家，新培育国家级专精特新"小巨人"企业149家，居全国前列，战略性新兴产业产值增长28.8%，高新技术产业增加值增长15.5%，每万人口发明专利拥有量19.9件，吸纳技术合同成交额增长92.3%。同时，坚持创新驱动，强化项目引领，加快科创与产业融合发展，科技创新攻坚力量体系建设全面展开，合肥综合性国家科学中心能级实现新提升，培育重点工业互联网平台53家，新增"皖企登云"企业7300家，科技创新与产业融合程度大幅提高。另外，在抗击疫情及复工复产中，安徽发挥创新资源优势，以创新链支撑产业链，以新技术、新产品、新模式投入疫情防控阻击战，常态化疫情防控有力有序有效，统筹发展和安全，深入推进平安安徽建设。

本章主要研究安徽省创新策源能力发展状况与地区发展差异问题，并与长三角其他城市进行对比分析，发现发展存在差异的最根本原因在于各省市创新策源能力发展程度不一，因此科学系统地评价安徽省近年来创新策源能力发展平衡状况与空间差异是迫切需要的，在此基础上提出合理的政策建议以更好地实施创新驱动发展战略，提升安徽省原始创新策源能力，优化创新环境，促进安徽省经济高质量发展。

一、评价指标体系

（一）评价指标

根据全面性、客观性和可操作性三大原则来选取中国区域创新策源能力的测度指标，以达到系统、全面地评价现阶段中国区域创新策源能力的发展状况，并根据评价结果对中国分区域创新策源能力的均衡发展状况进行不平衡发展分析和空间差异分析。关于如何建立创新策源能力评价指标体系，依据创新策源能力内涵特征以及前期相关学者研究基础，可以大致将其划分为四个板块，分别为：学术新思想、科学新发现、技术新发明和产业新方向。创新策源能力的构成主要有三个方面：第一是学术创新和科学创新在国际上处于领先地位，第二是技术创新在全球范围引领方向，第三是产业创新在世界领域名列前茅，让创新策源能力成为真正的核心竞争力。在学术创新思想方面着眼于高校创新，高等院校是“学术新思想”的最主要代表，领先学术思想大多产生于一流高校，高校在学术新思想上具有“源头”地位；在科学创新发现方面着眼于研究与开发机构，研发机构的主要工作就是开展科学研究，积极探索发现，为技术和产业发展提供坚实的科学支撑，研发机构在“科学新发现”上具有重要引领作用；在技术创新发明和产业创新方向方面着眼于高技术产业企业和规模以上工业企业，技术和产业创新发展势必要与实践相结合，要与生产生活相结合，高技术企业和规模以上工业企业的创新发展与实践密不可分，与人们生活息息相关，企业为了生存发展又会不断引进最新技术，创新先进技术以取得行业竞争优势，在“技术新发明”和“产业新方向”上具有重要主体地位，创新策源能力的核心在于基础研究的厚度和成果转化的效率程度，重点抓产业集群和企业集群，集中要素培育扶持，攻关核心技术。本文从四个方面建立的区域创新策源能力评价指标体系如表6-1所示。

表6-1 创新策源能力综合评价指标体系

分项指标	测度指标	单位	符号
学术新思想	高校R&D基础研究人员占R&D人员全时当量比重	%	X1
	高校R&D课题投入人员全时当量	人年	X2
	高等学校数	个	X3
	高校R&D经费仪器和设备支出占R&D经费内部支出比重	%	X4
	高校R&D基础研究经费占R&D经费内部支出比重	%	X5
	高校R&D课题投入经费	万元	X6
	高校发表科技论文数	篇	X7
	高校出版科技著作	种	X8
	高校每万元R&D经费内部支出产生的有效发明专利数	件	X9
	高校每万元R&D经费内部支出产生的专利所有权转让及许可数	件	X10
	高校形成国家或行业标准数	项	X11
科学新发现	研究与开发机构R&D基础研究人员占R&D人员全时当量比重	%	X12
	研究与开发机构R&D课题投入人员全时当量	人/年	X13
	研究与开发机构数	个	X14
	研究与开发机构R&D经费仪器和设备支出占R&D经费内部支出比重	%	X15
	研究与开发机构R&D基础研究经费占R&D经费内部支出比重	%	X16
	研究与开发机构R&D课题投入经费	万元	X17

续　表

分项指标	测度指标	单位	符号
科学新发现	研究与开发机构发表科技论文数	篇	X18
	研究与开发机构出版科技著作	种	X19
	研究与开发机构每万元R&D经费内部支出产生的有效发明专利数	件	X20
	研究与开发机构每万元R&D经费内部支出产生的专利所有权转让及许可数	件	X21
	研究与开发机构形成国家或行业标准数	项	X22
技术新发明	高技术产业企业办研发机构人员	人	X23
	规模以上工业企业办研发机构人员	人	X24
	高技术产业企业办研发机构数	个	X25
	规模以上工业企业办研发机构数	个	X26
	高技术产业企业办研发机构经费支出	万元	X27
	规模以上工业企业办研发机构经费支出	万元	X28
	高技术产业每万元R&D经费内部支出产生的有效发明专利数	件	X29
	规模以上工业企业每万元R&D经费内部支出产生的有效发明专利数	件	X30
	国内发明专利授权数占申请数比重	%	X31
	国内实用新型专利授权数占申请数比重	%	X32
	国内外观设计专利授权数占申请数比重	%	X33
	国内技术市场每项技术合同平均成交金额	万元	X34
产业新方向	高技术产业R&D人员折合全时当量	人/年	X35
	规模以上工业企业R&D人员折合全时当量	人/年	X36
	高技术产业有R&D活动的企业数	个	X37
	规模以上工业企业有R&D活动的企业数	个	X38

续 表

分项指标	测度指标	单位	符号
产业新方向	高技术产业R&D经费内部支出	万元	X39
	规模以上工业企业R&D经费内部支出	万元	X40
	技术改造经费支出	万元	X41
	新产品开发经费支出	万元	X42
	高技术产业每项新产品开发项目平均新产品销售收入	万元	X43
	规模以上工业企业每项新产品开发项目平均新产品销售收入	万元	X44
	国内商标注册量占申请量比重	%	X45

1.学术新思想

在学术创新人力方面,R&D人员是重要评价指标,基础研究是科技创新的源头,因此基础研究人员就显得更为关键,课题项目投入人员可以反映高校课题研究人员的聚集情况;在学术创新物力方面,高等学校数可以反映各个地区高等教育平台发展状况和聚集状况,高等院校为交流学术新思想提供了较好的平台,而仪器设备则是开展学术创新研究活动的保障和支撑;在学术创新财力方面,研究经费支出是学术创新最主要的资金来源,充足的资金投入可以有效推进学术创新成果的产出,R&D基础研究经费可以反映基础研究财力的聚集情况,课题投入经费可以反映高校课题的财力聚集情况;在学术创新成果及转化方面,科技论文、科技著作是高校创新产出的两个重要直接衡量指标,可以直观反映高等院校原始创新的发展状况,有效发明专利数可以很好衡量创新成果,专利所有权转让及许可数和形成国家或行业标准数将学术创新理论成果有效转化为实际产出,反映高校学术创新成果在社会行业发展中的实际应用。学术创新成果及转化蕴含着高校学术新思想的发展和前进方向,也是基础研究的重要支撑,并逐渐形成国家和某些行业的发展新规范和新标杆。

2.科学新发现

在科学创新人力方面，R&D基础研究人员和课题投入人员同样是衡量人力资源的重要指标，反映科学创新人员的聚集情况；在科学创新物力方面，研究与开发机构数可以反映各个地区研究与开发机构平台发展状况和聚集状况，研究与开发机构为交流科学新发现提供了较好的平台，仪器设备则是开展科学研究以产生重大科学发现必不可或缺的物力保障；在科学创新财力方面，基础研究经费和课题投入经费是资金投入的重要来源，有效反映基础研究和课题研究运用资金情况，拥有了充足的经费才能专心进行科学研究；在科学创新成果及转化方面，研究与开发机构发表科技论文数、出版科技著作是创新产出的两个重要直接衡量指标，可以直观反映研究与开发机构原始科学创新的发展状况，有效发明专利数则体现了理论与实际的结合，专利所有权转让及许可数和形成国家或行业标准数可以衡量科学创新成果有效转化为实际产出情况，反映研究与开发机构科学创新成果在行业发展中的实际应用。

3.技术新发明

本研究主要从高技术产业和规模以上工业企业这两大组织的角度选择评价指标。在技术创新人力方面，高技术产业企业办研发机构人员和规模以上工业企业办研发机构人员是技术创新的两大主要人力来源，高技术产业和规模以上工业企业是我国技术发展中重要的两大板块，是技术新发明的重要引领组织，这两大组织中研发机构发展状况直接与技术新发明相关，因此高技术产业和规模以上工业企业的研发机构人员是技术发明人力资源的重要指标，研发机构人员积极参与技术创新可以起到带动作用；在技术创新物力方面，高技术产业企业办研发机构数和规模以上工业企业办研发机构数可以反映技术创新活动的发展状况和聚集情况，研发机构是技术创新活动的主要支撑平台，技术创新物力也在研究机构中有一定的体现；在技术创新财力方面，企业办研发机构经费支出是反映技术创新财力投入的最直接的指标之一，是用于技术创新活动中研究开发的资金，是技术创新发展的有力支撑，经费的投入程度可以最大程度影响技术创新发展程度;在技术创新成果及转化方面,有效发明专利数可以反映技术创新理论与实践结合情况,三种专利授权数占申请数比重可以有效反映专利质量状况,专利是衡量技术新发明最直接有效的重要量化指标之一,无论是根据经济价值、技术创新价值,还是根据我国专利相关保护法律均可知,专利授权数的质量要高于专利申请数,因此专利授权率可以作为高效评价技术发明的重要指标之一,而国内技术市场每项技术合同平均成交金额可以反映技术市场发展状况和经营状况,为新技术有效转化和实际应用提供平台,是由技术合同成交金额与技术合同数之比计算的指标。

4.产业新方向

本研究主要从高技术产业和规模以上工业企业这两大产业的角度选择评价指标。在产业创新人力方面,R&D人员是衡量产业创新的核心指标,产业发展新方向的探索离不开人的推动,尤其是产业科技创新人才;在产业创新物力方面,高技术产业有R&D活动的企业数和规模以上工业企业有R&D活动的企业数可以反映产业创新活动的发展状况和聚集情况,有R&D活动的企业是将产业创新发明成果有效转化为实际应用的重要组织,有效促进产业发展;在产业创新财力方面,R&D经费内部支出反映了产业创新研究使用资金情况,经费投入在一定程度上可以决定产业发展方向,技术改造经费支出可以反映高技术产业和规模以上工业企业发展过程中对技术发明的实际应用情况和改造程度,是衡量对新技术加工改造程度的重要指标,新产品开发经费支出则是反映产业创新发展过程中对新产品研究和开发的重要指标;在产业创新成果及转化方面,新产品销售收入是最直观展现产业创新发展效果的重要指标之一,新产品作为产业创新的成果转化产出,其销售情况最能反映产业创新成果是否被大众认可和接受,国内商标注册量占申请量比重可以衡量产业创新成果中商标的质量情况,在一定程度上反映产业发展的方向。

长江三角洲城市群是"一带一路"和长江经济带的重要交汇地带,作为我国经济最具活力、开放程度最高、创新能力最强的区域之一,对我国经济社会高质量发展和创新策源能力发展发挥着重要的支撑和引领作用，是中国参与国际竞争的重要平台、经济社会发展的重要引擎、长江经济带的引领者。2019年12月，《长江三角洲区域一体化发展规划纲要》正式印发，进一步将长三角区域规划范围正式定为苏、浙、皖、沪四省市全部区域，历经几次扩容，至此，安徽全部16个市已经全面加入长三角城市群，长三角协调会成员包含了上海市、江苏省、浙江省和安徽省在内的41个城市，在中国现代化建设和实现中华民族伟大复兴中国梦进程中具有举足轻重的作用。因此，对长三角地区创新策源能力发展情况进行综合评价和不平衡分析具有重要意义。在实际构建长三角区域创新策源能力综合评价指标体系时，因部分指标数据缺失、统计口径不一致和数据信息披露不完备等因素，本研究根据长三角各地区实际情况，对上述中国创新策源能力综合评价指标体系进行一定修正，构建的长三角区域创新策源能力评价体系如表6-2所示。

表6-2　长三角创新策源能力综合评价指标体系

	分项指标	测度指标
长三角区域创新策源能力	学术新思想	高等学校R&D人员全时当量
		高等学校R&D经费内部支出
		出版科技著作
		发表科技论文
	科学新发现	研究与开发R&D机构人员全时当量
		研究与开发机构数
		研究与开发机构R&D经费内部支出
	技术新发明	规模以上工业企业办研发机构人员数量
		规模以上工业有研发机构的企业数
		规模以上工业企业办研发机构经费支出
		有效专利数
		技术市场技术输出地域(合同数)

续 表

	分项指标	测度指标
长三角区域创新策源能力	产业新方向	高等技术产业R&D人员折合全时当量
		工业企业R&D全部人员折合全时当量
		工业有R&D活动的企业数
		高技术产业新产品开发经费支出
		规模以上工业企业R&D经费内部支出
		高技术产业新产品开发项目数
		工业企业R&D全部项目数量

(二)数据来源

由于2011年及以前的数据缺失较多,故本次研究采用2012—2019年数据,数据来源:《中国统计年鉴》《中国科技统计年鉴》《中国火炬统计年鉴》《中国高技术产业统计年鉴》《中国教育统计年鉴》《上海市统计年鉴》《江苏省统计年鉴》《浙江省统计年鉴》《安徽省统计年鉴》以及各省市国民经济和社会发展统计公报和科技统计公报,其中部分缺失值采用插补法进行处理。

二、研究方法

(一)动态评价模型

创新策源能力内涵并不是一个简单的经济范畴,任何单一的经济指标都无法准确反映其发展水平,目前的综合评价方法中,指数相对法忽略了原有指标之间的相关关系,层次分析法对指标的赋值存在主观性的问题。TOPSIS是一种常用的综合评价测度方法,其最大特点在于能充分利用原始数据的信息,并且对数据无特殊要求,可以运用TOPSIS评价法对长三角创新策源能力发展进行静态评价，具体的步骤如下：

1. 指标的正向化

长三角绿色高质量发展评价体系中，不仅包含正向指标，还包括负向指标，因此在进行评价之前将所有的指标都正向化，具体公式如下：

$$x_{ij} = \begin{cases} \dfrac{1}{x'_{ij}} & \text{负向指标} \\ \dfrac{\text{Max}}{\left[\text{Max} + \left|x'_{ij} - \text{Max}\right|\right]} & \text{中性指标} \end{cases} \tag{6-1}$$

2. 指标标准化

指标体系所涉及的范围较广，量纲千差万别，为消除影响，对数据进行标准化处理，假设有 n 个评价对象，m 个评价指标，得到矩阵 Z：

$$Z = \begin{bmatrix} Z_{11} & Z_{12} & \cdots & Z_{1m} \\ Z_{21} & Z_{22} & \cdots & Z_{2m} \\ \vdots & \vdots & \ddots & \vdots \\ Z_{n1} & Z_{n2} & \cdots & Z_{nm} \end{bmatrix} \tag{6-2}$$

3. 确定最优方案和最劣方案

经转换所有指标均为正向指标，故最优方案 Z^+ 为各指标最大值，最劣方案 Z^- 为各指标最小值，具体公式如下：

$$Z^+ = \left(\max Z_{i1},\ \max Z_{i2},\ \cdots,\ \max Z_{im}\right) \tag{6-3}$$

$$Z^- = \left(\max Z_{i1},\ \max Z_{i2},\ \cdots,\ \max Z_{im}\right) \tag{6-4}$$

4. 计算各评价对象与最优方案 Z^+ 和最劣方案 Z^- 之间的距离

用 D_i^+ 与 D_i^- 表示，并计算最终评分 $C_i\left(0 \leqslant C_i \leqslant 1\right)$，最终评分越接近 1，表示该地区绿色发展质量越高，具体公式如下：

与最优方案的距离：

$$D_i^+ = \sqrt{\sum\nolimits_{i=1}^{m}\left(\max Z_{ij} - Z_{ij}\right)^2} \tag{6-5}$$

与最劣方案的距离：

$$D_i^- = \sqrt{\sum\nolimits_{i=1}^{m}\left(\max Z_{ij} - Z_{ij}\right)^2} \tag{6-6}$$

基于最小方差的动态评价方法的主要原理也同样是引入时间维度，利用TOWA算子和TOWGA算子，对时间、指标和被评价对象的三维数据集合进行集结。关于指标维集结的权重向量是通过关于时间维度的时间权重向量确定。TOWA算子是“和性”的，TOWGA算子是“积性”的，同时考虑两种算子，可使模型兼具功能性和均衡性。

给出TOWA算子和TOWGA算子的定义：

TOWA算子：令 $N=\{1, 2, \cdots, n\}$ 存在时间数据对 $\langle u_i, a_i\rangle (i\in \mathbf{N})$，其中 u_i 为时间诱导分量，a_i 为数据分量，则定义TOWA算子为：

$$F\left(\left\langle u_1, a_2\right\rangle,\left\langle u_2, a_2\right\rangle, \cdots,\left\langle u_n, a_n\right\rangle\right)=\sum\nolimits_{j=1}^{n} w_j b_j \tag{6-7}$$

其中 $w=\left\{w_1, w_2, \cdots, w_n\right\}^T$ 是与数据相关的权重向量，$w_j\in[0, 1]$，且 $\sum\nolimits_{j=1}^{n} w_j=1$，$b_j$ 是根据时间诱导分量 $u_n(i\in \mathbf{N})$ 对时间数据排序后，第 j 时刻所对应的时间数据对中的 a_i，则称 F 是 n 维TOWA算子。

TOWGA算子：令 $N=\{1, 2, \cdots, n\}$ 存在时间数据对 $\langle u_i, a_i\rangle (i\in \mathbf{N})$，其中 u_i 为时间诱导分量，a_i 为数据分量，则定义TOWGA算子为：

$$G\left(\left\langle u_1, a_1\right\rangle,\left\langle u_2, a_2\right\rangle, \cdots,\left\langle u_n, a_n\right\rangle\right)=\prod\nolimits_{j=1}^{n} b_j^{wj} \tag{6-8}$$

其中 $w=\left\{w_1, w_2, \cdots, w_n\right\}^T$ 是与数据相关的权重向量，$w_j\in[0, 1]$，且 $\sum_{j=1}^{n} w_j=1$，b_j 是根据时间诱导分量 $u_n(i\in N)$ 对时间数据排序后，第 j 时刻所对应的时间数据对中的 a_i，则称 G 是 n 维TOWGA算子。

时序趋优偏好下的TOWA算子动态评价方法就是在此基础上的拓展，目的是使时间权重既与时间偏好有关，又与时序趋优偏好下的数据分量有关，这样既可以突出时间的作用，又可以突出系统在不同时序趋优偏好下的作用，使动态评价更全面系统。

(1)“时间偏好”权向量

引入“时间度”λ 和“信息熵”I 的概念，体现决策者对时序的重视程度，I 是对权重包含信息的度量。另 $\lambda=0.1$，则可求解如下非线性规划问题，

得到时间权向量 W_1。

$$\max\left|-\sum_{k=1}^{T} W_k \ln W_k\right|$$

$$s.t.\begin{cases} \lambda\sum_{k=1}^{T}\frac{T-k}{T-1}W_k \\ \sum_{k=1}^{T}W_k = 1 \\ W_k,\ \in[0,\ 1],\ k = 1,\ 2,\ \cdots,\ T \end{cases} \tag{6-9}$$

(2)“时间趋优度”权向量

设最优时序列为 C^*，$C^* = \left(C_1,\ C_2,\ \cdots,\ C_n^*\right)$，其中 n 为评价对象个数。则 $C_i^* = \max_{k=1,\ 2,\ \cdots,\ T}\left(y_i(k)\right)$，$(i = 1,\ 2,\ \cdots,\ n)$。差分序列 $d^* = \left(d_1,\ d_2,\ \cdots,\ d_n^*\right)$，其中：

$$d_1^* = 0,\ d_i^* = C_i^* - C_{i-1}^*,\ (i = 2,\ 3,\ \cdots,\ n) \tag{6-10}$$

均值 $\bar{d}$ 与标准差 σ：

$$\bar{d} = \frac{1}{n}d_i^*,\ \sigma = \sqrt{\frac{1}{n-1}\sum_{i=1}^{n}(d_i^* - \bar{d})^2} \tag{6-11}$$

同理，计算不同年份下每个评价对象的序列差分均值与标准差：

$$d_k,\ \bar{d}_k,\ \sigma_k,\ k = (1,\ 2,\ \cdots,\ T) \tag{6-12}$$

根据关联度系数计算公式：

$$\xi(i) = \sin gn\ (d_i^* \times d_{ki})\ \frac{1}{1+\left\|\frac{d_i^*}{\sigma^*}\right| - \left|\frac{d_{ki}}{\sigma_{ki}}\right\|} \tag{6-13}$$

其中，$\sin gn$ 为符号函数。最后可求得每个时间年度的时序趋优度 r_k：

$$r_k = \frac{1}{n-1}\sum_{i=1}^{n}\xi(i),\ k = 2,\ 3,\ \cdots,\ T \tag{6-14}$$

对 r_k 排序，得到趋优度向量 R。再由式(6-14)，确定 W_2，即所要求的趋优度时间权向量。

$$\begin{cases} W_1 = \alpha \\ W_k = W_{k-1} + \dfrac{R_k - R_{k-1}}{R_T - R_1} d,\ k = 2,\ 3,\ \cdots,\ T \\ \sum\limits_{k=1}^{T} W_k = 1 \\ W_k \in (0,\ 1) \end{cases} \tag{6-15}$$

其中,α为趋优度最小年度的权重,d为待估参数。

(3)融合了“时间度”和“趋优度”的时间权向量

$$W = \alpha W_1 + \beta W_2 \tag{6-16}$$

其中W_1为时间维度的权重向量,W_2为偏好维度的权重向量,α和β为设定的系数值,在确定α和β系数值时需要以最终评价值$Z = \sum\limits_{i=1}^{n}\sum\limits_{k=1}^{T}(\alpha W_1 + \beta W_2)(y_i(k))$最大为原则来构造单目标最优化模型:

$$\begin{cases} \max Z = \sum\limits_{i=1}^{n}\sum\limits_{k=1}^{T}(\alpha W_1 + \beta W_2)(y_i(k)) \\ s.t. \alpha^2 + \beta^2 = 1 \\ \alpha \geqslant 0,\ \beta \geqslant 0 \end{cases} \tag{6-17}$$

(二)Dagum基尼系数分解

Dagum(1997)将总体基尼系数分解为区域内差异的贡献、区域间超变净值的贡献和区域间超变密度的贡献三部分,有效地解决了样本数据间交叉重叠问题以及区域差异来源问题,基于TOPSIS测算结果,运用Dagum基尼系数法展现长三角创新策源能力的空间差异。一般来说,基尼系数越小表示区域差异性越小,则区域协同性越强,反之,基尼系数越大,区域差异越大,则区域协同性越小。总体基尼系数的定义如式(6-11),其结果展现了长三角所有城市的相对差异,其中y_{ji}(y_{hr})代表的是j(h)省中第i(r)城市创新策源能力评价值,μ是41城市创新策源能力评价值均值,n为41,k为4,即本书所划分的区域数量,n_j(n_h)是j(h)省内城市数量。式

(6-12)表示进行基尼系数分解时，先要根据区域创新策源能力得分的均值对地区进行排序，式(6-13)表示基尼系数可分解为三部分，式(6-14)、式(6-15)分别表示j区域的基尼系数G_{jj}和区域内差异的贡献G_w，式(6-16)、式(6-17)分别表示地区j、h的区域间基尼系数G_{jh}和区域间超变净值的贡献G_{nb}，式(6-18)表示区域间超变密度贡献G_t，其中$p_j = n_j / n$，$s_j = n_j\mu_j / n\mu$，$j = 1, 2, \cdots, k$，D_{jh}为j、h区域间创新策源能力值得相对影响，见式(6-19)。

$$G = \frac{\sum_{j=1}^{k}\sum_{h=1}^{k}\sum_{i=1}^{\eta_j}\sum_{r=1}^{n_h}\left| y_{ji} - y_{hr} \right|}{2n^2\mu} \tag{6-18}$$

$$\mu_h \leqslant L \leqslant \mu_j \leqslant L \leqslant \mu_k \tag{6-19}$$

$$G = G_w + G_{nb} + G_t \tag{6-20}$$

$$G_{jj} = \frac{1}{2\mu_j n_j^2}\sum_{i=1}^{\eta_j}\sum_{r=1}^{n_h}\left| y_{ji} - y_{hr} \right| \tag{6-21}$$

$$G_w = \sum_{j=1}^{k} G_{jj} p_j s_j \tag{6-22}$$

$$G_{jh} = \frac{\sum_{i=1}^{\eta_j}\sum_{r=1}^{n_h}\left| y_{ji} - y_{hr} \right|}{n_j n_h\left(\mu_j + \mu_h\right)} \tag{6-23}$$

$$G_{nb} = \sum_{j=2}^{k}\sum_{h=1}^{j-1} G_{jh}\left(p_j s_h + p_h s_j\right) D_{jh} \tag{6-24}$$

$$G_t = \sum_{j=2}^{k}\sum_{h=1}^{j-1} G_{jh}\left(p_j s_h + p_h s_j\right)\left(1 - D_{jh}\right) \tag{6-25}$$

$$D_{jh} = \frac{d_{jh} - p_{jh}}{d_{jh} + p_{jh}} \tag{6-26}$$

式中：d_{jh}和p_{jh}表示j、h两区域间创新策源能力评价值的差值，当$\mu_j > \mu_h$时，d_{jh}是所有$y_{jr} - y_{hr} > 0$的区域创新策源能力评价值差异样本值加总的数学期望，当$\mu_h > \mu_j$时，p_{jh}是所有$y_{hr} - y_{ji} > 0$的区域创新策源能力评价值差异样本值加总的数学期望。对于连续密度分布函数$f_h(y)$和$f_j(y)$，d_{jh}

和p_{jh}的公式为：

$$d_{jh} = \int_0^{\infty} \mathrm{d}F_j(y) \int_0^{y} (y - x) \mathrm{d}F_h(x) \tag{6-27}$$

$$p_{jh} = \int_0^{\infty} \mathrm{d}F_j(y) \int_0^{y} (y - x) \mathrm{d}F_j(y) \tag{6-28}$$

（三）Kernel核密度分布

Kernel密度（核密度）估计主要使用连续的密度函数曲线描述随机变量的分布形态，通过对比分析，考察样本分布的动态演变趋势。该方法现阶段已成为研究地区差异的较成熟方法，在经济学、社会学中得到广泛应用。假设随机变量x的密度函数是$f(x)$，点x处的概率密度可以由公式（6-22）得到：

$$f(x) = \frac{1}{Nh} \sum_{i-1}^{N} \left(\frac{X_i - \bar{x}}{h} \right) \tag{6-29}$$

其中，N为观测值的个数，h为带宽，X_i为独立同分布的观测值，$\bar{x}$为均值，$K(x)$为Kernel密度函数，Kernel密度函数有多种表达形式。本研究选择高斯函数对长三角绿色发展水平指数的分布动态演进过程进行分析。核密度的估计结果对带宽比较敏感，带宽越小，精确度越高。

（四）收敛模型方法

为了进一步捕捉长三角创新策源能力发展差异随时间演变的特征，本文使用σ收敛和β收敛模型分别对长三角地区创新策源能力发展“存量”和“增量”差异进行分析，探究地区间创新策源能力发展差异是否会趋同，发展较差地区是否会追赶上创新策源能力发达地区。

1. σ收敛模型

σ收敛是针对“存量”变化的考察，反映不同地区创新策源能力发展水平的离差随着时间推移而呈现下降的态势。通过梳理相关文献，本研究选择变异系数来衡量中国区域创新策源能力发展的σ收敛特征，即计算中国区域创新策源能力得分的标准差与均值的比值，其中具体公式为：

$$\sigma = \frac{\sqrt{\sum_{i}^{n_j}\left(coicr_{ji} - \frac{1}{n_j}coicr_{ji}\right) / n_j}}{\frac{1}{n_j}coicr_{ji}} \tag{6-30}$$

式中：σ为收敛系数，$cosicr$为创新策源能力评价值。

2. β收敛模型

β收敛是针对“增量”变化的考察，反映地区间创新策源能力发展差异会随着时间的推移而趋同，即创新策源能力发展较落后的地区因具备更高水平的增长率而赶上发达地区，最后达到地区间创新策源能力发展差距趋于一致稳定状态。β收敛又可以划分为绝对β收敛和相对β收敛，绝对β收敛是指不考虑其他因素的条件下，随着时间的推移，各地区创新策源能力发展水平将会收敛到相同水平，即创新策源能力发展水平低的地区会比创新策源能力发展水平高的地区拥有更快的增长速度；相对β收敛是指在充分考虑到其他因素的条件下，各地区创新策源能力发展水平最终收敛到稳态水平。具体模型如下：

$$\ln\left(\frac{coicr_{i,\ t+1}}{coicr_{it}}\right) = \alpha + \beta \ln coicr_{it} + \eta_t + \lambda_i + \varepsilon_{it} \tag{6-31}$$

$$\ln\left(\frac{coicr_{i,\ t+1}}{coicr_{it}}\right) = \alpha + \beta \ln coicr_{it} + \phi \sum_{j=1}^{n} \ln Control_{it} + \eta_t + \lambda_i + \varepsilon_{it} \tag{6-32}$$

式中：$cosicr$为创新策源能力评价值，被解释变量为$cosicr$相邻年份的增长率，核心解释变量为上一期创新策源能力评价值$cosicr$，α为常数项，η_t和λ_i分别表示时间效应和地区效应，ε_{it}为随机误差项，β为本文关注的核心系数，观测该系数值可以判断各地区创新策源能力发展是否存在趋同效应，若β显著为负，则存在β收敛现象，说明创新策源能力发展较差地区能够以较快的调整速度追赶上创新策源能力发展优良的地区。新经济增长理论认为经济变量收敛因地区外部条件的不同而存在差异，上述两个模型不同之处就在于是否包含一系列地区经济发展异质性信息的控制变量，具体包括：产业结构(STR)，第一产业占地区生产总值的比值；经济发展水平(RGDP)，人均地区生产总值；城镇化(URBAN)，城镇年末常住人口占省市总人口的比重；贸易开放度(OPEN)，进出口总额与地区生产总值的比值；外商直接投资(FDI)，实际利用外商直接投资总额占地区生产总值的比重；政府行为(GOV)，财政支出中科学技术支出所占比重。设样本被观测年份为T，则收敛速度可以表示为：

$$v = -\ln(1+\beta)/T \tag{6-33}$$

三、安徽省创新策源能力动态综合评价与差异分析

(一)评价

根据长三角各地区创新策源能力静态评价结果和排序可知，整体创新策源能力发展稳中有进。在测度期间，大部分城市创新策源能力水平处于增长态势，说明“十二五”和“十三五”期间，在国家创新驱动发展战略和科技强国战略推动下，长三角经济圈作为国家高度重视的经济发展中心和制造业生产基地，在创新策源方面取得了长足进步；其次从地区来看，区域创新策源能力发展水平较高城市有上海市、南京市、合肥市、苏州市、杭州市、宁波市、芜湖市和无锡市等，区域创新策源能力发展水平较低的有衢州市、舟山市、宿迁市、亳州市、淮北市、池州市等。总的来说，上海市始终占据长三角区域创新策源能力发展主导地位，江苏省内苏南地区创新策源能力发展水平普遍高于苏北地区，浙江省内杭州市、宁波市、温州市和嘉兴市的创新策源能力发展水平较高，其他地区则相对较差。

表6-3 长三角区域创新策源能力静态评价

城市	2012年	2013年	2014年	2015年	2016年	2017年	2018年	2019年
上海	0.6850	0.7159	0.6715	0.6838	0.6457	0.6692	0.6367	0.6153
南京	0.4561	0.4388	0.4630	0.4411	0.4731	0.4462	0.4347	0.4109
无锡	0.1117	0.0992	0.0818	0.0838	0.0624	0.1197	0.0938	0.0911
徐州	0.0806	0.0595	0.0565	0.0464	0.0316	0.0645	0.0457	0.0428
常州	0.1084	0.0956	0.0872	0.0765	0.0406	0.1043	0.1320	0.1892
苏州	0.2485	0.2006	0.2752	0.2823	0.1938	0.2604	0.2073	0.2015
南通	0.1157	0.1705	0.0737	0.0756	0.0558	0.0740	0.0464	0.0402
连云港	0.0835	0.0562	0.0608	0.0406	0.0300	0.0722	0.0346	0.0302
淮安	0.0590	0.0254	0.0273	0.0464	0.0171	0.0449	0.0236	0.0226
盐城	0.0648	0.0335	0.0363	0.0406	0.0185	0.0698	0.0500	0.0513
扬州	0.0642	0.0326	0.0346	0.0568	0.0217	0.0627	0.0357	0.0347
镇江	0.0823	0.0526	0.0520	0.0628	0.0385	0.0774	0.0514	0.0476
泰州	0.0843	0.0568	0.0610	0.0448	0.0218	0.0768	0.0614	0.0595
宿迁	0.0466	0.0150	0.0139	0.0148	0.0161	0.0187	0.0111	0.0103
杭州	0.1737	0.1986	0.2260	0.2197	0.2211	0.2296	0.2304	0.2360
宁波	0.1790	0.1842	0.1959	0.1864	0.1578	0.1746	0.1776	0.1762
温州	0.0619	0.0726	0.0871	0.0892	0.0777	0.0913	0.1000	0.1067
嘉兴	0.0682	0.0817	0.0800	0.0789	0.0787	0.0885	0.0956	0.1009
湖州	0.0344	0.0444	0.0407	0.0422	0.0383	0.0421	0.0458	0.0480
绍兴	0.0669	0.0695	0.0858	0.0781	0.0752	0.0741	0.0717	0.0722
金华	0.0535	0.0613	0.0677	0.0656	0.0550	0.0488	0.0497	0.0502
衢州	0.0138	0.0256	0.0138	0.0131	0.0120	0.0100	0.0153	0.0172
舟山	0.0087	0.0269	0.0263	0.0179	0.0101	0.0067	0.0091	0.0088

续 表

城市	2012年	2013年	2014年	2015年	2016年	2017年	2018年	2019年
台州	0.0715	0.0756	0.0771	0.0725	0.0642	0.0678	0.0635	0.0626
丽水	0.0126	0.0257	0.0126	0.0127	0.0110	0.0089	0.0168	0.0202
合肥	0.3106	0.3248	0.3317	0.3457	0.3650	0.3773	0.4214	0.4387
淮北	0.0199	0.0186	0.0187	0.0133	0.0136	0.0147	0.0130	0.0123
亳州	0.0068	0.0093	0.0081	0.0114	0.0119	0.0167	0.0212	0.0260
宿州	0.0093	0.0107	0.0142	0.0203	0.0209	0.0191	0.0197	0.0217
蚌埠	0.0389	0.0475	0.0559	0.0598	0.0642	0.0687	0.0885	0.0955
阜阳	0.0101	0.0118	0.0164	0.0214	0.0251	0.0356	0.0529	0.0688
淮南	0.0234	0.0276	0.0274	0.0230	0.0220	0.0186	0.0232	0.0231
滁州	0.0493	0.0587	0.0586	0.0620	0.0595	0.0667	0.0834	0.0879
六安	0.0130	0.0162	0.0226	0.0189	0.0230	0.0216	0.0304	0.0342
马鞍山	0.0414	0.0450	0.0496	0.0550	0.0616	0.0636	0.0803	0.0888
芜湖	0.0837	0.0916	0.1005	0.0972	0.0956	0.1034	0.1231	0.1288
宣城	0.0255	0.0283	0.0381	0.0405	0.0396	0.0478	0.0601	0.0648
铜陵	0.0258	0.0272	0.0281	0.0280	0.0288	0.0325	0.0424	0.0487
池州	0.0092	0.0109	0.0129	0.0143	0.0107	0.0129	0.0169	0.0175
安庆	0.0214	0.0367	0.0402	0.0316	0.0359	0.0416	0.0701	0.0831
黄山	0.0123	0.0147	0.0152	0.0180	0.0183	0.0208	0.0266	0.0298

根据表6-3可知在长三角经济圈内安徽省各城市创新策源能力发展变动状况，针对安徽省，各城市创新策源能力发展水平稳中有进，发展态势良好，但也存在一个明显的问题，就是地区发展不平衡，合肥市创新策源能力发展水平远高于其他地区。测度期间，合肥市创新策源能力发展稳定，在长三角经济圈中占有重要地位，芜湖市、蚌埠市、阜阳市、滁州市、马鞍山市、铜陵市和安庆市等城市近年来创新策源能力发展迅速，取得了

较大进步。从评价值大小上来看，合肥市和芜湖市静态评价值始终处于较高水平，且波动程度也较为平稳，说明这两个城市的创新策源能力发展迅速且较为稳定；蚌埠市、滁州市、马鞍山市、宣城市、铜陵市和安庆市评价值处于较为中间的位置，说明这些地区创新策源能力发展虽不如上述几个实力强劲的地区，但也是在不断创新不断发展着，并也取得一定成绩；而淮北市、亳州市、宿州市、阜阳市、淮南市、六安市、池州市和黄山市的创新策源能力则发展不足，处于较为落后的位置。从这里也可以明显看出地区发展的不平衡，合肥市创新策源能力发展迅速，发展水平远超过其他地市，其次是芜湖市，而其他地市创新策源能力发展明显落后于合肥和芜湖，这也与安徽省实际发展现状相呼应，说明区域创新策源能力地区发展差异将会是未来创新发展过程中需要格外关注的一点。

基于时序趋优偏好下的TOWA算子对长三角各地区创新策源能力进行动态评价后，得到表6-4的结果，可以看出上海市依然处于领先地位，南京市、合肥市和杭州市紧跟其后，明显看出各省发展重点都聚焦在省会城市，这也体现出各地发展存在不均衡现象。除此之外，创新策源能力发展水平较高的还有苏州市、宁波市、常州市、芜湖市和温州市，集中于东部较发达城市，而创新策源能力发展水平较低有舟山市、宿迁市、淮北市、衢州市、池州市和丽水市等，集中于长三角的西部。经济越发达地区地理位置越优越，资金、人才等资源丰富；经济欠发达地区资金、人才等资源缺乏，难以引进新技术，另外对新引进的先进技术也很难充分吸收和转化，不利于开展科技创新活动，不利于创新策源能力提升。

从安徽省各城市动态评价结果可知，合肥市在长三角内位居第三位，在安徽省是名列第一，紧跟其后是芜湖市和蚌埠市，这也与安徽省“十四五”规划中构建以合肥市为核心、芜湖市和蚌埠市为两翼、各市多点支撑的“一核两翼多点”省域创新布局相吻合；滁州市、马鞍山市、安庆市、宣城市、阜阳市、铜陵市、六安市、黄山市、淮南市和亳州市则位居中间水平；而宿州市、池州市和淮北市的创新策源能力发展水平在安徽省处于较低位置，还需加大创新力度，努力向省内高发展水平的城市靠拢。

表6-4　长三角区域创新策源能力动态评价

城市	动态得分	排序	城市	动态得分	排序
上海	0.6393	1	衢州	0.0157	38
南京	0.4296	2	舟山	0.0109	41
无锡	0.0942	11	台州	0.0654	17
徐州	0.0479	25	丽水	0.0171	36
常州	0.1440	7	合肥	0.4085	3
苏州	0.2166	5	淮北	0.0136	39
南通	0.0566	19	亳州	0.0206	34
连云港	0.0405	28	宿州	0.0197	35
淮安	0.0264	31	蚌埠	0.0831	12
盐城	0.0500	24	阜阳	0.0513	23
扬州	0.0383	29	淮南	0.0230	33
镇江	0.0529	21	滁州	0.0789	13
泰州	0.0606	18	六安	0.0292	30
宿迁	0.0124	40	马鞍山	0.0767	14
杭州	0.2302	4	芜湖	0.1183	8
宁波	0.1776	6	宣城	0.0562	20
温州	0.0984	9	铜陵	0.0413	27
嘉兴	0.0942	10	池州	0.0158	37
湖州	0.0455	26	安庆	0.0663	16
绍兴	0.0733	15	黄山	0.0254	32
金华	0.0521	22			

（二）Dagum基尼系数分解

根据区域创新策源能力综合评价结果对长三角创新策源能力发展状况

有了进一步了解，但还不能全面分析各区域创新策源能力发展的空间非均衡性和区域间发展差异的大小及来源，故运用Dagum基尼系数分解展开进一步探讨。Dagum基尼系数分解是一种可以有效分析区域发展非均衡性的方法，不仅可以划分子群对比区域内非均衡性发展差异，还可以将基尼系数分解为不同的部分，有效探究地区间差异的来源问题。长三角地区包含上海市、江苏省、浙江省和安徽省，从地区内差异、地区间差异和差异来源分解三个方面探讨长三角区域创新策源能力不均衡发展情况。

根据表6-5可知，长三角区域创新策源能力的总体基尼系数呈现下降趋势，2015年至2017年间基尼系数较高，2016年基尼系数达到峰值0.6，其余年份变动稳定，表明长三角创新策源能力发展整体差距有缩小的趋势，不平衡程度有一定程度缓解。具体可以从地区内差异、地区间差异以及地区内与地区间差异的贡献率三个角度进行展开分析。

表6-5　长三角区域创新策源能力地区内Dagum基尼系数

年份	G	地区内基尼系数(G_w)		
		江苏	浙江	安徽
2012	0.5723	0.3650	0.4276	0.5814
2013	0.5747	0.4902	0.3647	0.5593
2014	0.5731	0.5032	0.4143	0.5393
2015	0.5700	0.4817	0.4208	0.5372
2016	0.6047	0.5952	0.4407	0.5408
2017	0.5490	0.4136	0.4617	0.5287
2018	0.5486	0.5088	0.4416	0.5082
2019	0.5419	0.5184	0.4368	0.4955

一是地区内差异。安徽省内区域创新策源能力发展差异是造成长三角创新策源能力不平衡的主要原因，基尼系数主要在0.4955—0.5814范围内波动，基本高于江苏省和浙江省区域内基尼系数，但安徽省内创新策源

能力基尼系数呈现下降趋势，表明安徽省内创新策源能力发展不平衡程度虽较高，但有一定程度改善，而江苏省和浙江省区域内基尼系数相对低于安徽省，区域内发展较均衡。

表6-6　长三角区域创新策源能力地区间Dagum基尼系数

年份	地区间基尼系数（G_{nb}）					
	上海–江苏	上海–浙江	上海–安徽	江苏–浙江	江苏–安徽	浙江–安徽
2012	0.6945	0.8203	0.8799	0.4551	0.6310	0.5740
2013	0.7489	0.8018	0.8725	0.4525	0.5972	0.5325
2014	0.7367	0.7800	0.8552	0.4838	0.5766	0.5415
2015	0.7427	0.7913	0.8542	0.4797	0.5664	0.5380
2016	0.7831	0.7973	0.8405	0.5640	0.5862	0.5356
2017	0.7073	0.7946	0.8352	0.4642	0.5418	0.5377
2018	0.7417	0.7778	0.7935	0.4931	0.5245	0.4956
2019	0.7331	0.7655	0.7715	0.4971	0.5265	0.4835

二是地区间差异。上海和安徽地区间的创新策源能力发展不平衡是影响长三角区域创新策源能力平衡发展的较大因素，其次是上海与浙江间基尼系数和上海与江苏间基尼系数，表明上海市与长三角其他省之间的创新策源能力发展差异均较大，上海市作为国际性大都市，又是率先提出发展创新策源能力的城市，无论是学术创新、科学发现、技术发明还是产业发展均处于全国发展前列，江苏与安徽和浙江与安徽间基尼系数较低，而江苏与浙江之间的基尼系数最低。

三是地区内与地区间差异的贡献率。地区间创新策源能力差异贡献是长三角区域创新策源能力发展差异的主要来源，在2012年占了超过60%的贡献率，在2016年以前是三者中最高的，但在2018年以后稍低于超变密度贡献，说明地区间创新策源能力发展差异贡献度有下降趋势，而地区内创新策源能力差异贡献和超变密度贡献则相对较低，地区内差异贡献大致为20%，超变密度贡献有所上升，说明对长三角区域创新策源能力发展差异影响较大的首先是地区间差异贡献，其次是超变密度差异贡献，最后才是地区内差异贡献。

表6-7 长三角区域创新策源能力Dagum基尼系数分解

年份	贡献			贡献率(%)		
	Gw	Gnb	Gt	Gw	Gnb	Gt
2012	0.1152	0.3469	0.1102	20.1226	60.6203	19.2571
2013	0.1251	0.3009	0.1487	21.7679	52.3509	25.8812
2014	0.1306	0.2743	0.1682	22.7823	47.8731	29.3446
2015	0.1285	0.2726	0.1689	22.5489	47.8252	29.6259
2016	0.1416	0.2290	0.2341	23.4224	37.8725	38.7051
2017	0.1257	0.2657	0.1576	22.8953	48.4040	28.7008
2018	0.1366	0.1858	0.2262	24.8946	33.8674	41.2380
2019	0.1378	0.1621	0.2419	25.4296	29.9239	44.6465

（三）核密度

如图6-1所示，长三角区域创新策源能力核密度分布相对均衡，首先，长三角范围区域创新策源能力核密度曲线波动程度较小，有向右移的趋势，说明长三角地区创新策源能力发展较稳定；其次，Kernel核密度曲线始终存在一个较明显的峰值，说明长三角区域创新策源能力发展有明显地区聚集现象；另外，Kernel核密度曲线除了有一个明显的峰值外，还存在一些小波峰，峰值大，但概率密度小，说明有少许地区创新策源能力评价值较高，如上海市、南京市、合肥市等，这也说明长三角区域创新策源能力发展存在地区差异。

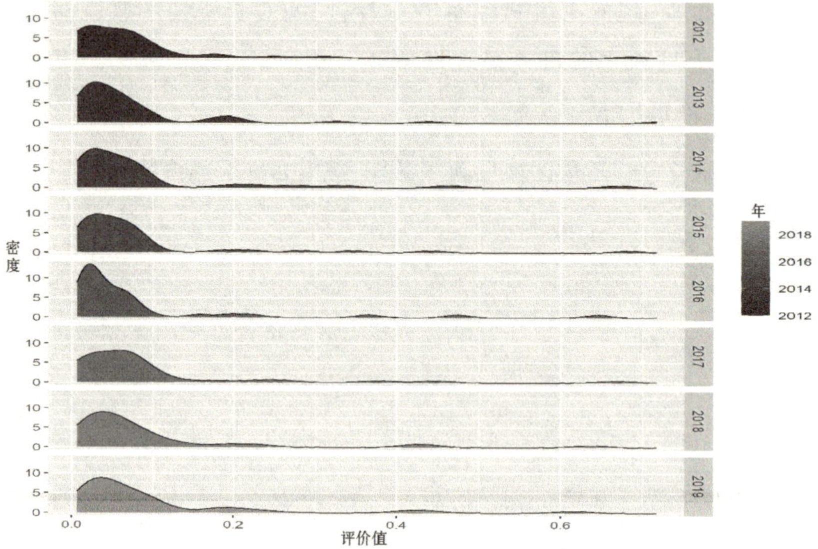

图 6-1　长三角 2012—2019 年区域创新策源能力核密度分布

如图 6-2 所示，对于江苏省来说，首先，核密度图变动由平坦变陡峭后，又变得较为平坦，说明江苏省创新策源能力发展在2016年处于较不平衡时期，后逐渐缩小区域发展差距，带动各地协同发展；其次，Kernel 核密度曲线始终存在一个较明显的峰值，说明江苏省区域创新策源能力发展有明显的地区聚集现象；另外，Kernel 核密度曲线除了有一个明显的峰值外，还存在一些明显的小波峰，峰值大，但概率密度小，说明有少许地区创新策源能力评价值较高，如南京市、苏州市、无锡市等。

如图 6-3 所示，对于浙江省来说，首先，核密度图由原本较明显的两个峰变换成较平坦的一个峰，说明浙江省创新策源能力地区间发展差异在逐渐缩小，向协同发展方向努力；其次，Kernel 核密度曲线存在一个较明显的峰值，说明浙江省创新策源能力有明显的地区聚集现象，此外，在2012 年也存在一个明显的小峰值，大致位于 0.18 附近，峰值大，但概率密度小，说明有少许地区创新策源能力评价值较高，如杭州市、宁波市。

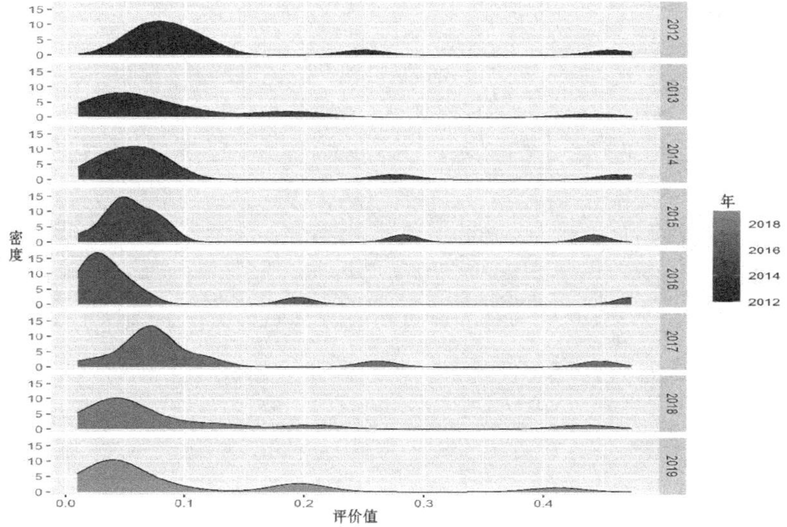

图 6-2　江苏省 2012—2019 年区域创新策源能力核密度分布

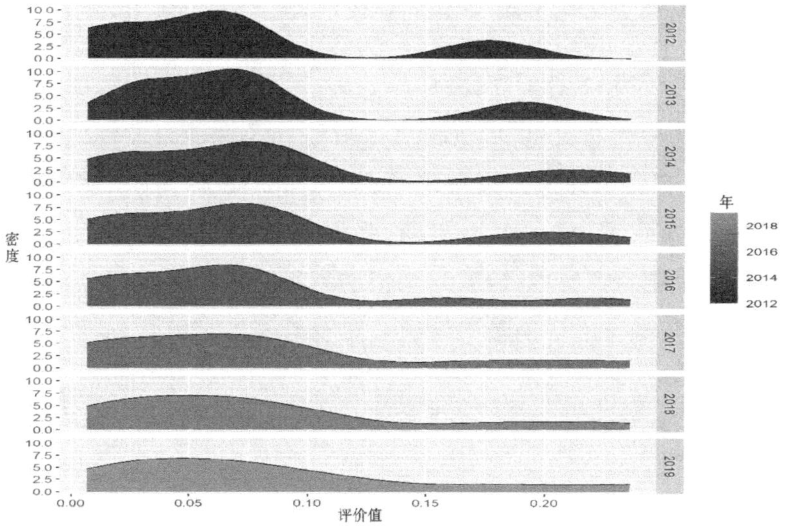

图 6-3　浙江省 2012—2019 年区域创新策源能力核密度分布

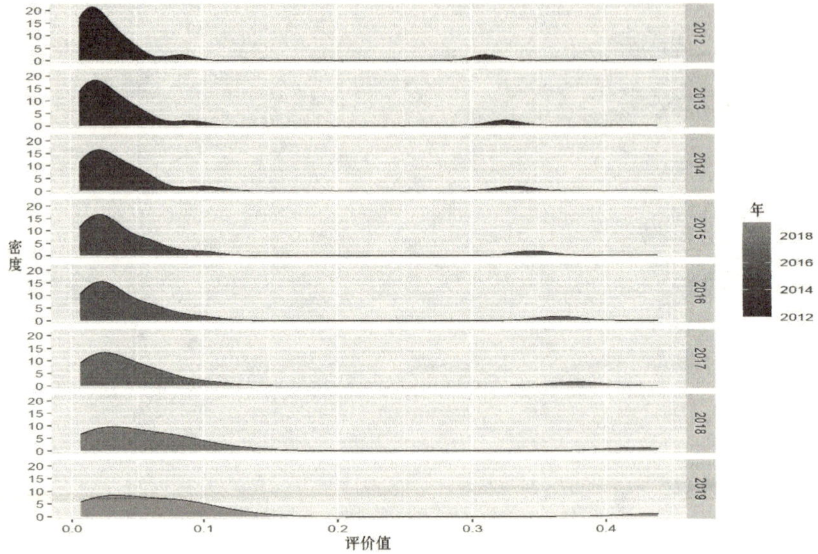

图 6-4 安徽省 2012—2019 年区域创新策源能力核密度分布

如图 6-4 所示，对于安徽省来说，首先，安徽省区域创新策源能力核密度曲线波动程度较小，有向右移的趋势；其次，Kernel 核密度曲线始终存在一个较明显的峰值，说明安徽省区域创新策源能力评价值在此附近的地区居多，有明显的地区聚集现象；另外，Kernel 核密度曲线除了有一个明显的峰值外，还存在一些小波峰，峰值大，但概率密度小，说明有少许地区创新策源能力评价值较高，这里指的就是合肥市，紧跟其后的是芜湖市，也反映出安徽省区域创新策源能力发展地区差异和不平衡程度较深。

（四）收敛

本文根据变异系数法对长三角创新策源能力 σ 收敛特征进行刻画，以回答存量视角下，创新策源能力发展差异是趋于收敛还是发散的问题，图 6-5 是绘制的长三角地区创新策源能力的变异系数动态趋势。

从长三角层面来看，变异系数整体上呈现下降趋势，说明长三角区域创新策源能力总体变化支持 σ 收敛假说，呈现收敛态势。具体数值上看，变异系数从2012年的1.4259下降至2019年的1.2840，差值约0.1419，下降幅度约9.95%，年均下降速度约1.49%；演变态势上看，从2012年至2016年存在上升趋势，后逐渐下降，整体态势是下降的，但波动范围并不大，处于缓慢收敛状态。从江苏省来看，变异系数呈现上升态势，波动幅度较为明显，说明江苏省创新策源能力在一定程度上不支持σ收敛假说，发散特征明显。具体数值上看，变异系数从2012年的0.9065上升至2019年的1.1855，差值约0.2790，增幅约30.78%，年均增长率约3.92%；演变态势上看，从2012年至2016年处于显著上升状态，后在2017年又明显下降，在2018年又有所上升，总体来看变异系数处于上升状态，说明江苏省创新策源能力总体上呈现明显发散态势。从浙江省来看，变异系数整体上波动幅度较小，但仍存在一定程度下降趋势，说明浙江省创新策源能力总体变化支持σ收敛假说，呈现微弱收敛态势。具体数值上看，变异系数从2012年的0.8671下降至2019年的0.8616，差值约0.0055，下降幅度约0.63%，年均下降速度约0.09%；演变态势上看，2013年显著下降，2013年至2017年间四连增，但增幅较小，后又持续下降，整体态势是下降的，但波动范围并不大，处于缓慢收敛状态。从安徽省来看，变异系数呈现下降态势，与长三角整体趋势基本一致，说明安徽省创新策源能力支持σ收敛假说，收敛特征明显。具体数值上看，变异系数从2012年的1.6872下降至2019年的1.2828，差值约0.4044，降幅约23.97%，年均下降速度约3.84%；演变态势上看，除2014年至2015年间有小幅度上升外，其余年份均显示下降状态，表明安徽省创新策源能力发展存在明显收敛态势。总的来说，长三角层面创新策源能力发展水平存在σ收敛特征，在各省层面上又存在一定差异，其中浙江省与安徽省支持σ收敛假说，收敛特征较明显，而江苏省不支持σ收敛假说，存在明显发散趋势。

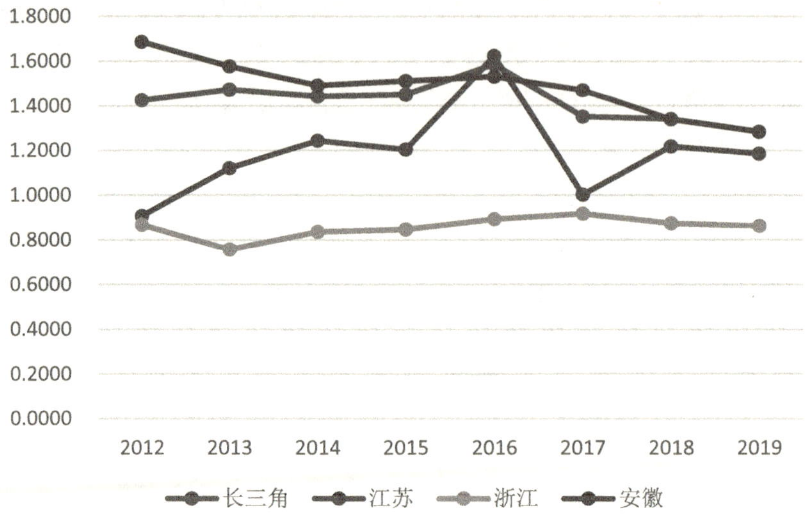

图 6-5　长三角创新策源能力 σ 收敛

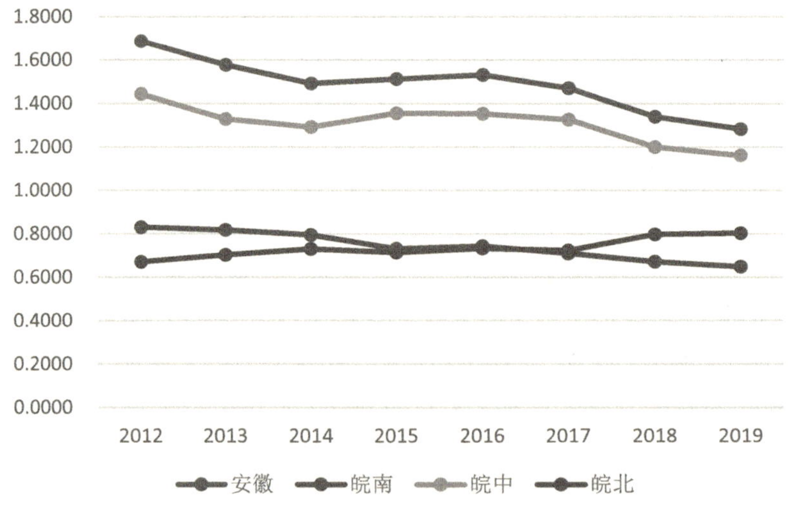

图 6-6　安徽省创新策源能力 σ 收敛

为了进一步探究安徽省创新策源能力发展差异随时间演变的特征，将安徽省 16 个城市划分为皖南、皖中和皖北三个区域进行 σ 收敛检验分析，如图 6-6 所示。安徽省总体创新策源能力变异系数呈现下降态势，支持σ收敛假说，收敛特征明显，上文已经对安徽省创新策源能力σ收敛进行详细说明，这里就不再赘述。从皖南地区看，变异系数呈现下降态势，说明皖南地区创新策源能力支持σ收敛假说，收敛特征明显。具体数值上看，变异系数从2012年的0.8296下降至2019年的0.6492，差值约0.1804，降幅约21.74%，年均下降速度约3.44%；演变态势上看，皖南地区创新策源能力变异系数始终处于下降状态，表明皖南地区创新策源能力发展存在明显收敛态势。从皖中地区来看，变异系数呈现下降态势，与安徽省整体趋势基本一致，说明皖中地区创新策源能力支持σ收敛假说，收敛特征明显。具体数值上看，变异系数从2012年的1.4424下降至2019年的1.16，差值约0.2824，降幅约19.58%，年均下降速度约3.06%；演变态势上看，除2014年至2015年间有小幅度上升外，其余年份均为下降状态，与安徽省创新策源能力发展演变态势相似。从皖北地区来看，变异系数呈现上升态势，说明皖北地区创新策源能力在一定程度上不支持σ收敛假说，发散特征明显。具体数值上看，变异系数从2012年的0.6714上升至2019年的0.8034，差值约0.1320，增幅约19.67%，年均增长率约2.59%；演变态势上看，2014年至2015年和2016年至2017年存在小幅度下降，其余年份均在上升，总体来看变异系数也处于上升状态，说明皖北地区创新策源能力呈现明显发散态势。总的来说，安徽省创新策源能力发展水平存在σ收敛特征，在各地区层面上又存在一定差异，其中皖南与皖中地区支持σ收敛假说，收敛特征较明显，而皖北地区不支持σ收敛假说，存在明显发散趋势。

表6-8　长三角创新策源能力绝对β收敛

变量名	长三角	江苏	浙江	安徽
β	−0.6378*** (−11.24)	−0.8216*** (−6.69)	−0.5709*** (−4.60)	−0.1798*** (−2.83)
Constant	−1.9036*** (−10.81)	−2.2848*** (−7.79)	−1.4502*** (−3.73)	−0.5095** (−2.14)

续 表

变量名	长三角	江苏	浙江	安徽
时间效应	YES	YES	YES	YES
地区效应	YES	YES	YES	YES
Observation	287	91	77	112
R^2	0.4397	0.7634	0.5005	0.3197
V(%)	14.51	24.62	12.09	2.83

注：括号内为统计量，"*"表示p值在10%显著性水平下显著，"**"表示p值在5%显著性水平下显著，"***"表示P值在1%显著性水平下显著。

绝对β收敛检验：对长三角区域创新策源能力进行了绝对β收敛检验，并计算了相应的收敛速度，结果如表6-8所示。从β估计系数来看，长三角和江苏省、浙江省、安徽省创新策源能力的回归系数β在1%的显著性水平上均显著为负，表明其创新策源能力发展基本支持绝对β收敛假说，区域创新策源能力的增长率与初始水平呈现负相关，在创新策源能力发展进程中表现出一定趋同现象；从收敛速度来看，长三角区域创新策源能力发展的收敛速度约为14.51%，江苏省收敛速度较快，约24.62%，浙江省收敛速度相对较慢，约12.09%，而安徽省收敛速度三者中最慢，约2.83%。总的来说，长三角区域创新策源能力发展存在明显绝对β收敛趋势，说明长三角创新策源能力发展态势良好，能以较快的速度调整自己以追赶创新策源能力发展更为优良的地区，随着时间的推移，不同地区创新策源能力发展差距最终会趋于一致稳态水平。

相对β收敛检验：在模型中考虑一系列经济变量因素作为控制变量后，对长三角区域创新策源能力进行了相对β收敛检验，并计算了相应的收敛速度，结果如表6-9所示。从β估计系数来看，长三角和江苏省、浙江省、安徽省创新策源能力的回归系数β在5%的显著性水平上均显著为负，表明其创新策源能力发展基本支持相对β收敛假说，区域创新策源能力的增长率与初始水平呈现负相关，在创新策源能力发展进程中表现出一定趋同现象；从收敛速度来看，长三角区域创新策源能力发展的收敛速度约为17.88%，江苏省收敛速度较快，约33.29%，浙江省收敛速度相对较慢，约21.51%，而安徽省收敛速度三者中最慢，约2.89%。总的来说，长三角区域创新策源能力发展存在明显相对β收敛趋势，创新策源能力发展较差地区能以较快的速度调整自己以追赶创新策源能力发展更为优良的地区，随着时间的推移，地区间创新策源能力发展差距将会趋于稳定状态。

表6-9　长三角创新策源能力相对β收敛

变量名	长三角	江苏	浙江	安徽
β	−0.7139*** (−12.06)	−0.9028*** (−6.68)	−0.7782*** (−6.44)	−0.1831** (−2.29)
Constant	3.0042 (0.79)	4.9131 (0.47)	−1.8749 (−0.63)	−0.1481 (−0.03)
控制变量	YES	YES	YES	YES
时间效应	YES	YES	YES	YES
地区效应	YES	YES	YES	YES
Observation	287	91	77	112
R^2	0.5144	0.7754	0.6942	0.3394
$V(\%)$	17.88	33.29	21.51	2.89

注：括号内为统计量，“*”表示p值在10%显著性水平下显著，“**”表示p值在5%显著性水平下显著，“***”表示P值在1%显著性水平下显著。

四、政策启示

基于以上分析结论可知，安徽省创新策源能力发展水平与长三角地区其他两省一市相比仍存在一定差距，且省内发展存在不平衡不充分问题，省会城市合肥与非省会城市的创新策源能力存在较大差距。因此为了促进我国各省份创新策源能力更加平衡地发展，提出以下建议：

(1)加大创新人力物力财力投入，促进创新成果有效转化为实际效能

关于学术新思想。只有高校建设好，才能培养出优秀的高素质人才，一流高校、一流教师、一流学科和一流科研条件等造就一流科技人才，加强高校基础科研建设不仅要融合多种优势学科，也要实现资源优化配置，打造信息共享的科研平台，培育出一大批高素质科研人才。首先，营造良好的学术创造环境，支持学术自由，鼓励学术良性竞争，让所有同学可以尽情在学校浓厚且积极的氛围里自由自在进行学术创新和突破；其次，建立完善的人才培养机制，让有能力的科研创新人才在学校打好扎实的基础，为学术创新和科技创新做准备；另外，也要强化师资力量，提高教育教学水平，实施积极的高校教师人才引入政策，创新教育教学方式方法，推进学生全面化、均衡化发展；最后，高水平建设高校基础设施和教学设施，建设教学科研功能齐全的实验室，健全科技实验室管理和服务机制，提升基础源头创新能力，夯实创新发展基础，并加大高校科研资金投入力度，建立完善的科研经费管理制度，规范经费的使用，加强科研经费的监督管理工作，确保科研经费的安全和合理使用。

关于科学新发现。科研机构需要对其创新成果拥有更大的自主权才能让科研成果的作用发挥到极致，让科研成果真正造福于广大人民，而不是让其束之高阁，造成成果的损失；同时，机构拥有更大的自主权也会无限激发科研团队的创造积极性，不断发挥自身的特色和优势。首先，扩大科研机构的科研自主权，强化科研机构人员主体地位，在充分信任的基础上赋予更大的财务支配权，并为科研人员提供更多的科技创新保障；其次，加快发展新型研发机构，鼓励各方力量同心同力、携手共建，在学术和科技创造基础上，将创新成果高效转化，助推产业发展，另外，改革科研管理方式，简化科研项目系列流程和手续，避免在科学研究之外耗费人员大量精力，简化束缚科研人员的繁文缛节，使科研人员潜心向学，取得更多新突破；最后，也要建立健全科研人员绩效考核和奖励制度，建立科研人才评价体系，对于在核心关键领域做出重大贡献的科研人员加大薪酬激

励，而对于科研结果不理想、学术不端或弄虚作假的科研人员给予严惩，奖罚分明。

关于技术新发明。要想在国际竞争中取得绝对话语权，核心技术是必须要牢牢把握在手里的王牌，核心技术买不来也抢不走，只能靠不断研发不断创新，才能取得新成果，掌握了核心技术，才能在国际舞台上掌握主动权。首先，政府应主动布局技术攻关重点科技项目，发挥政府引导作用，集中力量突破核心技术攻关，加强政府部门与企业合作交流，共同推进科技创新发展，并鼓励企业联合国际知名企业或科研机构开展交流合作，产出具有国际影响的重大原创技术创新成果；另外，加大企业科技创新风险投资，构建"天使基金"服务平台，提供企业创新的资金和信息支持，建立完善的风险保障体系；最后，政府应进一步加强知识产权保护，并完善专利保护制度，深化知识产权和专利保护体制机制改革，健全大数据、人工智能、"互联网+"等领域新业态创新成果保护制度，同时强化企业培育，实施精准服务，加强培育奖励，实施科技金融服务，大力推进企业培育激励政策，为企业发展注入创新活力。

关于产业新方向。增强创新策源能力还要看其最后实际成效如何，重点关注是否催生战略性新兴产业，是否形成现代产业集群和创新企业集群，是否有助于优势产业和重点行业的可持续发展，又是否有效转化科技创新成果为实际应用，要抓住发展潮流，培育自主品牌，重塑品牌优势，打造出在世界范围内一流的具有核心竞争力的企业。首先，紧跟时代发展步伐，聚焦国际化新兴产业等重点产业和优势领域，抓住发展机会，发展竞争优势；其次，进一步加大对新兴产业企业扶持力度，完善政府扶持政策，加强风险投资，促进高科技产业化，促进产业体系升级；另外，支持国家重大科技项目开展后续研究和成果产业化，促进科技与产业融通发展，强化成果导向，打通科技创新成果和产业应用之间的壁垒；最后也要完善科技创新成果转化制度体系，建立以需求为导向的科技成果转化机制，构建以价值为导向的成果转化激励机制，推动创新链和产业链融合发展。

(2)注重创新策源能力发展的整体性、协同性,创新区域合作与互助机制

不平衡不充分发展是阻碍中国实现高质量均衡发展和“一体化”发展的难关,也是影响安徽省创新策源能力高质量发展的重要原因所在,应该促进区域间沟通与交流,加强学术、科研、技术和产业等方面的合作,发扬优势,补齐短板,实现共同发展。首先,强化城市群科技创新合作,充分发挥各地发展优势,促进城市群深度融合发展,探索科技创新合作机制;其次,促进各地人才交流和合作,加强高校、科研院所和企业科技人才之间的协作和交流,提升科技人才的集中度,大力开展科技创新合作交流会议,构建跨区域的科技创新协同合作体系,并大力支持地区间学术、科技和产业互动往来,强化资金投入,建立完善科研管理制度和互助交流平台,并提升国际科技创新合作水平,积极参与全球竞争与合作;最后也要建立高效区域创新协调发展机制,加快城市组群协调发展,合作打造优势产业集群,鼓励开展多层次、多领域、多形式的区域合作,破除区域间合作发展、协同创新的壁垒,深化区域创新发展合作,并与国际创新策源能力发展水平高的地区多加合作,共同进步。

第七章　推动安徽省经济高质量发展的政策建议

2021年是党和国家历史上具有里程碑意义的一年。全省人民昂扬奋进，隆重庆祝中国共产党成立100周年，实现了全面建成小康社会第一个百年奋斗目标，开启了向第二个百年奋斗目标进军的新征程。全省人民全面贯彻党的十九大和十九届二中、三中、四中、五中、六中全会精神，增强“四个意识”、坚定“四个自信”、做到“两个维护”，统筹推进“五位一体”总体布局，协调推进“四个全面”战略布局，坚持稳中求进工作总基调，坚持新发展理念，坚定不移推进改革开放，沉着有力应对各种风险挑战。全面落实党中央、国务院各项决策部署及省委工作要求，统筹疫情防控和经济社会发展，攻坚克难，团结奋斗，加快打造具有重要影响力的“三地一区”，实现了“十四五”良好开局。

同时，安徽省发展还面临不少问题和挑战。经济恢复的基础不够稳固，需求收缩、供给冲击、预期转弱带来的影响比较明显。产业链供应链还存在不少堵点卡点，中小微企业困难增多。新旧动能转换任务艰巨，传统产业转型升级推进缓慢，新兴产业比重不高，头部企业偏少，企业对数字化转型的紧迫感认识不足、行动不快，制造业总体高端化程度不够，现代服务业发展不充分、业态不丰富。开发园区单位产出较低，引领型产业和链主型企业不多。以企业为主体的创新体系建设滞后，科技成果有效供给不足、转化效率不高。发展不够平衡，城镇化进程滞后，不同区域产业层次、城市能级差距较大。高耗能行业和煤炭消费占比较大，节能减排和能源保供任务繁重。制度型开放比较滞后，高能级开放平台较少。人均教育投入、人均医疗资源、人均文体设施不足，基本公共服务保障能力不强。一些干部对新发展理念领悟不透，境界上不去、思路打不开、打法不创新。

一、安徽省经济发展的成效

（一）坚持稳中求进，强化政策落实，推动经济持续恢复向好

根据地区生产总值统一核算结果，全年全省地区生产总值42959.2亿元，比上年增长8.3%，两年平均增长6%。其中，第一产业增加值3360.6亿元，增长7.4%，两年平均增长4.8%；第二产业增加值17613.2亿元，增长7.9%，两年平均增长6.3%；第三产业增加值21985.4亿元，增长8.7%，两年平均增长5.8%。

粮食产量再创新高，畜牧业生产稳定增长。全年农林牧渔业总产值6004.3亿元，比上年增长9.3%。粮食播种面积10964.4万亩，比上年增加29.4万亩；粮食产量817.5亿斤，增加13.7亿斤，产量居全国第4位，连续5年稳定在800亿斤以上。蔬菜产量2447万吨，增长5%。工业生产总体平稳，高技术制造业和装备制造业较快增长。全年规模以上工业增加值比上年增长8.9%，两年平均增长7.4%。营业收入利润率为6.11%，同比提高0.06个百分点。服务业稳定恢复，新兴服务业增势较好。全年服务业增加值比上年增长8.7%，比全国平均水平高0.5个百分点。全年固定资产投资比上年增长9.4%，比全国高4.5个百分点；两年平均增长7.2%，比全国

高3.3个百分点。市场销售持续回暖,升级类商品消费活跃。全年社会消费品零售总额21471.2亿元,比上年增长17.1%,比全国高4.6个百分点;两年平均增长9.6%,比全国高5.7个百分点。对外贸易快速增长,贸易结构持续优化。全年货物进出口总额6920.2亿元,比上年增长26.9%,比全国高5.5个百分点。其中,出口4094.8亿元,增长29.5%,比全国高8.3个百分点;进口2825.4亿元,增长23.4%,比全国高1.9个百分点。财政收入平稳增长,金融信贷稳定增加。全年一般公共预算收入3498.2亿元,比上年增长8.8%。一般公共预算支出7592.1亿元,增长1.6%。结构调整成效明显,新兴动能增势强劲。工业中,战略性新兴产业产值增长28.8%,比规模以上工业产值高13.4个百分点;高新技术产业增加值增长15.5%,比规模以上工业增加值高6.6个百分点。居民消费价格稳中略升,工业生产者价格上涨。全年居民消费价格比上年上涨0.9%。其中交通通信、教育文化娱乐、衣着、居住、医疗保健、生活用品及服务价格分别上涨4.8%、2.8%、1.1%、0.7%、0.5%和0.1%,食品烟酒、其他用品及服务价格分别下降0.5%和3.9%。全年工业生产者出厂价格比上年上涨7.7%。工业生产者购进价格上涨11.5%。就业形势总体稳定,居民收入稳步提升。全年城镇新增就业70.9万人,超额完成年度目标任务。全年居民人均可支配收入30904元,比上年名义增长10%,扣除价格因素,实际增长9%。其中,城镇居民人均可支配收入43009元,增长9%,扣除价格因素,实际增长8%;农村居民人均可支配收入18368元,增长10.5%,扣除价格因素,实际增长9.8%。

(二)坚持创新驱动,强化项目引领,加快科创与产业融合发展

区域创新能力稳居第一方阵。2021年安徽区域创新能力继续居全国第8位,连续10年保持全国前十位,其中企业研发投入指标上升1位,排名第4;技术提升能力综合指标上升2位,排名第6;产业结构指标上升5位,排名第6。预计2021年研发投入强度达2.34%,增速11%以上。

科技攻坚突破成效明显。"九章二号""祖冲之二号"量子计算原型机

问世，全超导托卡马克实现千秒级长脉冲高参数等离子体运行，刷新世界纪录，高性能异构DSP处理器、氢能燃料电池发动机、高刚高精密减速机等一批重大创新成果相继问世，全省12个项目获2020年国家科技奖。《科技日报》等中央媒体发布的2021年度中国十大科技重要突破安徽占4项、十大国内科技新闻安徽占2项、十大国际科技新闻安徽占1项。同时加强基础研究和应用基础研究，实施省自然科学基金、国家自然科学基金区域创新发展联合基金项目802项，组建能源互联网、水科学等4个省联合基金。择优立项实施首批"揭榜挂帅"省科技重大专项项目9项，省市支持资金1.5亿元。立项实施省重点研发计划项目和省科技重大专项项目524项、省支持资金3.83亿元。在各类科技计划项目持续支持下，轻量化全铝框架车身焊接关键技术打破国外垄断，首个大规模中国人群蛋白截断突变图谱成功绘制，高分辨率场发射扫描电子显微镜成功研制等一批重大技术攻关实现突破。

科技支撑发展能力不断增强。成功获批建设合芜蚌国家科技成果转移转化示范区。滁州、蚌埠、铜陵三市获批建设国家创新型城市，总数居全国第5。2021年1—11月，全省吸纳、输出技术合同成交额达1 041亿元、850亿元，同比增长146.4%、118.6%，连续实现"进"大于"出"。高新技术企业总数突破11000家，同比增长28.5%，高新技术产业产值、增加值同比增长23.4%、18%，成为全省经济高质量发展的重要引擎。

科技创新创业生态持续优化，深化科技体制机制改革，构建区域协同创新体系，科技创新创业活力不断激发。出台实施全国首个省级创新型省份建设促进条例。全省新增"两院"院士3人，新扶持47个高层次科技人才团队在皖领办创办企业。探索实施"揭榜挂帅"科技攻关新机制，推行职务科技成果赋权改革试点、科研项目经费"包干制"试点等创新举措，创新创造活力进一步释放。推行"人才团队+科技成果+政府参股+股权激励"引才模式，累计扶持320家高层次科技人才团队在皖领办创办企业，其中1家成功登陆科创板、2家上市在审、190家认定为高新技术企业、14家入选"中国隐形独角兽500强榜单"。组织开展新一轮全面创新改革试验，实施科研项目经费“包干制”试点工作，实行项目负责人承诺制，取消预算编制要求。

强化科技支撑引领，顶格推进“双招双引”，助力乡村振兴和民生改善成效明显。坚持“顶格倾听、顶格协调、顶格推进”，扎实推进人工智能产业“双招双引”，绘制产业链图谱和“双招双引”施工图，按图索骥，主动对接推进项目93个，总投资额1476亿元，其中已签约项目22个，总投资额561亿元。“中国视谷”、武汉数字派特、中科星图、航天宏图、银河航天和影创科技等重大项目加速落地。聚力支持乡村振兴和县域特色产业发展，出台实施科技创新驱动乡村振兴方案、农业科技社会化服务体系建设意见等，深入推行科技特派员制度，新选任省级科技特派员480名，在生物育种、智慧农业等领域实施乡村振兴科技项目257项。设立“双碳”科技创新专项，围绕新型能源、工业/产业低碳/零碳、二氧化碳捕集利用技术等，企业牵头、立项实施首批11个科技支撑碳达峰碳中和项目，带动企业研发投入2.9亿元。持续开展生命健康、生态环境、公共安全、疫情防控等领域攻关，质子放疗磁共振图像引导系统、高铁机车监测振动传感器等成果相继落地。大力开展招商引资、招才引智，把“双招双引”作为经济工作“第一战场”，坚持“顶格倾听、顶格协调、顶格推进”，在更大市场空间汇聚资源。建立十大新兴产业省级专班推进机制，逐一编制“双招双引”路线图、施工图。坚持市县为主、省级赋能，建成省市县三级贯通的“投资安徽”调度平台。强化平台招商、产业链招商、基金招商，新组建行业商协会222家。省政府及各部门顶格推进“双招双引”和项目建设，全省十大新兴产业签约项目2123个、开工1614个。

（三）坚持城乡统筹，强化产业带动，推进乡村全面振兴

保持帮扶政策总体稳定，着力防范化解返贫致贫风险，脱贫攻坚成果得到巩固和拓展。成立乡村振兴局，落实相关工作。坚持“五个有效衔接”，牢牢把握“新政策不出，老政策不退”原则，坚持帮扶体系不变、工作

力度不减，明确设立5年过渡期，坚持问题导向、目标导向，建立健全暗访督查、闭环调度和监测预警工作机制，将巩固脱贫攻坚成果工作纳入区重点工作考评。建立"四级网格"管理机制，设组级网格管理员1665名、村级网格管理员74名。围绕"两不愁三保障"及饮水安全，组织开展对全区农村居民逐户信息核查工作，进行数据比对，全面排查边缘易致贫户、突发困难户等。全区排查确定8户21名监测对象，逐户制定并落实了帮扶措施。坚持立行立改，针对省、市乡村振兴局多轮明察暗访反馈问题，均及时制定整改措施，全部及时整改完成并长期坚持。持续推进防返贫动态监测和帮扶工作，确保应纳尽纳、精准帮扶。

以发展现代农业为基础，推动产业振兴坚持把抓好粮食生产作为首要任务、第一责任。建立水稻新品种示范推广展示基地2个、智慧芜湖大米基地8个、定点加工企业2家。完成粮食种植面积23.49万亩，预计粮食总产约1.66亿斤。截至11月底生猪存栏2.31万头，出栏5.17万头。发展渔业生态养殖，稻渔综合种养面积完成1.3万亩。开展农作物、水产种质资源和畜禽遗传资源普查工作，建立150亩青梅种质资源育苗基地和40亩繁昌长枣种质资源育苗基地。全区新增青梅种植面积0.61万亩，创建青梅科技示范园2家。把健康食品作为全区农产品加工业重点发展方向，予以重点扶持，健康食品产业获评全省县域特色产业集群（基地）。全区现有国家级农业产业化龙头企业2家、省级8家，省示范现代农业产业化联合体8家，规模以上农产品加工企业35家，新型经营主体不断壮大，新增家庭农场34个、农民合作社9个、农业专业化社会化服务组织40个，4家企业获省级农业产业化联合体认定。推动农业与旅游、文化、康养等产业深度融合，以争创"繁昌慢谷国家级旅游度假区"为抓手，大力发展乡村民宿、特色观光等新型业态，打造乡村旅游品牌。

乡村建设行动扎实推进，对住户50户以上规划保留村庄，以"净化、硬化、亮化、绿化、美化"为主要内容，整体提升村容村貌，推进全域美丽乡村全覆盖，2021年度80个建设点整治建设工作全面推进。全面实现城乡供水一体化，完成农村公路提质改造工程0.997千米和农村公路养护工程

40.097千米，管理、养护、运营全面提升，公交一元票制区域内全面实施。已排查2013年以来的农村厕所22228户，发现不能使用问题327个，已经整改266个，12月底前整改完成。下达分解了2021年1300座年度目标任务，完成1443座，各镇、繁昌经开区均已建立后期管护体系。加强农村生活污水处理。7个行政村达到生活污水治理率要求，2个乡镇政府驻地已完成污水处理设施提质增效，农村黑臭水体全部清零。加强农村生活垃圾治理。采取“户集、公司收运、区处理”处理模式，农村生活垃圾无害化处理率达100%。全域推进“五清一改”村庄清洁行动，获评全国村庄清洁行动先进区，“五清一改”村庄清洁行动实现自然村全覆盖，开展乡村旅游线路及重点区域提档升级。推进村庄规划建设提升。完成集聚提升、城郊融合、特色保护类、拆迁撤四类村庄分类，编制完成9个“多规合一”型实用性村庄规划。完成新造林面积4100亩，创建省级森林村庄5个。

（四）坚持改革开放，强化市场导向，持续增强发展动力活力

扎实推进长三角一体化发展，等高对接沪、苏、浙体制机制和营商环境，对标学习并推出改革创新政策和举措548项。与虹桥国际开放枢纽实现联通链接，长三角绿色农产品展示交易服务中心、芜马江海联运枢纽建设加快推进。实施科技创新联合攻关项目19项，组建长三角人工智能产业链联盟。120项服务事项实现长三角“一网通办”。打造链接东中部市场合作平台，发起组建中部地区国际商会联盟。为增强皖北等长三角欠发达区域高质量发展动能，国家长三角办联合我省举办推进大会，同时召开皖北地区高质量发展大会，沪苏浙结对帮扶皖北城市机制建立运行，中央财政专项支持等政策相继落地。

开放型经济发展水平进一步提高。全面实施自贸试验区专项推进行动计划，出台自贸试验区特别清单，推出制度创新成果44项，首批6个联动创新区启动建设，新增注册企业12842家、签约入驻项目795个。对“一带一路”沿线国家和地区进出口增长45.9%，外商直接投资增长20%以

上，合肥中欧班列开行668列，跨境电商交易额增长40%以上；安庆综保区通过验收，亳州国家加工贸易产业园获批建设。高水平举办世界制造业大会、首届中国(安徽)科交会、“天下徽商”圆桌会、世界显示产业大会、国际新材料产业大会，国际化展会平台和市场化展会机制加快构建。

纵深推进重点领域改革，进一步激发市场主体活力。“放管服”改革持续深化，省级权力事项再精简20%以上，“证照分离”改革实现全覆盖。零基预算改革实质性推开。“亩均论英雄”改革启动实施，“标准地”改革全面推开，省级政府建设用地审批权委托下放。国企改革三年行动扎实推进，国有资产资本化证券化步伐加快，省生态环境产业集团和省通航公司组建。低空空域管理改革试点获批实施。编制周转池制度向教育、卫生等领域深度拓展。出台支持民营经济高质量发展“25条”，新增各类市场主体113.6万户、增长8.5%。发展多层次资本市场是去年的重要发力点，政府相关部门制定实施行动方案，开展万家企业资本市场业务培训，新增境内上市企业23家，创历史最好水平，直接融资增长17.8%。

(五)坚持生态优先，强化环境保护，推动经济社会发展全面绿色转型

深入推进污染防治，钢铁、水泥行业超低排放改造进度加快，挥发性有机物污染治理成效明显，重点流域水生态环境保护进一步加强，建设用地、农用地土壤污染风险管控全面展开。长江(安徽)经济带生态环境污染治理“4+1”工程深入实施，中央生态环保督察反馈问题、国家长江经济带生态环境警示片披露问题整改扎实推进。长江“十年禁渔”取得阶段性成果，全面绿色转型发展迈出新步伐，坚决落实长江“十年禁渔”，加快建设长江、淮河、江淮运河、新安江生态廊道和皖南、皖西大别山生态屏障，开展大气、水污染联防联治，空气质量优良天数、长江流域国考断面水质优良比例等指标均创有监测记录以来最好水平。共同深化生态保护补偿制度建设和生态产品价值实现机制，统筹推进河湖长制、林长制、田长制、生态环保专项监督长制，与浙江共建新安江-千岛湖生态补偿试验区。

新一轮巢湖综合治理、骆岗中央公园等重大生态工程加快实施，“四廊两屏”工程、马鞍山“白菜心”工程启动建设，完成造林绿化182万亩。稳妥有序开展碳达峰、碳中和工作，新增可再生能源发电并网容量448万千瓦。新安江流域跨省生态补偿机制不断深化，在全国率先出台省级林长制法规。生态理念植进更多安徽老百姓心中，绿色成为“十四五”开局最动人的底色。

二、安徽省经济发展的不足

（一）城镇化进程滞后，城市能级差距大

近年来，安徽深入推进以人为核心的城镇化，稳步推进以质量为导向的新型城镇化，持续推动农业转移人口市民化，取得了明显成效。当前，全省常住人口中，居住在城镇的人口为3559.5万人，占58.33%。与第六次人口普查相比，全省城镇人口增加1001.8万人，乡村人口减少849.1万人，城镇人口比重上升了15.34%。

在城镇化快速发展过程中，也存在一些亟待解决的突出矛盾和问题。一是农业转移人口市民化任务艰巨。户籍人口城镇化率一直在低位徘徊，未来全省每年需解决大约100万农业转移人口落户城镇，任务非常艰巨。二是中心城市和城市群竞争力不强。省域各中心城市尚未形成合理分工、紧密关联的网络化体系，都市圈、城市群、城市组群协同发展仍未取得实质性突破，省域中心城市在全国的综合竞争力和影响力有待提升。地区发展差距较大，皖北地区城镇公共服务和市政基础设施建设滞后。三是城镇化发展模式粗放。土地城镇化快于人口城镇化，土地使用效益低。重外延轻内涵、重外表轻功能、重地上轻地下，交通拥堵、雾霾天气增多、水环境遭受污染等城市病现象急需根治。城镇排水防涝、防灾减灾能力有待进一步提升。四是城镇发展特色不鲜明。“千城一面”现象普遍存在，在城镇建设中未能有效保护传统地域文化要素，未能形成具有明显地

域特色和历史人文气息的城市风貌。五是城镇管理和服务水平有待提高。智慧城市建设滞后，城市管理模式尚待创新。公共服务供给能力与服务水平不高，基本公共服务均等化推进任务艰巨。现行城乡分割的户籍管理、土地管理、社会保障、行政管理等制度，制约了新型城镇化质量和水平的提升。

近年来，安徽省深入实施区域协调发展战略，高质量推进一圈五区建设，合肥都市圈发展能级不断提高，皖江、皖北、皖南、大别山革命老区等差异化发展格局初步形成。但同时，各区域之间的发展差距也在逐步扩大，合肥、芜湖、滁州等地发展态势较好，在全省经济社会发展格局中的分量越来越大；皖北、皖南、大别山革命老区，包括一些资源型城市的发展面临较多困难，动能转换接续不畅，城市体量增长缓慢，对全省经济社会发展的贡献度和带动力在逐步减小，呈现出边缘化的趋势。如何加快转换弱势地区发展动能、努力缩小与强势区域之间的差距，成为事关全省高质量发展、加快新阶段现代化美好安徽建设必须突破的重大课题。

（二）以企业为主体的创新体系建设滞后，科技成果有效供给不足

安徽省战略性新兴产业总体发展速度不高，年产值的增速基本在20%以下。安徽省战略性新兴产业的发展稳定性仍需提升，其中部分产业年产值水平波动明显，特别是新一代信息技术业、新能源业近几年增速放缓，而高端装备制造业增速仍处于较低水平。放眼全球，发达国家新兴产业的发展较为迅猛，而国内长三角地区是战略性新兴产业集聚程度较高的地区，因此，安徽省战略新兴产业的区域间竞争态势日益激烈。

创新生态尚未健全，自主创新仍显不足。安徽省战略性新兴产业中部分产业处在高端产业的低水平，真正握有核心技术、产品附加值高、发展前景广阔的顶尖产品相对较少。即便安徽省出台了一系列利好政策，但在研发经费投入上与发达省份相比仍然较少。由于区位原因，高端创新创业人才相对较少，特别是市县级战略性新兴产业的成果转化率不高。

省内区域发展不平衡,资源集聚程度不高。近几年来安徽省战略性新兴产业发展迅速,已成为支撑地方经济发展、产业转型升级的重要支柱,但区域间发展不均衡。具体表现:安徽省超过四千个战略性新兴企业中,合肥占比约15%,是周边城市(池州、阜阳、六安、宿州)战略性新兴企业的总和,在皖江城市带的战略性新兴企业比皖北地区多出一千五百余个;从战略性新兴产业的产值增速看,增速排名第一的黄山,是淮北市的近1.3倍。资源集约度不高,特别是创新资源分布不均、县域科技创新能力不足、科技成果转化率低。

(三)产业结构不平衡,产业转型步伐不快

安徽省产业集群的培育和发展比较缓慢,而且集群内企业间的构成不够合理。安徽省的龙头企业大多与本地的中小企业没有业务联系,配套产业目前不能满足买方需求,这就造成了整个链条的断裂,从而影响整个工业的发展。与浙江、广东等沿海发达地区比较,目前产业弱势主要表现在:一是分工程度有限,没有形成完全意义上的专业分工与协作的关系,中小企业专业化生产优势不明显,缺少龙头企业,无法起到带头促进作用;二是集群内企业间关联程度较低,各自为战,缺少较为完善的分工合作体系,从而缺乏整体竞争力;三是产业集聚地的配套措施不完善并且缺少相应的政策体系来支持产业集群化,同时产业集群的治理模式也存在一定问题。

产业政策是政府为了实现一定的经济和社会目标而对产业的形成和发展进行干预的各种政策的总和。产业政策的功能主要是:弥补市场缺陷,有效配置资源;保护幼小民族产业的成长;熨平经济震荡;发挥后发优势,增强适应能力。由于诸多原因,安徽省在产业政策上存在一定程度的失误,在产业结构上体现为难以形成优势产业,没有发挥出安徽省的优势。虽然安徽省的高新科技产业有了较大的发展,但从总体来看主导力不强,缺少龙头企业,与沿海发达地区相比差距很大。自主创新能力不足

是主要原因。省内企业群体之间竞争多，相互联系配合少；核心技术对外依存度高，企业研发投入较少，企业主要从事组装加工环节，产品附加值不高，而且缺乏品牌建设意识，导致整体竞争力不足。此外，与三个三角区相比，由于地理位置的局限，安徽省受国际上新技术改革升级的影响较小，高素质人力资源也相对缺乏，严重影响了企业自主创新的开展。

（四）开发区单位产出较低，引领性产业不多

被誉为“经济增长第一极”的开发区已成为推动安徽经济发展的一支“奇兵”。尽管如此，安徽省开发区发展前行的过程中依然存在诸多实际问题。与江苏等发达地区开发区相比，单位面积土地产出强度较低，土地总面积大、单个规模小，量扩张得快、质提升得慢，扩区扩容热、合作整合冷等四大问题已成为全省开发区发展中不容忽视的问题。

安徽省各类园区数量明显多于周边的江苏、浙江、湖南和湖北省。但类型较为单一且园区整合及合作共建进展缓慢。安徽省内各开发区发展中的“马太效应”也日渐明显。发展基础好的开发区前进的步伐大，相比之下大多数开发区对集约发展和创新发展的关注度都不够，还处在数量扩张的起步阶段。可见各开发区的发展水平差异较大。

开发区特色不够突出，环境治理不够重视，体制机制创新不够到位，以人为本理念贯彻不够有力等问题也不同程度的存在，迫切需要在发展中加快转型步伐。现在来看，开发区的转型发展势在必行，必须努力实现开发区从投资拉动向创新驱动转变，从数量扩张向质量提升转变，从粗放发展向集约发展转变。

（五）生态环境治理存在不足

一是有些地方依然工作主动性不强，少数干部思想认识有偏差，整改问题进展缓慢、治标不治本，举一反三不深入、不彻底。二是一些地方环

境基础设施历史欠账较多,资金需求量大、时间周期长、整改难度大,短期难以见效。三是产业结构偏重、能源结构偏煤、交通运输结构不优的问题短期内难以改变,煤炭消费总量逐年增长,污染物排放总量居高不下。

政府、企业、社会在环境治理方面,相互之间合作基础薄弱,阻碍了协同模式的形成,使环境协同治理失去多样统一而转变成单一的地方政府主导,行政权力集中,从而降低了社会的自主活力、降低了整个协同治理系统的开放性和透明性。行政手段、法律手段和经济手段是政府部门通常采用的手段。体现在政府部门在政策、规划上把控环境治理的大方向,调查处理重特大突发环境事件;对于违反环境法规的单位或个人给予批评、警告、罚款,或责令赔偿损失;对积极防治环境污染而在经济上有困难的企业、单位给予资金援助,向致污企业征收排污费等。而当政府治理越位、一家独大,社会组织、企业和农民又缺乏政府对其的赋权,各治理主体承担的责任不明确,导致权责边界模糊,其他主体在参与公共事务管理时受到限制,生态环境协同治理体系难以建立。

广大农村地区的卫生状况令人担忧,部分农村农民环保意识薄弱。生产生活使用的基础设施简陋,过程中产生的各类污水废物处理不及时。在走访中随处可见垃圾堆砌,尤其是夏天,地表和空气中残留的农药、重金属等物质,均会排放至农田排水沟影响水质和空气质量,对农村种植养殖的农作物、禽畜的品质都会造成很大影响。由于氮磷及等物质的存在,会增加传染病等疾病的发生概率,进而危害当地农村居民的身体健康和生活质量。

三、推进安徽省经济高质量发展的建议

针对安徽省经济发展的特点和发展过程中表现出的短板,在2022年党的二十大召开之际,为了实现安徽经济的高质量发展,提出如下建议:

(一)多措并举活跃市场主体,促进经济平稳健康发展

加大减负纾困力度。全面落实国家减税降费政策,出台助企纾困促

进经济平稳健康发展政策举措，进一步减轻企业负担。推进中小微企业融资增量、扩面、降价，加强普惠小微贷款支持政策实施，建好省综合金融服务平台，提高首贷户、无还本续贷、信用贷款占比，新型政银担业务新增放款1000亿元以上。同时加强能源保供，推进燃煤机组发电量和工商业用电量全部进入电力市场。提升"四送一服"等平台效能，加强重点行业产业链产销供需对接，着力缓解缺煤、缺电、缺芯、缺柜、缺工问题，有效治理随意限贷抽贷断贷、拖欠中小微企业账款等现象。越是困难的时候，越要体谅和懂得企业特别是企业家的不易，多给他们力量和信心，要进一步弘扬企业家精神，和他们并肩面对挑战，与他们一同抢抓机遇。

进一步支持民营经济发展。落实市场准入负面清单和公平竞争审查制度，开展妨碍民营经济参与公平竞争等问题排查和整治，保障民营企业依法平等使用生产要素。落实民间资本准入平等待遇，进一步清理政府采购、招投标等领域不合理限制，支持民营企业参与国资国企改革。推广应用"徽采云"平台，提高中小企业采购份额。完善企业诉求办理刚性机制，依法保护各类市场主体产权和合法权益。

启动创业安徽建设。实施创业安徽行动意见，用创业感召天下英才，用创业整合市场要素，用创业推动产业集聚，力争全年新增市场主体100万户以上。实施创业筑巢工程、新徽商培训工程，重点支持新技术、新产业、新业态、新模式创业。省市要依托主导产业扩容多层次创业平台，举办系列创新创业大赛，支持办好"1024开发者节"等活动，建设一批"创业咖啡"、孵化器、加速器。支持创业型城市创建，用现代周全的服务品质，培植激情洋溢的创业生态。

（二）坚持区域协同、城乡统筹，迈出共进安徽建设新步伐

深入实施长三角一体化发展战略。加强与沪苏浙重点领域合作，推动重点协同深化事项落地。加强与上海开放平台对接，建设虹桥国际开放枢纽安徽城市展示中心、海外高端人才招引基地。深度共建长三角科

技创新共同体，加强G60科创走廊建设，设立运行长三角国家技术创新中心安徽中心，开展人工智能、集成电路等领域联合攻关，促进创新链产业链供应链更多嵌入长三角一体化发展。加快建设沿江高铁武汉—合肥—上海段，建成黄山—千岛湖高速公路，同时拓展居民服务“一卡通”应用场景。深化苏皖合作示范区建设，支持宣城与湖州毗邻地区开展皖浙合作示范。加快顶山—汊河、浦口—南谯、江宁—博望等省际毗邻地区新型功能区建设，培育新的新型功能区。协作建设杭黄世界级自然生态和文化旅游廊道。

加强与中部地区其他各省合作。加快中部城市快速通达重点项目建设，依托交通动脉协作建设一批产业集群和特色园区，支持省际毗邻县(市、区)建设生态优先绿色发展产业合作示范区。推动长三角和中部地区商协会合作，建强用好资本市场、贸易中心、高能级展会等要素对接平台。

提升合肥都市圈和皖江城市带能级。推进合肥都市圈提质升级，开展合六经济走廊、合淮产业走廊专项建设行动，实施一批一体化工程，加快形成空间联系紧凑、功能高度协同的发展格局。提升皖江城市带高质量发展水平，支持江北、江南新兴产业集中区创新发展，加快建设沿江智造走廊，建立皖江城市联席会议机制，推动产业链创新链布局、生态环境保护等协同发展。

(三)打响有效投资攻坚战，持续增强经济发展后劲

以更大力度促进有效投资较快增长，用重大项目增量调整产业结构、优化经济结构，为高质量发展增添动力。实施投资项目攻坚行动。以重大项目为牵引扩大有效投资，适度超前开展基础设施投资，加大制造业、高新技术产业投资力度，力争全年新开工亿元以上重点项目2600个以上、竣工1200个以上。开展新兴产业百亿项目攻坚，加快长鑫存储二期、中航锂电等重大项目建设。开工建设引江济淮二期、扬州—马鞍山城际铁路、

北沿江高速公路无为—安庆段等重大工程，加快实施合肥—新沂高铁、合肥新桥机场改扩建、淮河流域重要行蓄洪区建设等重大工程，建成阜阳华润电厂二期、皖东北天然气管道工程一期等项目，新增高速公路通车里程300公里以上。实施“新基建+”行动，创建国家互联网骨干直联点、全国一体化算力网络国家枢纽节点集群，新建5G基站2.5万座以上。

全面延伸“双招双引”。把牢有效投资主阵地，打出“双招双引”新攻势，重点面向世界500强、国内500强、行业龙头企业和产业链关键环节企业。继续坚持“顶格倾听、顶格协调、顶格推进”，提高招引精准度和效率。推动市县明确主导产业定位，编制产业链招商路线图，不断优化产业生态。加强招引平台建设，提升展会、行业商协会、基金、专业机构等招商效能。强化省级专班组织协调服务，建成线上投资意向和项目线索闭环管理机制，完善省市县协同联动工作机制，支持市县组建一批强有力、专业化的招商队伍。

完善项目推进保障机制。坚持“管行业必须管投资”，把服务项目建设和投资增长纳入部门考核。推行项目全流程服务管理，加强项目谋划和前期工作，推动项目建设提速提效。深化“要素跟着项目走”机制，完善“星期六”土地要素会商机制，推进能耗指标优化配置和高效利用，积极争取中央预算内投资，用足用好地方政府专项债券，用最快的速度让最好的项目获得最优的资源要素。

（四）发挥科技体制改革引擎作用，培育科技创新更大增量优势

推进战略科技力量建设。加强国家实验室服务保障，推进深空探测实验室建设。扩大合肥综合性国家科学中心力量布局，加快大科学装置集中区建设，组建环境、未来技术、数据空间等研究院，建设一批前沿交叉研究机构。扩容升级科技创新攻坚计划，实施高价值专利培育工程。优化“揭榜挂帅”攻关机制，滚动编制重点领域“卡脖子”技术清单，实施省科技重大专项和重点研发计划项目500项。

强化科技成果转化应用。支持领军企业牵头组建创新联合体，鼓励企业与高校院所共建高水平新型研发机构。加强共性技术平台建设，推动产业链上下游、大中小企业融通创新。健全前沿科技研发“沿途下蛋”机制，实施一批产学研协同创新项目。加大“三首一保”示范应用，培育“三首”产品300个以上。高水平建设合芜蚌国家科技成果转移转化示范区，建强用好安徽科技大市场，办好中国（安徽）科交会，让海内外更多科技成果为己所用。

深化科技体制改革。首先制定实施科技创新体制机制改革方案。重点推进高校科研院所创新体制改革。完善科研立项、科技成果评价激励和免责机制，深化科研人员职务科技成果所有权或长期使用权试点。强化知识产权全链条保护，建设中国（安徽）知识产权保护中心。同时加强和创新科普工作。努力打造科技体制改革的“试验田”和高科技企业成长的“高产田”。

（五）提升基本公共服务水平，促进共享发展

持续提高城乡居民收入。坚持共同富裕目标导向，推进中等收入群体倍增工程。以产业结构调整引领就业结构优化，不断增加高质量就业岗位供给，逐步提高居民工资性收入。拓宽居民经营性、财产性收入渠道，完善知识、技术、管理、数据等创新要素参与分配机制。

发展更加公平更高质量的教育。全面展开德智体美劳“五大行动”。合理有序扩大城镇学校学位供给，推进县域义务教育优质均衡发展，深化智慧学校运用，努力让更多孩子在家门口享受到优质教育。改善“双减”配套措施，提升县域普通高中办学水平。扎实推进省部共建技能安徽，推动职业教育提质培优。大力支持“双一流”高校和高峰学科建设，优化高校学科专业结构和生均拨款分配机制。规范民办教育发展，办好特殊教育，完善终身学习体系。加大财政教育投入和机构编制保障，打造高素质专业化创新型教师队伍。

提升就业和社会保障水平。完善就业服务体系，突出抓好高校毕业生、农民工、退役军人、残疾人等重点群体就业，确保零就业家庭动态清零。支持和规范发展新就业形态，健全灵活就业劳动用工和社会保障政策。如，大力发展企业（职业）年金，健全重特大疾病医疗保险和救助制度；保障农民工工资及时足额发放；加强社会保障基金监管；实施三孩生育政策及配套措施；积极应对人口老龄化，新增城市社区老年食堂（助餐点）、村级养老服务站（农村幸福院）1500个；健全低收入人口动态监测和常态化帮扶机制；实施“善行安徽”行动，积极发展慈善事业。新增保障性租赁住房9.85万套，新开工棚户区改造9.68万套，加快发展长租房市场。进一步做好红十字等工作，保障妇女、儿童老人、残疾人合法权益。

深入推进健康安徽建设。增加优质医疗资源供给，加快国家和省级区域医疗中心建设，建设7个国家临床重点专科、80个省级临床重点专科，努力让大病重病患者在省内得到良好的治疗。深化紧密型县域医共体和城市医联体建设，推进48所县级医院综合能力提升工程。推进癌症早诊早治和心脑血管疾病筛查干预，抓好重大传染病、血吸虫病防治，扎实开展儿童青少年近视防控光明行动。实施中医药振兴发展行动计划，提升中药材市场能级，支持亳州打造“世界中医药之都”。健全突发公共卫生事件应急指挥体系，加强早期监测预警。深入开展爱国卫生运动，开展健康影响评估制度试点。

繁荣发展文化事业产业。培育和践行社会主义核心价值观，深入实施公民道德建设工程、文明创建工程。推进优秀传统文化发掘、研究、保护、利用全链条建设，实施一批红色资源保护传承项目，提升国家考古遗址公园建设品质。提升改造烈士纪念设施。建设一批智慧博物馆、数字农家书屋等新型公共文化空间。提高文艺作品创作质量。大力发展数字创意产业，培育一批文化新产业新业态。发展新闻出版、广播影视、哲学社会科学、参事文史、档案方志等事业。加快全媒体传播体系建设，讲好中国故事安徽篇。

加强和创新社会治理。深化乡镇（街道）管理体制改革，向基层放权赋能，减轻基层负担；深化市域社会治理现代化试点，加快智慧社区建设，打造“网络+网格”基层社会治理升级版；深化民族团结、宗教和睦；进一步做好援藏援疆工作；加强公共法律服务平台建设；畅通群团组织等参与社会治理制度化渠道；坚持和发展新时代“枫桥经验”，健全领导干部接访下访和阅批群众来信制度，完善闭环跟踪落实机制，每件信访事项都要办理到位，决不走过场。

参考文献

[1]范德成,杜明月.基于TOPSIS灰色关联投影法的高技术产业技术创新能力动态综合评价——以京津冀一体化为视角[J].运筹与管理,2017,26(07):154-163.

[2]冯雅丽.经济、社会、生态的耦合协调分析——基于核密度估计曲线[J].统计与管理,2019(08):94-103.

[3]傅为忠,储刘平.长三角一体化视角下制造业高质量发展评价研究——基于改进的CRITIC-熵权法组合权重的TOPSIS评价模型[J].工业技术经济,2020,39(09):145-152.

[4]胡璇,张宏远,纪延光.江苏省战略性新兴产业竞争力研究——基于因子分析视角[J].科技管理研究,2019,39(07):107-114.

[5]黎智慧,刘渝琳,尹兴民.基于Dagum方法的能源基尼系数测算与分解[J].统计与决策,2019,35(19):30-33.

[6]杨晓军,陈浩.中国城乡基本公共服务均等化的区域差异及收敛性[J].数量经济技术经济研究,2020,37(12):127-145.